# Sozialwissenschaftliche Datenanalyse

Florian G. Hartmann · Johannes Kopp ·
Daniel Lois

# Sozialwissenschaftliche Datenanalyse

Eine Einführung

3. Auflage

Florian G. Hartmann
Universität der Bundeswehr München
Neubiberg, Deutschland

Johannes Kopp
Universität Trier
Trier, Deutschland

Daniel Lois
Universität der Bundeswehr München
Neubiberg, Deutschland

ISBN 978-3-658-36321-5         ISBN 978-3-658-36322-2  (eBook)
https://doi.org/10.1007/978-3-658-36322-2

Die Deutsche Nationalbibliothek verzeichnet diese Publikation in der Deutschen Nationalbibliografie; detaillierte bibliografische Daten sind im Internet über http://dnb.d-nb.de abrufbar.

© Der/die Herausgeber bzw. der/die Autor(en), exklusiv lizenziert durch Springer Fachmedien Wiesbaden GmbH, ein Teil von Springer Nature 2012, 2014, 2022
Das Werk einschließlich aller seiner Teile ist urheberrechtlich geschützt. Jede Verwertung, die nicht ausdrücklich vom Urheberrechtsgesetz zugelassen ist, bedarf der vorherigen Zustimmung des Verlags. Das gilt insbesondere für Vervielfältigungen, Bearbeitungen, Übersetzungen, Mikroverfilmungen und die Einspeicherung und Verarbeitung in elektronischen Systemen.
Die Wiedergabe von allgemein beschreibenden Bezeichnungen, Marken, Unternehmensnamen etc. in diesem Werk bedeutet nicht, dass diese frei durch jedermann benutzt werden dürfen. Die Berechtigung zur Benutzung unterliegt, auch ohne gesonderten Hinweis hierzu, den Regeln des Markenrechts. Die Rechte des jeweiligen Zeicheninhabers sind zu beachten.
Der Verlag, die Autoren und die Herausgeber gehen davon aus, dass die Angaben und Informationen in diesem Werk zum Zeitpunkt der Veröffentlichung vollständig und korrekt sind. Weder der Verlag noch die Autoren oder die Herausgeber übernehmen, ausdrücklich oder implizit, Gewähr für den Inhalt des Werkes, etwaige Fehler oder Äußerungen. Der Verlag bleibt im Hinblick auf geografische Zuordnungen und Gebietsbezeichnungen in veröffentlichten Karten und Institutionsadressen neutral.

Lektorat/Planung: Katrin Emmerich
Springer VS ist ein Imprint der eingetragenen Gesellschaft Springer Fachmedien Wiesbaden GmbH und ist ein Teil von Springer Nature.
Die Anschrift der Gesellschaft ist: Abraham-Lincoln-Str. 46, 65189 Wiesbaden, Germany

# Inhaltsverzeichnis

1 Vorbemerkung zur Neuauflage .............................. 1
2 Zur Aufgabe der empirischen Sozialforschung und der Datenanalyse im soziologischen Forschungsprozess .............. 7
3 Zur Datenlage: eigene Datenerhebung oder Sekundäranalyse ..... 19
4 Die ersten Schritte der Datenanalyse: Aufbereitung, Datenbeschreibung und bivariate Zusammenhänge .............. 33
5 Signifikanztest ............................................. 67
6 Lineare Regressionen ....................................... 99
7 Zur Logik der Datenanalyse: Welche Auswertungsstrategie passt am besten zu meiner Fragestellung? ...................... 127
8 Logistische Regressionen ................................... 157
9 Ein Ausblick auf fortgeschrittene statistische Analyseverfahren .... 183

# Abbilungsverzeichnis

| | | |
|---|---|---:|
| Abb. 2.1 | Anteil der Arbeiterschaft und der Angestellten an der Leserschaft des Kicker (in Prozent). (Quelle: eigene Darstellung nach Fürtjes und Hagenah 2011, S. 290) | 9 |
| Abb. 2.2 | Anteil empirischer Studien in der deutschsprachigen soziologischen Fachliteratur (in Prozent). (Eigene Darstellung) | 14 |
| Abb. 3.1 | Anteil der sekundäranalytischen empirischen Studien (in Prozent). (Quelle: eigene Darstellung auf Grundlage der Daten von Schneider und Timmler (2011) sowie deren Erweiterung im Jahr 2021) | 21 |
| Abb. 4.1 | Verteilung der Konfessionen nach Jugend in Ost- und Westdeutschland (in Prozent). (Quelle: ALLBUS 2016, $n = 3.183$) | 45 |
| Abb. 4.2 | Histogramm des Alters. (Quelle: ALLBUS 2016, $n = 3.486$) | 46 |
| Abb. 4.3 | Geschlechtsrollenorientierung in Abhängigkeit vom Ort des Aufwachsens (Ost- versus West). (Quelle: ALLBUS 2016) | 52 |
| Abb. 4.4 | Streudiagramm zwischen Geschlechtsrollenorientierung und Alter. (Quelle: ALLBUS 2016) | 62 |
| Abb. 5.1 | $t$-Verteilungen in Abhängigkeit der Freiheitsgrade und Normalverteilung. (Eigene Darstellung) | 77 |
| Abb. 5.2 | Dichtefunktion der Standardnormalverteilung mit kritischen Bereichen für zweiseitiges Testen mit $\alpha = 0{,}01$. (Eigene Darstellung) | 79 |

| | | |
|---|---|---|
| Abb. 5.3 | Dichtefunktionen der Standardnormalverteilung mit kritischen Bereichen für einseitiges Testen mit $\alpha = 0{,}01$. (Eigene Darstellung) | 80 |
| Abb. 5.4 | Übersicht über inferenzstatistische Verfahren zur Testung von Unterschieden. (Eigene Darstellung) | 88 |
| Abb. 5.5 | Stichprobenverteilungen der Nullhypothese, Wahrscheinlichkeit des Beta-Fehlers und Stichprobenverteilung der Alternativhypothese in Abhängigkeit des Standardfehlers und der Größe des Mittelwertunterschieds. (Eigene Darstellung nach Bortz und Schuster 2010, S. 109; Bühner und Ziegler 2017, S. 216; Ludwig-Mayerhofer et al. 2014, S. 169) | 92 |
| Abb. 5.6 | Stata-Output des $t$-Tests zur Überprüfung des Mittelwertunterschieds zwischen Ost (Group 1) und West (Group 0) hinsichtlich der traditionellen Geschlechtsrollenorientierung. (Quelle: ALLBUS Kumulation 1980–2018, Erhebungsjahr 2016) | 94 |
| Abb. 6.1 | Zusammenhang zwischen dem (um den Mittelwert zentrierten) Alter und der traditionellen Geschlechtsrollenorientierung. (Quelle: ALLBUS 2016) | 101 |
| Abb. 6.2 | Überprüfung der Homoskedastizitätsannahme. (Quelle: ALLBUS 2016) | 120 |
| Abb. 6.3 | Boxplots der standardisierten Residuen in Abhängigkeit der Vorhersagewerte. (Quelle: ALLBUS 2016) | 121 |
| Abb. 7.1 | Scheinzusammenhang der Anomia. (Eigene Darstellung) | 133 |
| Abb. 7.2 | Beispiele für Mediation. (Eigene Darstellung) | 136 |
| Abb. 7.3 | Beispiele für Suppression. (Eigene Darstellung) | 137 |
| Abb. 7.4 | Mediation des Sozialisations-Effektes durch das Bildungsniveau. (Eigene Darstellung) | 141 |
| Abb. 7.5 | Suppression des Sozialisationsortes durch die ökonomische Deprivation. (Eigene Darstellung) | 142 |
| Abb. 7.6 | Mediation des Sozialisationsortes durch die Kirchgangshäufigkeit. (Eigene Darstellung) | 143 |
| Abb. 7.7 | Schematische Darstellung einer Moderation. (Eigene Darstellung) | 148 |
| Abb. 8.1 | Streudiagramm für eine dichotome abhängige Variable Y und eine metrische unabhängige Variable X inklusive Regressionsgerade. (Eigene Darstellung) | 158 |

| | | |
|---|---|---|
| Abb. 8.2 | Lineares Wahrscheinlichkeitsmodell und logistisches Regressionsmodell im Vergleich. (Eigene Darstellung) | 160 |
| Abb. 8.3 | Auswirkungen positiver und negativer $b$-Koeffizienten auf den Verlauf der Logit-Funktion. (Eigene Darstellung) | 168 |
| Abb. 9.1 | Übergangsraten zum ersten Kind bei Männern und Frauen. (Quelle: Beziehungs- und Familienpanel, Release 10.0) | 187 |
| Abb. 9.2 | Überlebensfunktionen zur Familiengründung von Männern und Frauen. (Quelle: Beziehungs- und Familienpanel, Release 10.0) | 189 |
| Abb. 9.3 | Beispiele für hierarchisch strukturierte Daten. (Eigene Darstellung) | 191 |
| Abb. 9.4 | Streudiagramm zum Zusammenhang zwischen Religiosität der Eltern und Religiosität des Befragten. (Eigene Darstellung) | 192 |
| Abb. 9.5 | Streudiagramme und Regressionsgerade zum Zusammenhang zwischen der Religiosität der Eltern und individueller Religiosität in zwei Ländern. (Eigene Darstellung) | 193 |
| Abb. 9.6 | Veränderung der Kirchgangshäufigkeit von fünf fiktiven Personen über vier Panelwellen. (Eigene Darstellung) | 197 |
| Abb. 9.7 | Kovarianzbasiertes Pfadmodell zu vermittelten Einflüssendes Bildungsniveaus der Frau auf ihre Religiosität. (Quelle: ALLBUS 2002; ***: $p<.001$, $n = 677$, Modellfit: $\chi^2 = 0.01$ (df = 1), $p = .093$; RMSEA: 0.00; CFI: 1.0; dargestellt sind standardisierte Effekte) | 202 |
| Abb. 9.8 | Das Prinzip statistischer Modellierung. (Eigene Darstellung) | 203 |

# Tabellenverzeichnis

| | | |
|---|---|---|
| Tab. 2.1 | Sozialstrukturelle Bestimmungsgründe der regelmäßigen Kicker-Lektüre. (Quelle: Fürtjes und Hagenah 2011, S. 294) | 10 |
| Tab. 4.1 | Verteilung der die Geschlechtsrollenorientierung erfassenden Items (Spaltenprozente). (Quelle: ALLBUS 2016) | 41 |
| Tab. 4.2 | Altersverteilung (Spaltenprozente). (Quelle: ALLBUS 2016) | 43 |
| Tab. 4.3 | Konfessionszugehörigkeit und Sozialisation in West- oder Ostdeutschland (Fallzahlen). (Quelle: ALLBUS 2016) | 53 |
| Tab. 4.4 | Konfessionszugehörigkeit und Sozialisation in West- oder Ostdeutschland (Fallzahlen). (Quelle: ALLBUS 2016) | 54 |
| Tab. 4.5 | Zusammenhang zweier ordinaler Variablen. (Quelle: ALLBUS 2016) | 57 |
| Tab. 4.6 | Messniveau und Zusammenhangsmaße. (Eigene Darstellung) | 64 |
| Tab. 5.1 | Fehlerarten beim Signifikanztest. (Eigene Darstellung) | 73 |
| Tab. 6.1 | Alter und traditionelle Geschlechtsrollenorientierung. (Quelle: fiktive Daten) | 102 |
| Tab. 6.2 | Fehler bei der Vorhersage der traditionellen Geschlechtsrollenorientierung durch den Mittelwert. (Quelle: fiktive Daten) | 103 |

| | | |
|---|---|---|
| Tab. 6.3 | Fehler bei der Vorhersage der traditionellen Geschlechtsrollenorientierung durch das Alter. (Quelle: fiktive Daten) | 104 |
| Tab. 6.4 | Modellgüte für den Zusammenhang zwischen Alter und traditioneller Geschlechtsrollenorientierung (Anova-Block). (Quelle: ALLBUS 2016, $n = 1.458$) | 107 |
| Tab. 6.5 | Bestimmung der Regressionsgeraden. (Quelle: ALLBUS 2016, $n = 1.458$) | 107 |
| Tab. 6.6 | Bestimmung der Regressionsebene. (Quelle: ALLBUS 2016, $n = 1.458$) | 109 |
| Tab. 6.7 | Bestimmung der Koeffizienten. (Quelle: ALLBUS 2016, $n = 1,458$) | 110 |
| Tab. 6.8 | Alter, ISEI des Vaters und traditionelle Geschlechtsrollenorientierung. (Quelle: fiktive Daten) | 113 |
| Tab. 6.9 | Durch das Alter prognostizierte Werte und Residuen. (Quelle: fiktive Daten) | 113 |
| Tab. 6.10 | Determinanten der traditionellen Geschlechtsrollenorientierung. (Quelle: ALLBUS 2016, $n = 1.458$) | 115 |
| Tab. 6.11 | Determinanten der traditionellen Geschlechtsrollenorientierung ($\beta$-Koeffizienten). (Quelle: ALLBUS 2016, $n = 1.458$) | 116 |
| Tab. 6.12 | Determinanten der traditionellen Geschlechtsrollenorientierung. (Quelle: ALLBUS 2016, $n = 1.458$) | 124 |
| Tab. 7.1 | Operationalisierungen bei der Analyse von Geschlechtsrollenorientierungen. (Quelle: ALLBUS 2016; Mays 2012) | 129 |
| Tab. 7.2 | Brutto-Netto-Modell zur Überprüfung des Zusammenhangs zwischen soziodemografischen Merkmalen und einer traditionellen Geschlechtsrollenorientierung (lineare Regression, unstandardisierte $b$-Koeffizienten). (Quelle: ALLBUS 2016) | 132 |
| Tab. 7.3 | Deskriptive Statistiken und $t$-Tests für unabhängige Stichproben zu sozialstrukturellen Unterschieden zwischen Frauen mit und ohne Sozialisation in der ehemaligen DDR. (Quelle: ALLBUS 2016) | 139 |

| | | |
|---|---|---|
| Tab. 7.4 | Hierarchisches lineares Regressionsmodell zur Erklärung des Effektes einer Sozialisation in der ehemaligen DDR auf die traditionelle Geschlechtsrollenorientierung (unstandardisierte $b$-Koeffizienten). (Quelle: ALLBUS 2016, weibliche Befragte, $n = 790$) | 140 |
| Tab. 7.5 | Berechnung der Teileffekte für die Mediation „Sozialisation ehemalige DDR → Kirchgangshäufigkeit → Traditionelle Geschlechtsrollenorientierung" (lineare Regression, $n = 748$). (Quelle: ALLBUS 2016) | 146 |
| Tab. 7.6 | Brutto-Effekte verschiedener soziodemografischer Merkmale auf die Geschlechtsrollenorientierung in Abhängigkeit vom Geschlecht (lineare Regression, unstandardisiertze $b$-Koeffizienten). (Quelle: ALLBUS 2016) | 150 |
| Tab. 7.7 | Moderation von Effekten soziodemografischer Variabler auf die traditionelle Geschlechtsrollenorientierung durch das Geschlecht (lineare Regression, unstandardisierte $b$-Koeffizienten). (Quelle: ALLBUS 2016, $n = 1507$) | 151 |
| Tab. 8.1 | Zusammenhang von Konfessionslosigkeit und Wohnort (beobachtete Häufigkeiten mit Zeilenprozentwerten in Klammern). (Quelle: ALLBUS 2018) | 161 |
| Tab. 8.2 | Wahrscheinlichkeiten, Odds und Logits im Vergleich. (Eigene Darstellung) | 163 |
| Tab. 8.3 | Output einer bivariaten logistischen Regression mit der abhängigen Variablen Konfessionslosigkeit (0 = nein, 1 = ja). (Quelle: ALLBUS 2018, $n = 3470$) | 164 |
| Tab. 8.4 | Auswirkungen positiver und negativer Regressionskoeffizienten auf die Wahrscheinlichkeit für $y = 1$. (Eigene Darstellung) | 167 |
| Tab. 8.5 | Beispiel zur Berechnung des Log-Likelihood-Funktionswertes. (Eigene Darstellung) | 171 |
| Tab. 8.6 | Logistisches Regressionsmodell zur abhängigen Variablen Konfessionslosigkeit (0 = nein, 1 = ja; Logit-Koeffizienten inklusive Standardfehlern, $z$-Werten, Odds-Ratios und Average Marginal Effects). (Quelle: ALLBUS 2018, $n = 3434$) | 175 |

| | | |
|---|---|---|
| Tab. 8.7 | Output einer logistischen Regression mit der abhängigen Variablen Konfessionslosigkeit (0 = nein, 1 = ja) und Interaktionseffekt. (Quelle: ALLBUS 2016 & 2018, $n$ = 6914) | 179 |
| Tab. 8.8 | Output des Stata-Befehls „inteff" zum Interaktionseffekt „Bildungsjahre × Ostdeutschland" aus Tab. 8.7. (Quelle: ALLBUS 2016 & 2018) | 180 |
| Tab. 9.1 | Beispielfragestellungen für Ereignisdatenanalysen. (Eigene Darstellung) | 185 |
| Tab. 9.2 | Veränderungen der jährlichen Kirchgangshäufigkeit im Zuge verschiedener biografischer Übergänge. (Fixed-Effects-Regressionsmodelle, $b$-Koeffizienten, $t$-Werte in Klammern). (Quelle: SOEP-Daten für Westdeutschland) | 199 |

# Vorbemerkung zur Neuauflage

Es ist in der Zwischenzeit mehr als ein Jahrzehnt vergangen, seitdem zwei der nun drei Autoren – damals noch in Chemnitz – die ersten Überlegungen diskutierten, ein Einführungsbuch in die sozialwissenschaftliche Datenanalyse zu schreiben. Unsere Zielsetzung war es dabei, vor allem für unsere Studierenden ein kurzes, aber doch viele Facetten umfassendes Buch zu erstellen, das die grundlegende Logik der empirischen Sozialforschung und hierbei vor allem die einzelnen praktischen Schritte der Datenanalyse – beginnend mit der Frage des Datenzugangs, der Darstellung der häufig unterschätzten Mühen der Datenaufbereitung und der Beschreibung der Daten sowie einfacher bivariater Zusammenhänge bis hin zu komplexeren und multivariaten Verfahren und deren grundlegende Logik – umfasst. Hierbei war es uns wichtig, die Leserinnen und Leser weder durch einen schnell an vielfältige Grenzen stoßenden Formalismus abzuschrecken noch durch eine kleinteilige Führung in den unterschiedlichen Analyseprogrammen in eine falsche Sicherheit zu wiegen. Im Jahr 2012 ist das Ergebnis unserer Überlegungen dann schließlich erschienen und schon nach kurzer Zeit konnten wir im Jahr 2014 eine Neuauflage angehen, die zwar einige Ergänzungen und Korrekturen umfasste, aber die grundlegende Argumentationsstruktur beibehielt.

In der hier nun vorliegenden Neuauflage haben wir einige inhaltliche Neujustierungen vorgenommen. Wir verzichten darauf, einige grundlegende methodische

---

**Ergänzende Information** Die elektronische Version dieses Kapitels enthält Zusatzmaterial, auf das über folgenden Link zugegriffen werden kann https://doi.org/10.1007/978-3-658-36322-2_1.

© Der/die Herausgeber bzw. der/die Autor(en), exklusiv lizenziert durch Springer Fachmedien Wiesbaden GmbH, ein Teil von Springer Nature 2022
F. Hartmann et al., *Sozialwissenschaftliche Datenanalyse*,
https://doi.org/10.1007/978-3-658-36322-2_1

und methodologische Fragen zu diskutieren.[1] Auch das Kapitel zur Faktorenanalyse haben wir gestrichen, da dieses Thema in weiterführenden Statistiklehrbüchern wohl besser aufgehoben ist als in einer Einführung. Neu hinzugekommen ist ein ausführliches Kapitel zur Einführung in die Logik von Signifikanztests. Aufgabe dieses Lehrbuches ist es immer noch, eine hoffentlich gut lesbare und an den praktischen Problemen der sozialwissenschaftlichen Forschung orientierte Einführung in die notwendigen Schritte der Datenanalyse zu geben.

Dies vorliegende Buch ist also keine allgemeine Einführung in die Methoden der empirischen Sozialforschung – hier liegen spätestens seit dem Standardwerk von Rainer Schnell et al. (2018) auch in deutscher Sprache eine Fülle von unterschiedlichen Darstellungen vor – und erst recht keine Einführung in die Statistik. Das vorliegende Buch soll also keine erneute Darstellung des vermeintlich gleichen Stoffes oder der dadurch wohlbekannten Techniken und Tatbestände sein. Statistik in den Sozialwissenschaften soll als Handwerkzeug dienen und ist kein Selbstzweck. Häufig wird in entsprechenden Büchern darauf abgezielt, an die einzelnen Arbeitsschritte der praktischen Sozialforschung heranzuführen (Benninghaus 2006), notwendiges statistisches Wissen zu vermitteln (Müller-Benedict 2011) oder eben die „Grundlagen der sozialwissenschaftlichen Statistik" (Diaz-Bone 2019, S. 11) zu vermitteln. Unsere lange und nicht immer einfache Erfahrung in der Lehre und Vermittlung entsprechender Analysetechniken lassen Zweifel aufkommen, ob diese, in den vielen Büchern angestrebten Ziele wirklich erreicht werden.

Ein wenig provozierend und dadurch übertreibend könnte man sagen: Diese Vermittlung statistischen Grundwissens – zumindest allein – ist explizit nicht das Ziel des vorliegenden Buches. Es ist aus diesem Grunde auch kein Zufall oder Ergebnis idiosynkratischer Vorlieben, dass der Titel eben nicht „Einführung in die Statistik für Studierende der Soziologie" oder ähnlich lautet, sondern explizit auf die Anwendungen der Datenanalyse in den Sozialwissenschaften im Allgemeinen und der Soziologie im Speziellen verweist. Die Zielsetzung ist dabei auch nicht unbedingt, dass die entsprechenden Verfahren selbständig eingesetzt werden können, dass man also in der Lage ist, eigenständig Daten zu analysieren – das wäre ein schöner Nebeneffekt. Wichtiger scheint zu sein, dass das kritische Verständnis von empirischen Analysen befördert wird, denn es kann letztlich kaum

---

[1] Einige dieser Überlegungen führten anscheinend zu Missverständnissen hinsichtlich der Zielsetzung des Buches und wurden als eine Ablehnung nicht quantitativ orientierter Überlegungen und Ansätze verstanden. Sozialwissenschaftliche Forschungen sollten problemorientiert vorgehen und die unterschiedlichsten Zugänge nutzen, ohne hier ideologische Bedenken zu haben. Im Gegenteil können einige dieser auf den ersten Blick eher Abseits der Empirie stehenden Überlegungen sogar als Leitfaden empirischer Forschung dienen.

ein vernünftiger Zweifel daran bestehen, dass empirisch fundiertes Wissen und somit ein sogenanntes evidenzbasiertes Vorgehen in nahezu allen Bereichen an Bedeutung gewinnt und gewinnen soll. Evidenzbasiertes Wissen impliziert aber auch, dass man in der Lage ist, die entsprechenden Vorgehensweisen zu verstehen und gegebenenfalls auch kritisieren zu können. Genau dieses Verständnis soll in diesem Buch gefördert werden.

Hierzu werden wir uns in einem ersten inhaltlichen Kapitel mit der Funktion der empirischen Sozialforschung und eben speziell der Datenanalyse im Rahmen eines soziologischen Forschungsprozesses beschäftigen. Dem Charakter des Buches entsprechend soll dies aber keine wissenschaftstheoretische Diskussion wiedergeben, sondern vielmehr anhand eines konkreten Beispiels den Nutzen der – dann im Folgenden zu explizierenden – Methoden demonstrieren. Ein weiteres eher vorbereitendes Kapitel beschäftigt sich dann mit der Frage, woher denn die zu analysierenden Daten stammen. Hierbei wird eine von etlichen Lehrbüchern abweichende Meinung vertreten. Denn wir raten letztlich sehr deutlich davon ab, Studierende zur eigenständigen Datenerhebung zu motivieren. Schon an dieser Stelle vorab: Datenerhebung ist ein zeit- und kostenaufwändiges Unterfangen, das nicht einfach en passant erfolgen kann und gründlich und sorgsam vorbereitet und durchgeführt werden muss. ‚Irgendwelche Daten' sind eben nicht immer besser als ‚keine Daten'![2]

Im Kap. 4 werden dann die ersten Schritte der Datenanalyse vorgestellt, wobei zuerst der Aufbereitung der Daten ein relativ großer Raum eingeräumt wird, denn in der Praxis erweisen sich diese Schritte nicht nur als meist sehr zeitintensiv, dort sind auf eine Fülle von Entscheidungen zu treffen, die nur selten in ihrer Dramatik deutlich gemacht werden. Anschließend sollen die Datendeskription und die Suche nach einfachen, bivariaten Zusammenhängen im Mittelpunkt stehen. Gerade, weil empirische Analysen auch in der öffentlichen und politischen Diskussion immer weitere Verbreitung finden und dankenswerter Weise faktenbasierte Informationen und Diskussionen in vielen Lebensbereichen immer wichtiger werden, sind darstellende und statistisch nicht allzu elaborierte Verfahren von großer Bedeutung und sollten immer die ersten Schritte der Datenanalyse sein.

---

[2] Wir verzichten deshalb auch darauf, auf die vielfältigen Fallstricke der Dateneingabe und die Notwendigkeit der daraus entstehenden Datenkontrolle einzugehen. Dieses Plädoyer soll jedoch nicht dahingehend verstanden werden, dass entsprechende Schritte in der Ausbildung von Studierenden unberücksichtigt bleiben sollen. Nur wenn man – zumindest eben theoretisch – die Probleme der Datenerhebung und Dateneingabe kennt, kann man die Qualität entsprechender Studien einschätzen und gegebenenfalls kritisieren – und dies ist meist eine wichtige Aufgabe.

Der Aufbau des Buches verrät jedoch schon, dass man hier natürlich die Arbeit nicht beenden sollte. Es gilt in diesem Zusammenhang zwischen der Fundierung der wissenschaftlichen Analyse und Aussagen und der Präsentation gerade auch in der öffentlichen Diskussion zu unterscheiden.

Ein herausragendes Beispiel in diesem Zusammenhang stellt die wohl auf eine Metapher von Mark Twain im Titel zurückgreifende Studie „The Shape of the River" von William G. Bowen und Derek Bok (1998) dar. Die beiden Autoren untersuchen dabei die langfristigen Auswirkungen der sogenannten affirmative-action-Politik bei der Zulassung zu höheren Bildungseinrichtungen in den Vereinigten Staaten. Hierbei arbeiten sie im Hauptteil des Buches nahezu ausschließlich mit einfach zu verstehenden Balkendiagrammen und anderen Grafiken. Diese Darstellungen beruhen jedoch auf multivariaten Analyseverfahren, die im gut ein Drittel des Buches umfassenden Anhang detailliert dargestellt werden. Dieses auch inhaltlich immer noch sehr spannende Buch stellt also ein hervorragendes Beispiel dar, wie man ‚public sociology' betreiben und dabei gleichzeitig methodisch fundiert arbeiten kann.

Die zweite Hälfte des vorliegenden Buches befasst sich deshalb dann auch mit genau diesen multivariaten Verfahren, wobei mit linearen und logistischen Regressionen zwei Varianten vertieft besprochen werden. Überlegungen zur Problematik von Signifikanztests, zur Logik der Datenanalyse sowie ein Überblick über weitere und fortgeschrittene Analyseverfahren ergänzen diese Darstellungen.

Zwei weitere wichtige Anmerkungen sind jedoch in dieser Vorbemerkung noch notwendig: Wir vertreten immer noch vehement – und dies sogar mit zunehmendem Nachdruck – die Auffassung, dass die Verwendung sogenannter Syntaxfiles für die Datenanalyse schlicht und einfach alternativlos ist, auch wenn dieses Wort heute ab und an negativ konnotiert ist. Wir werden dies weiter unten noch ausführlich begründen. Dies hat in den bisherigen Auflagen dazu geführt, dass wir an der ein oder anderen Stelle entsprechende Beispiele aufgeführt hatten. Nun waren diese Versuche und Bemühungen leider nur sporadisch und letztlich inkonsequent. In Anbetracht der vielfältigen Datenanalyseprogramme mit ihren einzelnen Vorzügen, aber auch Schwierigkeiten haben wir für diese Neuauflage beschlossen, auch diese wenigen Beispiele zu streichen, zumal eine solche Einführung auch kein Handbuch der einzelnen Datenanalyseprogramme ersetzen kann. Wir verzichten also nun gänzlich auf die Darstellung der entsprechenden Syntax – die dringende Mahnung, derartig vorzugehen, gilt weiter.[3]

Schließlich ist es gelungen, mit Florian Hartmann einen weiteren Autor zu gewinnen, der nicht nur neue Perspektiven, beispielsweise eben zur Logik von

---

[3] Die in diesem Buch vorgestellten Analysen wurden alle mit dem Programm Stata durchgeführt. Die hierfür verwendete Syntax kann auf den entsprechenden Seiten des Verlags Springer VS eingesehen werden.

Signifikanztests mit einbringen, sondern auch die Kontinuität dieser Einführung sichern kann.

## Literatur

Benninghaus, Klaus. 2006. *Einführung in die sozialwissenschaftliche Datenanalyse.* München: Oldenbourg. doi: https://doi.org/10.1524/9783486837360.

Bowen, William G., und Derek Bok. 1998. The shape of the river. *Long-term consequences of considering race in college and university admissions. Princeton: Princeton University Press.* https://doi.org/10.1515/9781400882793.

Diaz-Bone, Rainer. 2019. *Statistik für Soziologen.* München: UVK.

Müller-Benedict, Volker. 2011. *Grundkurs Statistik in den Sozialwissenschaften. Eine leicht verständliche, anwendungsorientierte Einführung in das sozialwissenschaftlich notwendige statistische Wissen.* Wiesbaden: VS Verlag. doi: https://doi.org/10.1007/978-3-531-93225-5.

Schnell, Rainer, Paul B. Hill, und Elke Esser. 2018. *Methoden der empirischen Sozialforschung.* München: Oldenbourg. doi: https://doi.org/10.1007/978-3-658-20978-0_59.

# Zur Aufgabe der empirischen Sozialforschung und der Datenanalyse im soziologischen Forschungsprozess

Man kann natürlich anzweifeln, ob eine Antwort auf die in der Überschrift formulierte Frage auf einem knappen Dutzend Seiten eines einführenden Lehrbuches auch nur annähernd sinnvoll behandelt werden soll und kann. Letztlich müsste man diese Frage im Bereich der Erkenntnis- und Wissenschaftstheorie beantworten und die Diskussion über die richtige Antwort füllt mehrere Regale in entsprechenden Bibliotheken und unzählige Seiten in Fachzeitschriften. Trotz aller dort zu findenden Diskussionen und Verzweigungen hat sich in der Praxis ein relativ einfaches Verständnis durchgesetzt, das innerhalb der wissenschaftstheoretischen Diskussion als kritischer Rationalismus bezeichnet wird (vgl. hierzu Albert 1991 oder die kurze Darstellung bei Schnell et al. 2018). Empirische Forschung dient dabei dazu, theoretisch geleitete Beschreibungen und Tests entsprechender Hypothesen durchzuführen.

Es soll an dieser Stelle deshalb auch nicht der Versuch unternommen werden, diese oder ähnliche erkenntnistheoretische Diskussionen nur ansatzweise vorzustellen, vielmehr wird eine relativ pragmatische Argumentationslinie gewählt, die die Vorteile eines derartigen Vorgehens in der Praxis aufzeigen soll. Dazu wird in einem ersten Schritt ein Blick auf zwei beispielhafte Fragestellungen geworfen, bevor im weiteren Verlauf die wohl zunehmende Bedeutung dieser Vorgehensweise anhand einer Analyse der beiden führenden deutschsprachigen soziologischen Fachzeitschriften, der Zeitschrift für Soziologie (ZfS) sowie der Kölner Zeitschrift für Soziologie und Sozialpsychologie (KZfSS), untersucht werden soll.

Das erste der hier in den Mittelpunkt gestellten Beispiele befasst sich mit der tatsächlichen oder vermeintlichen Entproletarisierung des Fußballs, zumindest in seiner medialen Aufbereitung. Während Fußball über lange Zeit als Arbeiter- und Proletariersport galt, scheint Fußball heute durch alle Schichten akzeptiert. Wenn man nach Erklärungen für diesen Wandel sucht, so wird vor allem öffentlich schnell auf die veränderte mediale Präsenz und Präsentation hingewiesen, die zu einer Transformation hin zu einem Showsport führte (vgl. für die entsprechenden Hinweise Fürtjes und Hagenah 2011, S. 281 ff.) oder die Fußball sogar zu einem Teil der sogenannten Event-Kultur macht (vgl. einleitend Gebhardt et al. 2000).

Ein wichtiges soziologisches Argument bei Erklärungen ist es, auf veränderte Rahmenbedingungen und Strukturen hinzuweisen. Aus diesem Grunde formulieren Fürtjes und Hagenah (2011, S. 282) auch die sogenannte Similaritätsthese. Dabei wird vermutet, dass „die Entproletarisierung des Fußballs wesentlich aus dem kollektiven sozialen Aufstieg der bundesdeutschen Gesellschaft", also aus einem allgemeinen sozialen Wandel, folgt. Eine zweite Argumentation zielt auf eine Veränderung der Rekrutierungsmuster der Fußballzuschauerschaft ab. Beide Vermutungen klingen plausibel und man kann letztlich nicht wirklich entscheiden, welcher Überlegung ein größerer Erklärungswert zukommt. Genau an einer solche Stelle tritt nun aber die empirische Sozialforschung auf den Plan – oder um im Bild des Beispiels zu verbleiben: auf den Platz.

Um derartige Entwicklungshypothesen untersuchen zu können, bedarf es natürlich eines Datensatzes, der den entsprechenden Untersuchungszeitraum auch abdeckt. Glücklicherweise kann man in diesem Beispiel auf die sogenannte Leseroder Media-Analyse zurückgreifen (vgl. Fürtjes und Hagenah 2011, S. 286 ff.), eine jährlich stattfindende Befragung zur Mediennutzung, die auf einer Zufallsstichprobe beruht und deshalb eine statistische Bewertung ermöglicht (vgl. dazu genauer Kap. 7). Als Indikator für das Interesse an Fußball wird – bei allen denkbaren Einschränkungen – die regelmäßige Nutzung des Kicker-Sportmagazins verwendet. Wie hat sich die Zusammensetzung dieser Klientel nun in der Zeit von 1950 bis in die 2000er Jahre – der zugrundeliegende Artikel erschien ja schon 2011 – verändert? In Abb. 2.1 ist der Anteil der Leser und Leserinnen aus der Arbeiterschaft beziehungsweise der Angestellten dargestellt.

Betrachtet man sich diese Abbildung, so ist deutlich in den 1960er Jahren eine Entproletarisierung festzustellen. Der Anteil der Arbeiterschaft sinkt, der Anteil der Angestellten steigt, obwohl sich seit den 1970er Jahren hier kaum noch Veränderungen finden lassen. Die oben formulierte Veränderungsthese ist also empirisch zu finden, auch wenn diese Veränderung zumindest in der Kicker-Leserschaft schon deutlich früher eintritt als gemeinhin aufgrund der Medialisierung des Fußballs vermutet wird.

Die Forschungsfrage lautet nun, ob sich dieser Wandel durch die Veränderung in der sozialstrukturellen Zusammensetzung der Bevölkerung erklären lässt – hat sich einfach die Relation von Arbeiterschaft und Angestellten entsprechend verschoben – oder ob hier zusätzliche Faktoren – wie eben eine Öffnung des Fußballs durch seine mediale Präsentation – notwendig sind. Um dies zu überprüfen,

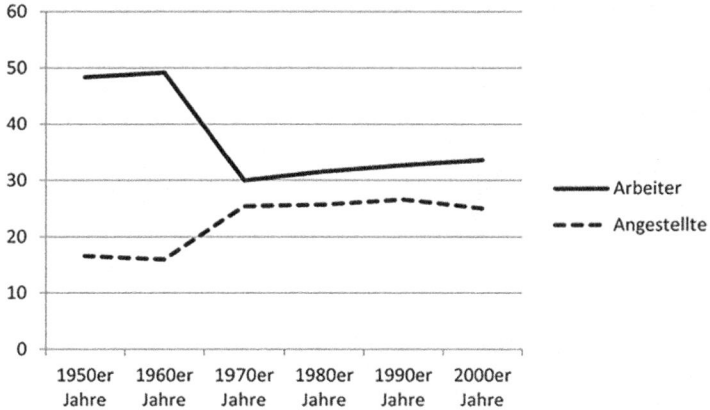

**Abb. 2.1** Anteil der Arbeiterschaft und der Angestellten an der Leserschaft des Kicker (in Prozent). (Quelle: eigene Darstellung nach Fürtjes und Hagenah 2011, S. 290)

wird eine sogenannte logistische Regression berechnet, die später in diesem Buch genauer vorgestellt wird. Letztlich geht es darum, Einflussfaktoren auf die Wahrscheinlichkeit herauszuarbeiten, den Kicker regelmäßig zu lesen. In Tab. 2.1 (vgl. Fürtjes und Hagenah 2011, S. 294; zur besseren Übersichtlichkeit wurden einige kleine Veränderungen vorgenommen) finden sich die sogenannten exponierten β-Effekte. Diese Effekte sind relativ einfach zu interpretieren: Effekte größer als 1 zeigen eine Erhöhung der Wahrscheinlichkeit an, den Kicker zu lesen, wohingegen Effekte kleiner als 1 auf ein Absinken dieser Wahrscheinlichkeit hinweisen. Der Abstand zum Wert 1 gibt die Größe dieser Effekte wieder, wobei beispielsweise ein Effekt von 1,17 eine Steigerung der Chance um 17 % und ein Effekt von 0,83 ein Sinken der Chance um 17 % bedeutet. Zusätzlich finden sich in der Tab. 2.1 noch Hinweise auf das Signifikanzniveau, die sogenannten p-Werte. Diese Werte sind zuerst einmal so zu verstehen, dass sie angeben, wie sicher man sich ist, dass es sich nicht um Zufallsbefunde handelt, sondern dass hier wirklich inhaltliche Ergebnisse zu berichten sind.

Wie sind diese Ergebnisse nun zu interpretieren? Von besonderem Interesse sind die am Ende der Tabelle zu findenden Interaktionseffekte. Wenn es wirklich im Laufe der Zeit zu einer nicht-strukturell bedingten Entproletarisierung der Kicker-Leserschaft gekommen sein sollte, müsste sich ein negativer Effekt – also ein Effekt unter 1 – für „Jahr und Arbeiter/innen" sowie positive Effekte – also

**Tab. 2.1** Sozialstrukturelle Bestimmungsgründe der regelmäßigen Kicker-Lektüre. (Quelle: Fürtjes und Hagenah 2011, S. 294)

| Einflussgrößen | Effekt |
|---|---|
| Beruf | |
| Nicht-Berufstätige | Referenzgröße |
| Arbeiter/innen | 0,90 |
| Angestellte | 1,27** |
| Beamt/innen | 1,12 |
| Selbständige | 0,55*** |
| Bildung | |
| Niedrige Bildung | 1,90*** |
| Mittlere Bildung | 1,72*** |
| Höhere Bildung | Referenzgröße |
| Einkommen (in 1000 €) | 1,13*** |
| Alter | |
| Unter 24 Jahre | 3,56*** |
| 25–34 Jahre | 2,79*** |
| 35–44 Jahre | 2,64*** |
| 45–59 Jahre | 2,03*** |
| 60 Jahre und älter | Referenzgröße |
| Geschlecht | |
| Frauen | Referenzgröße |
| Männer | 8,08*** |
| Jahr | 0,99*** |
| Interaktionseffekt | |
| Jahr und Arbeiter/innen | 1,01*** |
| Jahr und Angestellte | 1,00* |
| Jahr und Beamt/innen | 1,00 |
| Jahr und Selbständige | 1,01*** |

$^*p<0,05$; $^{**}p<0,01$; $^{***}p<0,001$

Werte größer als 1 – für die anderen Interaktionseffekte mit den Berufsgruppen finden. Dies ist jedoch nicht der Fall! Die Wahrscheinlichkeit für Arbeiter und Arbeiterinnen im Laufe der Jahre zur Kernleserschaft des Kickers zu gehören, steigt aber sogar im Zeitablauf und so kommen Fürtjes und Hagenah (2011, S. 296) auch zu einem klaren Ergebnis: „Die Analysen zur Kicker-Kernleserschaft erbrachten ein eindeutiges Bild zur Entproletarisierung des Fußballs: So resultiert die Verlagerung des sozialen Schwerpunkts jener Leserschaft ausschließlich aus dem sich vollziehenden sozialstrukturellen Wandel der vergangenen 50 Jahre". Die Rekrutierungsmuster innerhalb der sich ändernden Sozialstruktur sind hingegen erstaunlich stabil beziehungsweise sprechen sogar eher für eine leichte Proletarisierung.

An diesem Beispiel wird deutlich, dass eine empirische Beobachtung, ein Rätsel, theoretisch durch unterschiedliche Aspekte erklärbar ist und dass es der empirischen Sozialforschung bedarf, um zwischen den unterschiedlichen Erklärungen entscheiden zu können – wie dies eben Fürtjes und Hagenah sehr schön gezeigt haben.

Das zweite Beispiel stammt aus einer der angesehensten wissenschaftlichen Zeitschriften der Welt, aus der von der American Association for the Advancement of Science herausgegebenen Zeitschrift „Science". Im Februar 2021 veröffentlichten hier Bocar Ba, Dean Knox, Jonathan Mummolo und Roman River einen Beitrag, der sich mit der Rolle von Diversität in der US-amerikanischen Polizei auseinandersetzt (vgl. als kurzen Überblick Starr 2021). Nicht erst seit der Tötung von George Floyd im Mai 2020 wird immer wieder darüber diskutiert, wie man Gewalt durch Polizeikräfte verhindern kann, wobei die Auflösung der bisherigen Polizei unter dem Stichwort „defund the police" eine durchaus verbreitete Meinung ist. In dem hier kurz vorzustellenden Beitrag wird nun aufgrund sehr ausführlicher offizieller Protokolle untersucht, inwieweit eine Öffnung der über einen sehr langen Zeitraum ausschließlich „weißen" und männlichen Polizei für Angehörige anderer Ethnien oder auch die Einstellung weiblicher Polizeikräfte Konflikte bei Streifengängen beeinflusst. Hierzu gilt es zu berücksichtigen, dass die Zusammensetzung der jeweiligen Streifen, aber natürlich auch ihre Einsatzzeiten und ihr Einsatzgebiet, wichtige Determinanten für auffälliges Verhalten und damit auch den polizeilichen Einsatz darstellen. Um diese potentiellen Fehlerquellen zu kontrollieren, wurden in einem sehr aufwändigen Verfahren diese Dinge kontrolliert: „To make valid comparisons, we assemble a panel dataset in which rows represent officer-shifts – roughly 8-hour patrol periods – and characterize officers' actions and their context. (…) In each of these 2.9 million patrol assignments, we measure officers' stops, arrests, and uses of force, whether they engaged in any of these activities or not. (…) This procedure greatly mitigates threats from self-selection" (Ba et al. 2021, S. 697). Für diese Einheiten wurden dann multivariate Verfahren – sogenannte fixed-effect regressions – angewandt. Im Ergebnis zeigt sich, dass beispielsweise schwarze Polizisten deutlich geringere Kontrollzahlen, Verhaftungen und vor allem Gewalteinsätze aufweisen als weiße Polizisten. Ähnliche Ergebnisse finden sich für andere ethnischen Gruppen und Polizistinnen. „Taken together, these results strongly suggest that diversification can reshape police-civilian encounters" (Ba et al. 2021, S. 701).

Nun werden in dem Aufsatz selbst die unterschiedlichen methodischen Fragen und die Möglichkeiten der Generalisierung diskutiert, wichtig ist jedoch in unserem Zusammenhang, dass man auch derartige hochpolitische Fragen über ethnische Konflikte und unangemessener polizeilicher Gewalt mit Hilfe empirischer Methoden untersuchen und bewerten kann – und dies ist der große Verdienst der Studie von Ba, Knox, Mummolo und Rivera.

Es ist nicht leicht, an dieser Stelle innezuhalten und nicht weitere aktuelle oder klassische Studien vorzustellen, die den Reiz der Soziologie, die Entdeckung des Neuen und den kritischen Test verschiedener theoretischer Überlegungen, also einfach das empirisch-erklärende Arbeiten, demonstrieren. Zumindest für eine ganze Reihe von klassischen empirischen Arbeiten kann man auf entsprechende Überblickwerke hinweisen (vgl. etwa Kaesler und Vogt 2007), ansonsten ist wohl darauf zu hoffen, dass beim selbständigen Stöbern in aktuellen Fachzeitschriften sicherlich viele interessante Studien zu entdecken sind. Für all diejenigen, die sich dieser ab und an auch mühevollen Aufgabe nicht selbst stellen wollen, sei zumindest hinsichtlich einer Handvoll klassischer Studien auf die Arbeit von Hunt (1991) hingewiesen, der an fünf Beispielen beeindruckend die Erklärungskraft einer empirisch orientierten Sozialwissenschaft aufzeigt.

Zielsetzung dieses Abschnittes ist es aber nicht, die aktuelle Diskussion zu irgendeinem inhaltlichen Problembereich vorzustellen, vielmehr geht es darum sich klar zu werden, warum man eigentlich überhaupt empirische Sozialforschung betreiben will – oder manchmal ja auch soll oder gar muss!

Soziologie ist eine empirische Erfahrungswissenschaft[1] – soziologische Erkenntnis kann man in aller Regel nicht einfach gewinnen ohne empirisch zu arbeiten. Mit einer derartigen Einordnung der Sozialwissenschaften im Allgemeinen und der Soziologie im Speziellen befindet man sich in guter Gesellschaft: In der Einleitung des ersten Handbuchs der empirischen Sozialforschung macht René König 1967 bereits klar, dass „Soziologie überhaupt nur als empirische Soziologie möglich ist", denn Soziologie sei die Wissenschaft von der Gesellschaft und „Wissenschaft ist letztlich nur als empirische Forschung möglich" (König 1967, S. 3). Obwohl auch schon René König natürlich sieht, dass auch andere Verfahren nicht-empirischer Art existieren und bedeutsam sind, so kann die zentrale Rolle empirischer Betrachtungen nicht deutlicher zum Ausdruck gebracht werden.

Dieses Primat empirischer Forschung kommt in der Zwischenzeit auch immer eindeutiger in den entsprechenden Fachzeitschriften zum Ausdruck. Hierfür wurden mit der KZfSS und der ZfS – wie bereits oben erwähnt – die beiden immer noch führenden deutschsprachigen Fachzeitschriften betrachtet. Beginnend im Jahr 1970 – beziehungsweise bei der ZfS in ihrem ersten Erscheinungsjahr 1972 – und dann immer in einem fünfjährigen Rhythmus wurden alle inhaltlichen Arbeiten zuerst danach klassifiziert, ob sie empirisch arbeiten. In einem weiteren Schritt wurde erhoben, welche grundlegende Herangehensweise bei der Datenerhebung Verwendung findet, wobei hier grob zwischen sogenannten qualitativen und sogenannten quantitativen Verfahren unterschieden wurde (vgl. für eine genauere Beschreibung und eine Analyse der Daten bis ins Jahr 2010 den Beitrag von Kopp et al. 2012).

Während empirische Arbeiten zu Beginn noch in der Minderzahl waren, so stellen sie seit den 1990er Jahren die immer stärker wachsende Mehrheit.

---

[1] Auch wenn definitorische Abgrenzungen oder gar Streitereien über Definitionen letztlich unergiebig sind, so soll an dieser Stelle trotzdem festgehalten werden, dass die klassische Zweiteilung der wissenschaftlichen Welt in Geistes- und Naturwissenschaften dauerhaft mehr als anzweifelbar ist. Tertium datur! Dass die Soziologie keine Naturwissenschaft ist, sondern dass die ‚Objekte' soziologischer Analysen sinnhaft handelnde Menschen sind, deren Handeln und vor allem dessen intendierten und nicht-intendierten Konsequenzen der eigentliche Gegenstandsbereich der Soziologie sind – um die klassische Max-Weber-Definition von Soziologie zu verwenden – macht unser Fach gerade zu dem spannenden Bereich, der es auch wirklich ist. In aller Regel ist es aber das konkrete Handeln der Menschen und nicht die Reflexion über geistige Erzeugnisse der Gegenstand der Analyse. Soziologie ist also keine Geisteswissenschaft, sondern eine empirisch orientierte Sozialwissenschaft. Dass dabei der Zugang zur empirischen Realität und deren Interpretation keine triviale Aufgabe ist, ist Thema dieser (und anderer) Einführungen in die Methoden der empirischen Sozialforschung und der entsprechenden Datenanalyseverfahren.

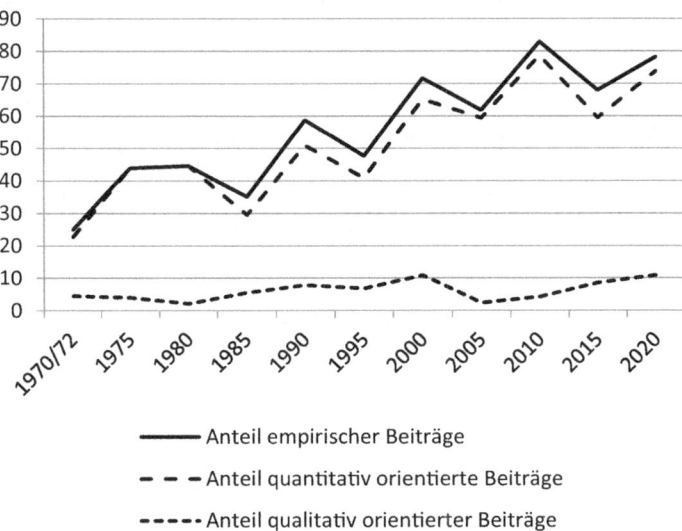

**Abb. 2.2** Anteil empirischer Studien in der deutschsprachigen soziologischen Fachliteratur (in Prozent). (Eigene Darstellung)

Wenn man sich dann die grundlegende Vorgehensweise betrachtet, so gewinnen vor allem quantitative empirische Studien immer deutlicher die Oberhand. In Abb. 2.2 sind die entsprechenden Anteile empirischer Studien an allen publizierten Beiträgen für die beiden Zeitschriften dargestellt.[2]

Deutlich ist zu sehen, dass in der Zwischenzeit rund drei Viertel aller Beiträge in diesen beiden Fachzeitschriften empirisch vorgehen – wobei die auch in diesem Buch im Mittelpunkt stehenden quantitativen Verfahren eindeutig überwiegen. Weniger als 5 % der publizierten Beiträge greifen auf qualitative Methoden zurück, wobei dieser Anteil in den letzten Jahren doch auf rund 10 % ansteigt. In gut drei Prozent der empirischen Arbeiten werden explizit sowohl qualitative wie quantitative Verfahren gemeinsam verwendet.

Dabei ist die empirische Forschung kein Selbstzweck und kann auch nicht ohne Vorbedingung durchgeführt werden. Empirie in der Hoffnung zu betreiben,

---

[2] Diese Abbildung beruht auf den in Kopp et al. (2012) vorgestellten Untersuchungen, die für die Jahre 2015 und 2020 aktualisiert und ergänzt wurden. Rein methodische und methodologische Beiträge wurden hierbei übrigens nicht als empirisch gewertet. Dies würde die Entwicklung noch deutlicher machen.

durch bloße – und sei es auch noch so systematische – Beobachtung Erkenntnisse gewinnen zu können, ist eine Vorstellung die wissenschaftstheoretisch mehr als veraltet ist, auch wenn immer wieder der Vorwurf des Empirismus oder in seiner gesteigerten Form des Positivismus gegenüber einer quantitativ orientierten empirischen Sozialforschung formuliert wird. In aller Klarheit sei deshalb hier festgestellt, dass sowohl ein derartiges Vorgehen wie aber auch der gerade skizzierte Vorwurf schlicht und einfach unsinnig sind. Es gibt keine theoriefreie Empirie (vgl. hierzu schon Michotte 1963).

Ausgangspunkt vieler sozialwissenschaftlicher Arbeiten ist eine konkrete Problemstellung, eine Aufgabe, die es zu lösen oder eine praktische Frage, die es zu beantworten gilt. Dabei ähneln sich Sozial- und Naturwissenschaften: „Die Naturwissenschaften sowie die Sozialwissenschaften gehen immer von Problemen aus" (Popper 1994, S. 17). Wissenschaftliches Arbeiten ist das Lösen von Rätseln und dies ist eben in aller Regel keine logische, sondern eine empirische Frage.

Dabei sind natürlich gänzlich unterschiedliche Fragestellungen und (Forschungs-) Interessen zu finden. Ein erster wichtiger Schritt liegt in der Beobachtung und Deskription empirischer Tatbestände, Entwicklungen und Regelmäßigkeiten. So untersucht Bienfait (2006) beispielsweise die Selig- und Heiligsprechungspraxis der verschiedenen Päpste seit 1592. Hierzu findet zuerst natürlich eine Beschreibung dieser Entwicklung statt – eine derartige Beschreibung erfolgt jedoch nie rein theorielos, sondern immer entlang bestimmter theoretischer und inhaltlicher Kriterien.

Schon reine Deskription ist also an theoretischen und inhaltlichen Kategorien orientiert und durch theoretische Erklärungsmechanismen determiniert. Entweder kann man sich dieser Aufgabe explizit stellen oder diese Überlegungen fließen unbewusst in den Beobachtungsprozess ein – bei allen subjektiven Bemühungen um möglichst unvoreingenommene Beobachtungen. Diese Prämisse bedeutet nun nicht, dass die Beschreibung spezifischer Lebenswelten und eine detaillierte Soziografie wie sie historisch beispielsweise in den Arbeiten von Friedrich Engels (Engels 1962) oder aktueller in den Arbeiten von Roland Girtler etwa zu den Lebenswelten von Taxifahrern, Prostituierten oder Schmugglern (Girtler 2004, 2006) findet, soziologisch uninteressant sind. Obwohl beispielsweise Heinz Maus (1967) derartige Studien in den Bereich der Vorgeschichte der empirischen Sozialforschung einstuft, sind diese Arbeiten gerade für Studierende der Soziologie in den ersten Semestern von großem Interesse und Nutzen, da sie die Vielfalt und Buntheit der sozialen Welt und damit möglicher sozialer Prozesse deutlich machen. Nichtsdestotrotz sind auch Beschreibungen keine unvoreingenommene

Darstellung der Welt, sondern ein durch eine Vielzahl theoretischer Prämissen gefiltertes Bild der Realität.

Nach einer ersten Phase gilt es aber, die soziale Welt systematischer zu betrachten und die eventuell gewonnenen Eindrücke einem kritischen Test zu unterziehen. Benötigt werden sogenannte Tatsachenexperimente. „Immer muß auf die Überprüfung an Hand der Erfahrung zurückgegriffen werden" (König 1967, S. 8). Da soziale Prozesse in aller Regel weder deterministisch noch monokausal sind, ist spätestens hier die Frage nach den Regeln dieser Tests zu stellen.

Als Zwischenfazit ist festzuhalten, dass die Empirie eine entscheidende Rolle im Erkenntnisprozess einnimmt.[3] Genau an diesem Punkt setzt dann auch die sozialwissenschaftliche Datenanalyse ein, die sich mit der Überprüfung theoretisch formulierter Hypothesen über Zusammenhänge beschäftigt.

Das Ziel der Soziologie sollte die Erklärung realer Phänomene sein und nicht die Produktion einer „Flora pseudowissenschaftlicher Phraseologie" (Andreski 1974, S. 74), dort wird nur ein Jargon gepflegt. Die soziologische Theorielandschaft ist jedoch in der Zwischenzeit vielfältig genug, um hier nicht nur die schlechten Seiten zu sehen. Eine gewisse Vorsicht ist dabei allerdings auch den Versuchen gegenüber einzunehmen, die eine allzu große Formalisierung ohne inhaltliche Abstützung anstreben. Wichtig ist die Anwendung, keine Überbetonung von Methodologie und damit eben kein Modellplatonismus (Albert 1984).

Soziologie ist eine empirisch orientierte Erfahrungswissenschaft. Soziologische Erkenntnis kann nicht – oder genauer: nur in seltenen Ausnahmefällen – durch Introspektion oder reines Nachdenken erzielt werden. Man benötigt nahezu immer Information über die Welt. Zwar finden sich unter dem Schlagwort ‚Konstruktivismus' Diskussionen darüber, dass die (soziale) Welt eine Konstruktion der beteiligten Akteure sei und damit nicht an sich oder objektiv bestehe. Auch wenn diese Diskussionen einen gewissen intellektuellen Reiz besitzen, so sind sie für die Praxis der empirischen Sozialforschung und deren verschiedensten Aufgaben in der Regel wenig zielführend. Letztlich gilt das Primat des empirischen Arbeitens, um wirkliche Erkenntnisse zu erzielen.

---

[3] Dies ist eine Tatsache, die sich bereits in den in den 1970er Jahren sehr weit verbreiteten Schriften Mao Zedungs findet: „‚Zahlen' im Kopf haben. Das heißt, man muß die quantitative Seite einer Situation oder eines Problems beachten, muß eine grundlegende quantitative Analyse vornehmen (…). Viele unserer Genossen verstehen bis jetzt immer noch nicht, die quantitative Seite der Dinge zu beachten (…) und machen infolgedessen unvermeidlich Fehler" (Mao Tsetung 1972, S. 132 f.).

Wie man nun zu diesen empirischen Tatsachen gelangt, wie man sie verständlich darstellt und wie man bei den unterschiedlichsten empirischen Fragestellungen den internen Zusammenhang der einzelnen beobachteten und gemessenen Fakten untersucht, mit welcher Strategie man die entsprechende Datenanalyse durchführt – all diese Fragen sollen in den folgenden Abschnitten ausführlich behandelt werden. Zielsetzung ist es dabei immer, den Leserinnen und Lesern das notwendige Handwerkszeug für eine kritische Auseinandersetzung mit empirischen Daten, aber immer auch mit bereits durchgeführten empirischen Untersuchungen und ihren Ergebnissen an die Hand zu geben. Nur wer dieses Handwerkszeug mindestens versteht und eventuell ja auch selbst einsetzen kann, ist in der Lage vorhandene Arbeiten kritisch zu betrachten und dadurch Zusammenhänge entdecken zu können.

## Literatur

Albert, Hans. 1984. Modell-Platonismus. Der neoklassische Stil des ökonomischen Denkens in kritischer Beleuchtung. In *Logik der Sozialwissenschaft,* Hrsg. Ernst Topitsch, 352–380. Königstein: Athenäum.

Albert, Hans. 1991. *Traktat über kritische Vernunft.* Tübingen: Mohr.

Andreski, Stanislav. 1974. *Die Hexenmeister der Sozialwissenschaften. Mißbrauch, Mode und Manipulation einer Wissenschaft.* München: List.

Ba, Bocar A., Dean Knox, Jonathan Mummolo, und Rosman Rivera. 2021. The role of officer race and gender in police-civilian interaction in Chicago. *Science* 371:696–702. https://doi.org/10.1126/science.abd8694.

Bienfait, Agathe. 2006. Zeichen und Wunder. Über die Funktion der Selig- und Heiligsprechungen in der katholischen Kirche. *Kölner Zeitschrift für Soziologie und Sozialpsychologie* 58:1–22. https://doi.org/10.1007/s11575-006-0001-1.

Engels, Friedrich. 1962. *Die Lage der arbeitenden Klasse in England. Nach eigner Anschauung und authentischen Quellen.* Marx-Engels Werke (MEW), Bd. 2. Berlin: Dietz.

Fürtjes, Oliver, und Jörg. Hagenah. 2011. Der Fußball und seine Entproletarisierung. Zum sozialstrukturellen Wandel der Kickerleserschaft von 1954 bis 2005. *Kölner Zeitschrift für Soziologie und Sozialpsychologie* 63:279–300. https://doi.org/10.1007/s11577-011-0132-7.

Gebhardt, Winfried, Roland Hitzler, und Michaela Pfadenhauer, Hrsg. 2000. *Events. Soziologie des Außergewöhnlichen.* Opladen: Leske + Budrich. doi: https://doi.org/10.1007/978-3-322-95155-7.

Girtler, Roland. 2004. *Der Strich. Soziologie eines Milieus.* Münster: LIT.

Girtler, Roland. 2006. *Abenteuer Grenze. Von Schmugglern und Schmugglerinnen, Ritualen und „heiligen" Räumen.* Münster: LIT.

Hunt, Morton. 1991. *Die Praxis der Sozialforschung. Reportagen aus dem Alltag einer Wissenschaft.* Frankfurt: Campus.

Kaesler, Dirk, und Ludgera Vogt, Hrsg. 2007. *Hauptwerke der Soziologie.* Stuttgart: Teubner.

König, René. 1967. Einleitung. In *Handbuch der empirischen Sozialforschung. Erster Band,* Hrsg. René König, 3–17. Stuttgart: Enke.

Kopp, Johannes, Juliane Schneider, und Franziska Timmler. 2012. Zur Entwicklung soziologischer Forschung. *Soziologie* 41:293–310.

Mao, Tsetung. 1972. *Worte des Vorsitzenden Mao Tsetung.* Peking: Verlag für fremdsprachige Literatur.

Maus, Heinz. 1967. Zur Vorgeschichte der empirischen Sozialforschung. In *Handbuch der empirischen Sozialforschung. Erster Band,* Hrsg. René König, 18–37. Stuttgart: Enke.

Michotte, Albert. 1963. *The perception of causality.* London: Metheun. https://doi.org/10.4324/9781315519050.

Popper, Karl R. 1994. *Alles Leben ist Problemlösen. Über Erkenntnis, Geschichte und Politik.* München: Piper.

Schnell, Rainer, Paul B. Hill, und Elke Esser. 2018. *Methoden der empirischen Sozialforschung.* München: Oldenbourg. doi: https://doi.org/10.1007/978-3-658-20978-0_59.

Starr, Douglas. 2021. Study: Police diversity matters. Landmark analysis of 7000 police shows nonwhite and female officers make fewer stops. *Science* 371:661. doi: https://doi.org/10.1126/science.371.6530.661.

# Zur Datenlage: eigene Datenerhebung oder Sekundäranalyse 3

In etlichen Einführungen in die sozialwissenschaftliche Datenanalyse oder in die Methoden der empirischen Sozialforschung finden sich Abschnitte, die sich mit der Erstellung von Datensätzen und der Eingabe von eigenständig erhobenen Originaldaten beschäftigen. In dem vorliegenden Buch wird darauf explizit verzichtet und dies hat am wenigsten mit dem immer knappen Raum zu tun: Die Vermittlung derartiger Grundkenntnisse ist – bis auf ganz wenige Ausnahmen – in aller Regel schlicht und einfach überflüssig. Normale Nutzer und Nutzerinnen und vor allem Studierende geben keine Daten ein – und das ist auch gut so![1]

Wie die verschiedensten Einführungen in die Methoden der empirischen Sozialforschung und ihrer einzelnen Schritte (vgl. beispielsweise Schnell et al. 2018; Schnell 2018) zeigen, ist die Zahl an Fallstricken und Problemen, denen man sich bei der Planung, Konzeptionalisierung und Durchführung einer empirischen – und damit ist im Folgenden immer gemeint: einer quantitativ orientierten empirischen – Studie gegenüber sieht, so groß, dass man in aller Regel erst gar nicht versuchen sollte im Rahmen von Lehrforschungsprojekten oder gar Qualifikationsarbeiten wie Bachelor-, Master-, aber auch Promotionsarbeiten eigenständig Daten zu erheben. In aller Regel entspricht die Qualität nicht den professionellen

---

[1] Bei der vielen Studierenden vielleicht noch aus dem abendlichen Sandmann bekannten Figur „Kleiner König" (vgl. Munck 2015) wurden etliche Handlungen mit der Aussage „sicherheitshalber" begründet. In dieser Tradition möchten wir sicherheitshalber unsere Ausführungen aus der Einleitung paraphrasieren, dass dieser Verzicht nicht bedeuten soll, entsprechende Schritte in der Ausbildung von Studierenden unberücksichtigt zu lassen. Die Kenntnis dieser Probleme der Datenerhebung macht die Qualität empirischer Studien erst einschätz- und gegebenenfalls kritisierbar.

© Der/die Herausgeber bzw. der/die Autor(en), exklusiv lizenziert durch Springer Fachmedien Wiesbaden GmbH, ein Teil von Springer Nature 2022
F. Hartmann et al., *Sozialwissenschaftliche Datenanalyse*,
https://doi.org/10.1007/978-3-658-36322-2_3

Standards (vgl. dazu das leidenschaftliche Plädoyer bei Schnell 2018).[2] Die in der Kapitelüberschrift gestellte Frage lässt sich also in der Regel ebenso einfach wie klar beantworten: Für die meisten Fragestellungen im Rahmen von Qualifikationsarbeiten reichen Sekundäranalysen bei allen eventuellen Problemen aus! Es ist nicht damit zu rechnen, dass bei einer eigenen Datenerhebung Informationen generiert werden, die diese Mühen rechtfertigen (vgl. noch einmal Schnell 2018). Es ist eine Illusion, dass man im Rahmen eines Lehrforschungsprojektes oder gar einer Bachelor- oder Masterarbeit genügend Zeit hat, alle Schritte einer empirischen Erhebung so sorgfältig durchzuführen, dass man mit tragfähigen Ergebnissen rechnen darf. Datenerhebung ist keine Laienarbeit, die man einfach mal so schnell erledigen kann!

Ein zweites und vielleicht sogar gewichtigeres Argument ist die Tatsache, dass in den letzten Jahrzehnten eine Fülle von Datensätzen für die interessierte akademische Öffentlichkeit zur Verfügung gestellt wurde, deren Potential nicht auch nur annähernd ausgeschöpft ist und die immer mehr ohne großen Aufwand erhältlich sind. Auch wenn bei einzelnen Studien die Veröffentlichungspolitik sicherlich verbesserungswürdig ist, finden sich in den verschiedenen Datenarchiven reichhaltige Möglichkeiten, eigenständig wissenschaftliche Fragestellungen zu verfolgen. Hierbei sind vor allem zwei wichtige Quellen zu finden: Nahezu alle wichtigen Institutionen wie das Institut für Arbeitsmarkt- und Berufsforschung oder die Statistischen Landesämter oder das unten genauer vorgestellte Bildungspanel verfügen einerseits über sogenannte Forschungsdatenzentren, in denen man die dort erhobenen Informationen entweder analysieren oder erhalten kann. Andererseits wurden schon lange Datenbestände beispielsweise im Zentralarchiv für

---

[2] Die einzige Ausnahme mag die Erstellung von kleinen Beispieldatensätzen sein, um daran die Logik bestimmter statistischer Prozeduren und Verfahren genauer zu verstehen. Derartige Datensätze lassen sich jedoch problemlos von Hand beziehungsweise mit kleinen Syntaxprogrammen erstellen und manipulieren. Eine weitere Ausnahme könnte in der Unterstützung ohnehin zu erhebender Daten, wie etwa bei den meist gesetzlich vorgeschriebenen Evaluationen von Lehrveranstaltungen, oder bei sehr klar umrissenen und damit eben auch einfach zu überprüfenden Fragestellungen wie beispielsweise bei oben vorgestellten Inhaltsanalyse der Kölner Zeitschrift und der Zeitschrift für Soziologie liegen. Wer sich jedoch die Vielzahl an Beispielen in den entsprechenden Lehrbüchern betrachtet (Schnell 2018; Porst 2014), mag erahnen, welches Fehlerpotential in der Erhebung von Daten ohne eine ausreichende Qualifikation und Vorbereitung steckt und letztlich auch, welche finanziellen Mittel für die Durchführung einer verlässlichen Studie notwendig sind. Es kann an dieser Stelle nicht ausführlich dargestellt werden, dass ähnliche Argumente letztlich auch für Studien gelten, die auf qualitative Methoden der empirischen Sozialforschung zurückgreifen. Hier sind die Mühen eben andere, aber immer noch Mühen, die in aller Regel die Möglichkeiten von Absolventen und Absolventinnen übersteigen.

## 3 Zur Datenlage: eigene Datenerhebung oder Sekundäranalyse

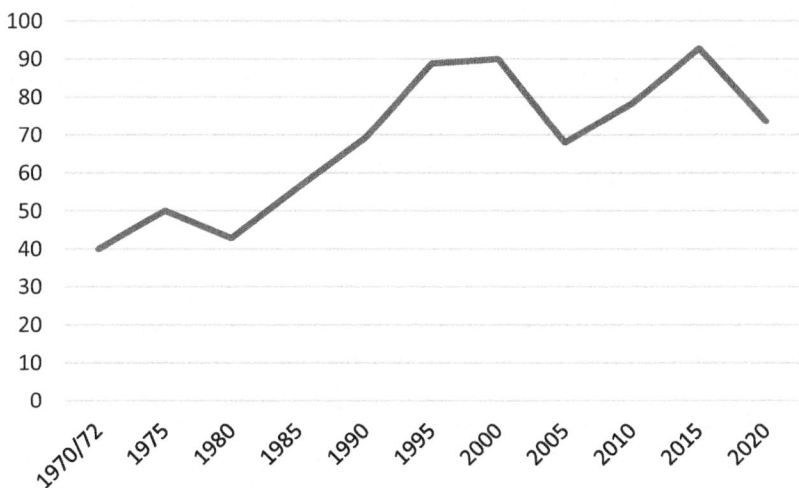

**Abb. 3.1** Anteil der sekundäranalytischen empirischen Studien (in Prozent). (Quelle: eigene Darstellung auf Grundlage der Daten von Schneider und Timmler (2011) sowie deren Erweiterung im Jahr 2021)

empirische Sozialforschung oder später eben bei GESIS e. V. gesammelt und für Reanalysen archiviert.

Wie wichtig das ist, zeigt sich nicht nur in der immer wieder aufflammenden Diskussion über die Replikation von Forschungsergebnissen (Freese und Peterson 2017), sondern einfach auch in der empirischen Praxis. Betrachtet man noch einmal die Entwicklung der publizierten Beiträge in der Kölner Zeitschrift für Soziologie und Sozialpsychologie und der Zeitschrift für Soziologie, finden sich hier eindeutige Entwicklungen. In der Abb. 3.1 findet sich für den Zeitraum von 1970 bis 2020 der Anteil der empirischen Arbeiten, die sich auf die Analyse vorhandener, also nicht selbst erzeugter oder erhobener Datensätze beziehen.

Hier ist deutlich zu sehen, dass wissenschaftliche Publikationen nicht mehr schwerpunktmäßig auf der Analyse von Primärdaten beruhen. Natürlich sind auch bei der Nutzung vorhandener Daten gelegentlich Abstriche zu machen, weil bestimmte Dinge nicht oder nicht so erhoben worden sind, wie man sich dies idealer Weise vorstellen würde. Gerade für Qualifikationsarbeiten überwiegen die Nachteile einer eigenständigen Datenerhebung diese Einschränkungen deutlich.

Hier soll nun nicht einmal versucht werden, einen Überblick über die Vielfalt der auf diesem Wege erhältlichen Daten zu geben, ein derartiges Unterfangen wäre von Anbeginn an zum Scheitern verurteilt. Vielmehr sollen im Folgenden nur einige aus unserer Sicht besonders interessante sozialwissenschaftliche und vor allem soziologische Datenbestände skizziert und kurz vorgestellt werden. Allen Daten ist gemeinsam, dass sie kostenfrei oder gegen geringe Verwaltungsgebühren für wissenschaftliche Analysen rasch zur Verfügung gestellt werden.

**Allgemeine Bevölkerungsumfrage in den Sozialwissenschaften (ALLBUS)** Der ALLBUS wird seit 1980 in zweijährigem Rhythmus als replikativer Survey durchgeführt.[3] Der ALLBUS ist damit die älteste immer noch regelmäßig durchgeführte sozialwissenschaftliche Datenerhebung in der Bundesrepublik und nach eigener Aussage eine multithematische Umfrageserie zu Einstellungen, Verhaltensweisen und Sozialstruktur der Bevölkerung in der Bundesrepublik Deutschland. Die Grundgesamtheit bestand bis 1990 aus der wahlberechtigten Bevölkerung in der Bundesrepublik und seit 1991 aus der erwachsenen Wohnbevölkerung in Ost- und Westdeutschland. Der Stichprobenumfang betrug bis 1990 rund 3000 Personen und danach etwa 3500 Personen, wobei hier Personen in Ostdeutschland überrepräsentiert sind.

Die Stichprobe beruht dabei immer auf einer Zufallsauswahl, wobei sich das genaue Stichprobenverfahren im Laufe der Jahre mehrmals geändert hat und auch durchaus unterschiedlich einzuschätzen ist (Sodeur 2007). Seit dem Jahr 2000 beruht die Auswahl auf einer Einwohnermeldeamtsstichprobe und findet als computerunterstütztes persönliches Interview (CAPI) statt. Die für das Jahr 2020 geplante Erhebung wurde aufgrund der Pandemie verschoben.

In den einzelnen ALLBUS-Daten stehen jeweils unterschiedliche Themenschwerpunkte im Zentrum. Dies reicht vom Thema soziale Ungleichheit, Ethnozentrismus oder soziales Kapital im Jahr 2010 über Freizeitaktivitäten und Mediennutzung im Jahr 2014 bis hin zu Nationalstolz, Rechtsextremismus und soziale Netzwerke im ALLBUS 2018. Neben diesen inhaltlichen Schwerpunkten werden in jedem ALLBUS Informationen zur Demografie erhoben (vgl. dazu Hoffmeyer-Zlotnik 2015 sowie die Angaben auf der Homepage von GESIS), die allgemeine biografische Angaben, aber auch Informationen zum Einkommen und den aktuellen Lebensumständen sowie zum Familienstand umfassen.

---

[3] Dieser Abschnitt fußt auf der Darstellung des ALLBUS auf den Seiten der GESIS. Dort sind auch die Modalitäten beschrieben, wie man die Daten erhalten kann. Wir verzichten darauf, die leicht zu recherchierenden Internetadressen hier aufzuführen.

Seit 1986 wird der ALLBUS durch das Fragenprogramm des sogenannten International Social Survey Programme (ISSP) ergänzt. Auch das ISSP verfolgt jeweils einen bestimmten Befragungsschwerpunkt, beginnend mit sozialen Netzwerken und Unterstützungspotentialen über Familie und sich ändernde Geschlechtsrollen bis hin zu Freizeit, Sport und Religion im Jahr 2018. Während zu Beginn diese Daten nur in vier Ländern erhoben wurden, werden heute Personen in knapp fünfzig Ländern zu diesen Themen befragt und bieten somit die Chance für weitgehende internationale Vergleiche.

Im ALLBUS besteht zudem die Möglichkeit, die Individualdaten um Merkmale der sozialen Nahumgebung, genauer um sensitive Regionaldaten und kleinräumige Geodaten, zu ergänzen. Diese Forschungsperspektive ist deshalb vielversprechend, da die Lebensverhältnisse in der Bundesrepublik Deutschland nicht nur entlang der traditionellen sozioökonomischen Dimension sozialer Ungleichheit, wie etwa Bildung, variieren. Darüber hinaus macht es je nach Fragestellung einen erheblichen Unterschied, ob Personen in ländlichen oder städtischen Regionen leben oder aus welchem Gebiet Deutschlands sie kommen (Bayer 2010). Regionaldaten stehen jedoch in den normalen ALLBUS-Datensätzen aus Datenschutzgründen nicht zur Verfügung. Wird jedoch eine besondere Vereinbarung mit dem Secure Data Center ALLBUS getroffen, erhält der Nutzer Zugang zu sog. „restricted use files" (vgl. hierzu wieder die entsprechenden Seiten bei GESIS). Zur technischen Umsetzung derartiger Analysen finden sich erste Hinweise in Kap. 9.

Für wissenschaftliche Zwecke können die ALLBUS-Daten nach einer kurzen Anmeldung online bezogen werden. Gegen eine geringe Gebühr kann auch eine entsprechende CD-ROM erworben werden. Die Zahl inhaltlicher Analysen mit diesem Datenbestand ist groß – auf den Internetseiten des ALLBUS bei GESIS findet sich eine sehr umfangreiche Bibliografie.

**Studien im Bereich der Familiensoziologie: Familiensurvey, Generation and Gender Survey und pairfam** Gerade im Bereich der Familienforschung finden sich schon seit längerem größere Datenbestände. Eine erste Untersuchung im Bereich der Familienentwicklung stellt das sogenannte Familiensurvey dar, dessen erste Welle im Jahre 1988 erhoben wurde und bei dem insgesamt mehr als 10.000 Personen zwischen 18 und 55 Jahren interviewt wurden. Im Jahr 1991 wurden zusätzlich rund 2000 Personen in Ostdeutschland befragt. Im Mittelpunkt der Untersuchung stand die Vielfalt und der Wandel von Familienformen, die Netzwerkstrukturen von Familie und Verwandtschaft, die Dynamik von Partnerbeziehungen, Fragen im Bereich der Fertilität, also von Geburten und Aufwachsen von Kindern sowie schließlich die Berufskarrieren mit ihren Auswirkungen auf das Familienleben. Rund 5000 Personen in Westdeutschland wurden in einer zweiten Welle 1994 noch einmal befragt. Die Wiederholungsbefragung in Ostdeutschland war aus technischen Gründen nicht realisierbar. Hier, aber auch in Westdeutschland wurde die Panelstichprobe um rund 5000 neue Interviews ergänzt. Die dritte Welle des Familiensurveys aus dem Jahr 2000 umfasst insgesamt wiederum rund 10.000 Interviews, wobei insgesamt nur rund 2000 Befragte als Panelstichprobe zur Verfügung stehen.

Trotz der gerade angedeuteten Problematik der Stichproben, die sicherlich nur relativ eingeschränkt deskriptive Aussagen erlauben, handelt es sich bei dem Familiensurvey um eine gute Datenquelle zur Erforschung familialer Prozesse, da hier eine Vielzahl interessierender Konstrukte – wie etwa die Einbindung in soziale Nahumwelten und vieles andere mehr – erhoben wurden. Die Daten des Familiensurveys und einiger begleitender Untersuchungen sind über GESIS erhältlich.

Das „Generations and Gender Survey" (GGS) ist institutionell eingebettet in das „Generations and Gender Programme" (GGP) der „United Nations Economic Commission of Europe" (UNECE). Im Rahmen dieses Projektverbundes wurden und werden mehrere Befragungswellen (mit Paneldesign) zu den Themen Fertilität, Partnerschaftsentwicklung und Generationenbeziehungen in verschiedenen Ländern durchgeführt. Hierbei handelt es sich derzeit, neben Deutschland, beispielsweise um Australien, Belgien, Bulgarien, Estland, Frankreich, Georgien, Italien, Japan, Litauen, die Niederlande, Norwegen, Rumänien, Russland, die Tschechische Republik und Ungarn.

Der deutsche Teil, der Generations and Gender Survey, ist eine repräsentative Stichprobe von – in der ersten Befragungswelle – mehr als 10.000 deutschsprachigen Personen im Alter zwischen 18 und 79 Jahren, die in Privathaushalten in Deutschland leben. Die Befragung wird im Auftrag des Bundesinstituts für Bevölkerungsforschung (BIB) durchgeführt und versteht sich als Nachfolger des Family and Fertility Survey (FFS) aus dem Jahr 1992. Die erste Welle des GGS fand im Jahr 2005 statt, im Jahr 2006 erfolgte zudem eine zweite Erhebung unter der in Deutschland lebenden türkischen Bevölkerung. In den späten 2000er Jahren wurden die jeweils zweiten Wellen erhoben, für das Jahr 2020 war die dritte Welle geplant, die jedoch teilweise aufgrund der Corona-Pandemie verschoben werden musste.

Inhaltlich wird im Rahmen des GGS das Ziel verfolgt, durch eine multidisziplinäre, retrospektive, prospektive und international vergleichende Studie aktuelle Daten zu Familienbeziehungen in Industrieländern zu gewinnen. Die Umfrage stützt sich auf Theorien aus unterschiedlichen sozialwissenschaftlichen Disziplinen. Wichtige Bestandteile des Erhebungsprogramms sind die eigene familiäre Situation zur Zeit des Interviews, familienbezogene Ereignisse in der Vergangenheit, Handlungsabsichten der Befragten hinsichtlich wichtiger demografischer Verhaltensweisen wie etwa Partnerschaftsbildung, Fertilitätsverhalten oder das Verlassen des Elternhauses sowie der sozioökonomische Kontext der Befragten etwa hinsichtlich Erwerbstätigkeit und Bildungsstand, Einkommen und Vermögen, Gesundheit, soziale Netzwerke, Werte und Einstellungen. Eine wichtige Neuerung des GGS ist darüber hinaus die detaillierte Erfassung von Generationen- und Geschlechterbeziehungen, die zur Erklärung des individuellen demografischen Verhaltens beitragen sollen. Hierzu werden Werte und Einstellungen der Befragten hinsichtlich der Beziehung zwischen den Geschlechtern, Fragen zur Beziehung zwischen den Generationen (zum Beispiel Kontakthäufigkeit, Geldtransfer, emotionale Unterstützung) sowie Fragen zur Arbeitsteilung im Haushalt sowie zur Entscheidungsfindung und Verwendung des Haushaltseinkommens zwischen den Partnern erhoben.

Die wissenschaftlichen Stärken des GGP- beziehungsweise GGS-Projektes bestehen insgesamt in der Längsschnittperspektive und vor allem in der international vergleichenden Perspektive durch die Erhebung weitgehend vergleichbarer Indikatoren in einer Vielzahl von Ländern. Weitere Informationen zu diesem Datensatz finden sich auf der Homepage des Bundesinstituts für Bevölkerungsforschung sowie des Generation and Gender Programme.

In der Bundesrepublik wird seit dem Jahr 2008 das sogenannte Beziehungs- und Familienpanel pairfam (panel analysis of intimate relationships and family dynamics) durchgeführt. Das Beziehungs- und Familienpanel ist eine multidisziplinäre, soziologische, psychologische und pädagogische Aspekte berücksichtigende Längsschnittstudie zur Erforschung partnerschaftlicher und familialer Lebensformen.[4] Die Studie begann im Jahr 2008 mit der Befragung von jeweils rund 4000 Personen aus den Geburtsjahrgängen 1971–1973, 1981–1983 und 1991–1993. In der elften Welle wurde als Auffrischung die Geburtskohorte 2001–2003 ergänzt. Das Panel war ursprünglich auf insgesamt 14 Jahre konzipiert, sodass daraus ein Kohorten-Sequenz-Design entsteht. Im Moment stehen die Daten der ersten zwölf Wellen sowie eine Sonderbefragung zur Corona-Epidemie zur Verfügung. Die Studie verfolgt eine sogenannte multi-actor-Perspektive, das heißt, dass neben den genannten Ziel- oder Ankerpersonen auch deren Partner sowie in regelmäßigen Abständen auch die Eltern und eventuell vorhandene Kinder befragt werden (vgl. neben der Website des Projektes auch Huinink et al. 2011).

Die pairfam-Stichprobe beruht auf einem zweistufigen Zufallsverfahren, bei dem zuerst Gemeinden zufällig ausgewählt wurden und dann in den Gemeinden mit Hilfe

---

[4] Auch die Skizze dieser Daten beruht auf den Präsentationen auf den Webseiten des Projektes, die einfach unter „www.pairfam.de" zu finden sind. Hier finden sich auch die Kontaktdaten zur Bestellung der Daten. Ebenfalls finden sich dort Informationen über die Entwicklung der verwendeten Instrumente und eine Reihe von Arbeitspapieren und Dokumentationen.

der Einwohnermeldeämter eine Adressenstichprobe generiert wurde. Die so ausgewählten Personen wurden dann schließlich in sogenannten face-to-face-Interviews befragt. Insgesamt werden fünf inhaltliche Schwerpunkte erhoben:

- die Entwicklung von Partnerschaften und hierbei vor allem die Prozesse des Kennenlernens der Partner, der Etablierung und Ausgestaltung der Paarbeziehung sowie eventuell auch der Trennung; die Erwartungen an Partnerschaften sowie andere Aspekte der Qualität und Stabilität von Partnerschaften
- die Entscheidungsprozesse zu Familiengründung und -erweiterung und hierbei vor allem das Timing, Spacing und Stopping von Geburten im Lebensverlauf, der Kinderwunsch und die Kinderzahl sowie eng damit verbunden die Sexualität und Empfängnisverhütung
- die Beziehungsqualität und Transmissionsprozesse zwischen Generationen, intergenerationale Transferleistungen materieller und immaterieller Art, familiale Normen und Erwartungen an die Eltern
- die Erziehungsziele und Erziehungskompetenz der Eltern, Erziehungsverhalten und Betreuungsumfang, kindliche Entwicklungsprozesse, Eltern-Kind-Beziehungen im Familiensystem
- die Modellierung kontextueller Einflussfaktoren auf Prozesse der Partnerschafts- und Familienentwicklung über Netzwerkeinbindung und die Berücksichtigung von externen Regionalindikatoren.

**Das Sozio-oekonomische Panel (SOEP)** Das SOEP ist eine repräsentative Wiederholungsbefragung privater Haushalte in Deutschland, die im jährlichen Rhythmus seit 1984 bei denselben Personen und Familien durchgeführt wird.[5] Seit 1990 wurde die Studie zudem auf das Gebiet der ehemaligen DDR ausgeweitet. Insgesamt partizipieren etwa 15.000 Haushalte und 30.000 Befragungspersonen am SOEP. Die anonymisierten Daten werden von der SOEP-Gruppe am Deutschen Institut für Wirtschaftsforschung (DIW) nutzerfreundlich aufbereitet, dokumentiert und der wissenschaftlichen Community im In- und Ausland gegen eine geringe Nutzungsgebühr für Zwecke der Forschung und Lehre zur Verfügung gestellt.

Das Sozio-oekonomische Panel wird in erster Linie in der sozial- und wirtschaftswissenschaftlichen Forschung, aber auch im Rahmen der Sozialberichterstattung und Politikberatung, genutzt. Der Datensatz enthält Informationen über folgende Themenschwerpunkte, die kontinuierlich erhoben werden:

---

[5] Da im Laufe der Zeit einige Personen aus der Panelbefragung ausscheiden (sog. Panelmortalität), sind im SOEP über längere Zeiträume nur teilweise dieselben Personen enthalten. Um ein zu starkes Schrumpfen der Ausgangsstichprobe zu verhindern, werden regelmäßig (bisher in den Jahren 1998, 2006, 2011, 2012 und 2017) Auffrischungsstichproben gezogen.

## 3 Zur Datenlage: eigene Datenerhebung oder Sekundäranalyse

- Demografie und Bevölkerung
- Arbeit und Beschäftigung
- Einkommen, Steuern und soziale Sicherung
- Familie und soziale Netzwerke
- Gesundheit und Pflege
- Wohnen, Ausstattung und Leistungen privater Haushalte
- Bildung und Qualifikation
- Einstellungen, Werte und Persönlichkeit
- Zeitverwendung und Umweltverhalten
- Integration, Migration und Transnationalisierung
- Surveymethodik

Das Erhebungsprogramm des SOEP wurde und wird laufend an aktuelle Entwicklungen angepasst. Standardmäßig befragt werden Personen in Privathaushalten ab 17 Jahren. Im Laufe der Zeit sind verschiedene Erweiterungen der Befragungspopulation und des Frageprogramms hinzugekommen:

- Seit dem Befragungsjahr 2000 wird ein Jugendfragebogen bei den 16–17-jährigen Haushaltsmitgliedern erhoben.
- Ab 2003 beantworten Mütter von Neugeborenen einen eigenen Fragebogen. Von 2005 an werden auch die Eltern von 2–3-jährigen Kindern (und beginnend in den Jahren 2008, 2010 und 2012 die Kinder von 5–6-jährigen, 7–8-jährigen und 9–10-jährigen Kindern) befragt. Somit stellt das SOEP seit dem Geburtsjahrgang 2003 auch eine Kohortenstudie dar.
- Im Rahmen der Studie „Familien in Deutschschland" (FiD) wurden im Jahr 2014 familienpolitisch relevanten Zielgruppen wie Alleinerziehende, Mehrkindfamilien und Familien mit niedrigem Haushaltseinkommen in das SOEP integriert.
- Seit dem Jahr 2012 haben Wissenschaftlerinnen und Wissenschaftler zudem die Möglichkeit, im Rahmen des „SOEP Innovation Sample" eigene Vorschläge für ihr jeweiliges Forschungsprojekt in das Erhebungsprogramm einzubringen.
- Die Auswirkungen der Corona-Epidemie werden mit einer Sonderbefragung (SOEP-CoV) untersucht.

Die Daten des SOEP sind in zweifacher Hinsicht von besonderem Interesse: Zum einen machen sie jährlich wiederholbare Situationsanalysen möglich und leisten somit einen Beitrag zur Erfassung des sozialen Wandels und zum anderen stellen sie eine wichtige Grundlage dar, um theoretische Erklärungsansätze für das Verhalten von Individuen beziehungsweise Gruppen zu testen (vgl. Schupp 2009).

Die wissenschaftlichen Stärken des SOEP bestehen zusammengefasst in folgenden Punkten:

- Längsschnittdesign beziehungsweise Panelcharakter: Im Rahmen von quasi-experimentellen Designs kann zum Beispiel untersucht werden, wie sich Personen im Zuge von wichtigen Lebensereignissen – Arbeitslosigkeit, Geburt eines Kindes, Umzug von Ost- nach Westdeutschland, etc. – verändern.
- Haushaltskontext: Es werden alle erwachsenen Haushaltsmitglieder befragt und zudem Informationen über die im Haushalt lebenden Kinder erhoben; damit stehen u. a. Informationen über beide Ehepartner, zum Beispiel ihre Ähnlichkeit im Hinblick auf Bildungsniveau, Wertvorstellungen oder Freizeitverhalten, zur Verfügung.
- Möglichkeit regionaler Vergleiche und Nutzung von kleinräumigen Kontextindikatoren: Unter bestimmten datenschutzrechtlichen Bedingungen stellt das DIW Regionaldaten zur Verfügung. Das SOEP kann zudem mit weiteren administrativen Daten oder Survey-Daten verlinkt werden (siehe Goebel et al. 2019).
- Überproportionale Zuwandererstichprobe: Beim SOEP handelt es sich gegenwärtig um die größte Wiederholungsbefragung bei ausländischen Personen in der Bundesrepublik, wobei die Stichprobe Haushaltsvorstände mit türkischer, spanischer, italienischer, griechischer und ehemals jugoslawischer Nationalität umfasst. Derzeit umfasst das SOEP vier Zuwandererstichproben (1984, 1994, 2013, 2015) sowie im Jahr 2016 eine spezielle Flüchtlingsbefragung.

Da das SOEP mittlerweile seit über 35 Jahren läuft, ist ein breites Spektrum von Geburtskohorten vertreten. Dies eröffnet vielfältige Analysemöglichkeiten auch in mittel- und langfristiger zeitlicher Perspektive: Wie wirken sich z. B. frühe Lebensereignisse auf den späteren Lebensverlauf aus? Wie laufen intergenerationale Mobilitäts- und Transmissionsprozesse ab? Welche kurz- und langfristigen Folgen haben der institutionelle Wandel oder politische Veränderungen (mit der Wiedervereinigung 1990 als wohl wichtigstes Beispiel)?

Insgesamt stellt das SOEP eine der wichtigsten und meistgenutzten Datengrundlagen für die soziologische Forschung dar. So sind in der eigens vom DIW geführten Datenbank „SOEPlit" mittlerweile über 11.000 Einträge von Veröffentlichungen enthalten, die auf einer Sekundäranalyse des SOEP basieren. In vielen Fällen handelt es sich dabei um Beiträge in führenden referierten Fachzeitschriften. Weitere Informationen sind im umfangreichen Web-Angebot auf den Seiten des DIW zu finden beziehungsweise bei Schupp (2009) oder Goebel et al. (2019) nachzulesen.

**Nationales Bildungspanel (National Educational Panel Study – NEPS)** Das NEPS vereint unterschiedliche Disziplinen und verfolgt das Ziel, längsschnittliche Daten zu Bildungsprozessen, Bildungsentscheidungen, Bildungsrenditen und Kompetenzentwicklungen in unterschiedlichen Kontexten und über den gesamten Lebensverlauf hinweg zu erheben. Die resultierenden Daten stellt das LIfBi der wissenschaftlichen Gemeinschaft in Form von Scientific Use Files zur Verfügung. Dabei werden drei unterschiedliche Datenzugänge unterschieden, die mit unterschiedlichen Anonymisierungsgraden und dementsprechenden Informationen (z. B. Regionalinformationen) sowie Sicherheitsvorkehrungen bei der Datennutzung verbunden sind.

Inhaltlich bietet das NEPS die Möglichkeit, Bildungsprozesse aus der Perspektive der Soziologie, den Erziehungswissenschaften, der Psychologie, der Demografie oder auch der Ökonomie zu beleuchten. Das Rahmenkonzept des NEPS beinhaltet acht Bildungsetappen, die jeweils kritische Übergänge im Bildungsprozess in den Fokus nehmen, sowie sechs inhaltliche Dimensionen anhand derer Bildungsverläufe beschrieben und analysiert werden können. Folgende Etappen werden unterschieden:

- Etappe 1: Neugeborene und frühkindliche Bildung
- Etappe 2: Kindergarten und Übergang in die Grundschule
- Etappe 3: Grundschule und Übertritt in eine Schulart der Sekundarstufe I
- Etappe 4: Wege durch die Sekundarstufe I und Übergänge in die Sekundarstufe II
- Etappe 5: Gymnasiale Oberstufe und Übergänge in (Fach-)Hochschule, Ausbildung oder Arbeitsmarkt
- Etappe 6: Übergänge in die berufliche Ausbildung und in den Arbeitsmarkt
- Etappe 7: Hochschulstudium und Übergang in den Beruf

Folgende sechs inhaltliche Dimensionen („Säulen") werden für jede Etappe abgedeckt:

- Kompetenzentwicklung im Lebenslauf: Hier steht die längsschnittliche Erfassung von fachspezifischen und überfachlichen Kompetenzen wie Sprachkompetenz, mathematische und naturwissenschaftliche Kompetenz sowie computer- und internetbasierte Kompetenz im Mittelpunkt.
- Bildungsprozesse in lebenslaufspezifischen Lernumwelten: Lernumwelten bieten die Gelegenheit, bestimmte Fähigkeiten und Kompetenzen zu erwerben. Zu den Lernumwelten im NEPS zählen formale Kontexte wie Schule, Ausbildungsplatz oder Hochschule, nicht-formale Umgebungen wie die Kinder-

und Jugendhilfe, Vereine oder religiöse Gemeinschaften sowie informelle Umgebungen wie Familie und Peers oder auch Medien.
- Soziale Ungleichheit und Bildungsentscheidungen im Lebenslauf: Diese Dimension beinhaltet die Analyse schicht- und geschlechtsspezifischer Bildungsentscheidungen. Zentral ist die Frage, warum und in welchem Ausmaß Gruppenunterschiede auch dann bestehen, wenn ähnliche Leistungen vorliegen und welche Rolle Drittvariablen wie Erfolgserwartung oder die mit Bildung antizipierten Kosten dabei spielen.
- Bildungserwerb von Personen mit Migrationshintergrund im Lebenslauf: Über die soziale Ungleichheit hinaus werden mit dem Migrationshintergrund weitere Besonderheiten bzw. Kontexte verbunden, die einen eigenständigen Anteil der Varianz des Bildungs- und Arbeitsmarkterfolgs erklären können. Insbesondere wird hier der Erwerb von Erst- und Zweitsprache berücksichtigt.
- Bildungsrenditen im Lebenslauf: Mit dieser Dimension werden Bildungserträge und deren Ursachen in den Blick genommen. Zum Konzept der Bildungsrenditen zählen beispielsweise die politische und soziale Partizipation sowie die physische und psychische Gesundheit.
- Motivationale Variablen und Persönlichkeitsaspekte im Lebenslauf: Im Rahmen dieser Säule wird der Frage nachgegangen, inwiefern sich sozial- und persönlichkeitspsychologische Variablen auf den Bildungsverlauf auswirken und inwiefern jener wiederum rückwirkend Einfluss auf solche Variablen nimmt. Wichtige Merkmale sind in diesem Kontext etwa die Lernmotivation, das selbsteingeschätzte Selbstwertgefühl sowie die allgemeinen Interessenorientierungen.

Die Datenerhebung erfolgt gemäß eines Multi-Kohorten-Sequenz-Designs mit sechs NEPS-Startkohorten (SC1–SC6), die insgesamt mehr als 60.000 Zielpersonen umfassen:

- SC1: Neugeborene, d. h. Säuglinge im ersten Lebensjahr
- SC2: Vierjährige Kindergartenkinder
- SC3: Schülerinnen und Schüler der Klassenstufe 5
- SC4: Schülerinnen und Schüler der Klassenstufe 9
- SC5: Studienanfängerinnen und -anfänger
- SC6: Erwachsene (Geburtsjahrgänge 1944–1986).

Für das Jahr 2022 ist der Beginn einer neuen Startkohorte geplant: In der SC8 werden erneut Schülerinnen und Schüler der Klassenstufe 5 befragt und getestet. Des Weiteren werden Daten von Zusatzerhebungen zur Verfügung gestellt, wie etwa jene zur Corona-Pandemie (NEPS-C). Darüber hinaus werden in geringem Umfang auch

Items der Scientific Community in die Erhebung aufgenommen. Unter bestimmten Voraussetzungen können im Rahmen einer aktuell (im Jahr 2021) laufenden Pilotphase stark anonymisierte Versionen der Datensätze auch zu Lehrzwecken eingesetzt werden. Jährlich findet eine internationale NEPS-Konferenz statt, auf der die eigenen Forschungsergebnisse präsentiert und diskutiert werden können. Weitere Informationen zur NEPS-Studie und zum Datenzugang sind auf den NEPS-Internetseiten zu finden. Insbesondere sei hier auf das anwenderfreundliche Tool NEPSplorer hingewiesen. Es ermöglicht unter Berücksichtigung der Startkohorte und Erhebungswelle eine schnelle und unkomplizierte Recherche nach erhobenen Variablen.

## Literatur

Arbeitsgruppe Regionale Standards, Hrsg. 2013. *Regionale standards*. Köln: GESIS. doi: https://doi.org/10.21241/ssoar.34820.

Bayer, Hiltrud. 2010. Regional tief gegliederte Daten im Bereich Bildung, Familie, Kinder und Jugendliche. RdJB Recht der Jugend und des Bildungswesens. *Zeitschrift für Schule, Berufsbildung und Jugenderziehung* 2:176–195. https://doi.org/10.5771/0034-1312-2010-2-176.

Freese, Jeremy, und David Peterson. 2017. Replication in social sciences. *Annual Review of Sociology* 43:147–165. https://doi.org/10.1146/annurev-soc-060116-053450.

Goebel, Jan, Markus M. Grabka, Stefan Liebig, Martin Kroh, David Richter, Carsten Schröder, und Jürgen Schupp. 2019. The German Socio-Economic Panel Study (SOEP). *Jahrbücher für Nationalökonomie und Statistik* 239:345–360. https://doi.org/10.1515/jbnst-2018-0022.

Hoffmeyer-Zlotnik, Jürgen Hans Peter. 2015. *Standardisierung und Harmonisierung soziodemographischer Variablen*. Mannheim: GESIS – Leibniz-Institut für Sozialwissenschaften (GESIS Survey Guidelines). doi: https://doi.org/10.15465/gesis-sg_012.

Huinink, Johannes, Josef Brüderl, Bernhard Nauck, Sabine Walper, Laura Castiglioni, und Michael Feldhaus. 2011. Panel analysis of intimate relationships and family dynamics (pairfam): Conceptual framework and design. *Zeitschrift für Familienforschung* 23:77–100. https://doi.org/10.20377/jfr-235.

Munck, Hedwig, 2015: *Der kleine König*. Hamburg: Ellermann.

Porst, Rolf. 2014. *Fragebogen. Ein Arbeitsbuch*. Wiesbaden: Springer VS. https://doi.org/10.1007/978-3-658-02118-4.

Schneider, Juliana, und Franziska Timmler. 2011. *Zur Entwicklung soziologischer Forschung. Eine quantitative Inhaltsanalyse der „Zeitschrift für Soziologie" und der „Kölner Zeitschrift für Soziologie und Sozialpsychologie"*. Bachelor-Arbeit an der Technischen Universität Chemnitz.

Schnell, Rainer. 2018. *Methoden standardisierter Befragungen*. Wiesbaden: Springer VS. https://doi.org/10.1007/978-3-531-19901-6.

Schnell, Rainer, Paul B. Hill, und Elke Esser. 2018. *Methoden der empirischen Sozialforschung*. München: Oldenbourg.

Schupp, Jürgen. 2009. 25 Jahre Sozio-oekonomisches Panel – Ein Infrastrukturprojekt der empirischen Sozial- und Wirtschaftsforschung in Deutschland. Zeitschrift für Soziologie 38:350–357. https://doi.org/10.1515/zfsoz-2009-0501

Sodeur, Wolfgang. 2007. Entscheidungsspielräume von Interviewern bei der Wahrscheinlichkeitsauswahl: Ein Vergleich von ALLBUS-Erhebungen. *Methoden, Daten, Analysen* 1:107–130.

# Die ersten Schritte der Datenanalyse: Aufbereitung, Datenbeschreibung und bivariate Zusammenhänge

4

Wie deutlich geworden ist, liegt das Hauptaugenmerk sozialwissenschaftlicher Datenanalyse bei der Untersuchung der Zusammenhänge zwischen interessierenden Tatbeständen beziehungsweise Variablen. Dabei bedarf es meist nur wenig soziologischer Phantasie, um relativ komplexe und vielfältige Wirkzusammenhänge zu vermuten. Der Einsatz multivariater Analyseverfahren, die ja auch im Mittelpunkt dieser Einführung stehen, stellt den Versuch dar, dieser Tatsache Rechnung zu tragen und ein wenig Licht in das Dickicht theoretisch möglicher und sinnvoller, aber eben nicht immer gleichzeitig wahrer Zusammenhänge zu bringen. Trotz dieser Tatsache sollten multivariate Verfahren nicht am Beginn einer empirischen Analyse stehen. Es ist unabdingbar in einem ersten Schritt der Datenanalyse die vorliegenden Informationen, den Datensatz, einmal näher zu betrachten, die einzelnen Variablen und ihre Verteilungen genauer kennen zu lernen. Hierbei sind zwei Punkte zu unterscheiden: die Datenaufbereitung und die Datendeskription. Man muss die Daten also zuerst in eine sinnvolle und interpretierbare Form bringen und beispielsweise zusammenfassende Indices erstellen und dann diese Variablen, am besten gemeinsam mit den ihnen zugrundeliegenden Items, genauer betrachten. Diese deskriptive Analyse ist ein erster wichtiger Schritt, mit der sich auch häufig Fehler in der Datenaufbereitung entdecken lassen. Erst danach ist es möglich, Zusammenhänge zwischen Variablen oder besser Konstrukten zu untersuchen.

Damit ist auch zugleich der Aufbau dieses Kapitels umschrieben: In einem ersten Schritt sollen einige Probleme der Datenaufbereitung diskutiert werden, bevor die Deskription der Daten mit Hilfe verschiedener grafischer Verfahren und Maßzahlen vorgestellt werden kann. Abschließend soll danach, jeweils abhängig vom entsprechenden Skalenniveau der erfassten Konstrukte, untersucht werden, ob ein Zusammenhang zwischen zwei Variablen besteht. Für alle, die selbst einmal sozialwissenschaftliche Daten analysieren, sei darauf hingewiesen, dass sie ein nicht zu geringes Maß an Frustrationstoleranz aufbringen müssen, denn die in diesem Kapitel am Anfang stehenden Arbeitsschritte erweisen sich in aller Regel als deutlich zeitaufwendiger und fehleranfälliger als die eigentliche interessierende multivariate Datenanalyse. Die Behandlung dieser einzelnen Schritte in Einführungsbüchern, sofern sich derartige Anmerkungen überhaupt in der Literatur finden und diese enorm wichtigen Dinge nicht einfach souverän übergangen werden, steht empirisch in keinem Zusammenhang mit der damit verbundenen Arbeit. Auch hier kann beinahe nur darauf hingewiesen werden, wie wichtig diese Schritte sind, ohne im Einzelnen auf die verschiedensten Probleme und Fallstricke eingehen zu können. Diese Probleme bei der Datenaufbereitung entstehen dabei nicht nur bei Primärerhebungen, sondern auch bei Sekundäranalysen wie im Folgenden anhand der hier im Mittelpunkt stehenden Daten der Befragungen des ALLBUS deutlich werden wird.[1]

## 4.1 „A long and winding road" – zu den Mühen der Datenaufbereitung[2]

Nahezu unabhängig davon, welche Daten analysiert werden, ob also eigene Daten erhoben und vercodet wurden oder vorhandene Daten zur Reanalyse genutzt werden, gilt: Die inhaltlich und theoretisch interessierenden Tatbestände liegen meist nicht in der Form vor, dass sie ohne weitere Mühen und einfach zu analysieren wären. In aller Regel sind die Daten aufzubereiten, neue Variablen zu konstruieren oder sogar der Datensatz in seiner grundlegenden Struktur zu ändern.

---

[1] Wir verwenden hier vor allem die Daten des ALLBUS aus den Jahre 2016 sowie teilweise die Erhebung aus dem Jahr 2018. Die bei GESIS archivierte Version des kumulierten ALLBUS ermöglicht es jedoch, in einzelnen Fällen auch längere Zeiträume zu betrachten. Der kumulierte ALLBUS, der alle bislang verfügbaren Daten harmonisiert beinhaltet, findet sich im GESIS-Datenbestandskatalog unter der Nummer 5276. Nicht nur aufgrund des Oversamplings in den neuen Bundesländern müssten die Daten des ALLBUS letztlich gewichtet werden. Wir verzichten jedoch zum größten Teil darauf, um die Berechnungen nachvollziehbarer zu machen. Bei inhaltlichen Interpretationen ist deshalb aber natürlich große Vorsicht geboten.

[2] Wer den Aufwand und die Probleme der Datenaufbereitung mit denen der Datenanalyse vergleicht, wird das in dieser Überschrift angerissene Zitat nachvollziehen können. Je nach Eleganz der Programmierung kann die Aufbereitung vorhandener Daten gut 95 % der entsprechenden Syntaxfiles ausmachen. Insgesamt beanspruchen jedoch die Sätze von Bertolt Brecht (1977, S. 960) immer noch Gültigkeit: „Als ich wiederkehrte/War mein Haar noch nicht grau/Da war ich froh./Die Mühen der Gebirge liegen hinter uns/Vor uns liegen die Mühen der Ebenen".

## 4.1 „A long and winding road" – zu den Mühen der Datenaufbereitung

Es sollen anhand der in diesem Text zuerst im Mittelpunkt stehenden Fragen zur Geschlechtsrollenorientierung beziehungsweise zu Familienbildern beispielhaft einige Hinweise gegeben werden, wie bestimmte Variablen gebildet werden können und welche Schwierigkeiten dabei auftreten können.

Ausgangspunkt der folgenden Ausführungen sind zunächst drei Fragen aus dem ALLBUS-Fragebogen, die die Geschlechtsrollenorientierung erfassen und dabei jeweils die Einstellung zu einem eher traditionellen oder konservativen Familienbild widerspiegeln.[3]

- Das erste Item lautet dabei wie folgt: „Für eine Frau ist es wichtiger, ihrem Mann bei der Karriere zu helfen, als selbst Karriere zu machen". Wir werden dieses Item im Folgenden kurz mit „Karriere" betiteln und darauf so Bezug nehmen.
- Das zweite Item ist wie folgt formuliert: „Es ist für alle Beteiligten viel besser, wenn der Mann voll im Berufsleben steht und die Frau zu Hause bleibt und sich um den Haushalt und die Kinder kümmert". Dieses Item werden wir mit „Arbeitsteilung" bezeichnen.
- Und das dritte hier betrachtete Item lautet: „Eine verheiratete Frau sollte auf eine Berufstätigkeit verzichten, wenn es nur eine begrenzte Anzahl von Arbeitsplätzen gibt, und wenn ihr Mann in der Lage ist, für den Unterhalt der Familien zu sorgen". Hier werden wir als Stichwort den Begriff „Hausfrau" verwenden.

Für alle drei Items steht eine Antwortskala zur Verfügung, die vier Ausprägungen hat, beginnend bei „stimme voll und ganz zu", über „stimme eher zu" und „stimme eher nicht zu" bis hin zu „stimme überhaupt nicht zu". Zudem besteht hier auch die Möglichkeit, mit „weiß nicht" oder „keine Angabe" zu antworten. Die entsprechenden Antwortoptionen sind mit den Zahlen 1 bis 4 beziehungsweise mit den negativen Zahlen für die nicht-inhaltlichen Reaktionen vercodet.

Wenn man nun aus diesen einzelnen Items eine Skala der Geschlechtsrollenorientierung bilden will, die ein traditionelles oder konservatives Familienbild repräsentiert, müssen zwei Schritte unternommen werden: In einem ersten Schritt müssen die entsprechenden Angaben so recodiert werden, dass höhere Werte

---

[3] Die genaue Frageformulierung und Antwortvorgaben sind auf der GESIS-Homepage dokumentiert. Die entsprechenden Fragen finden sich in den ALLBUS-Befragungen der Jahre 1982, 1991 und ab 1992 immer alle vier Jahre und somit eben auch im Jahr 2016. Auf den Seiten von GESIS finden sich auch die entsprechenden Methodenberichte der einzelnen Erhebungen sowie eine Reihe weiterer wichtiger Informationen.

auch einem konservativeren Familienbild entsprechen und geringere Werte für eine Ablehnung dieser Vorstellung stehen. Zudem dürfen nur gültige Antworten berücksichtigt werden, sodass Personen, die hier keine Meinung geäußert haben, nicht mit den numerischen Werten für diese sogenannten missing values in die Analysen eingehen.[4] In dem hier vorliegenden Fall haben wir deshalb die Werte gedreht, hohe numerische Ausprägungen stehen nun für eine starke Zustimmung zu den einzelnen Fragen. Darüber hinaus würden die Antworten „weiß nicht" beziehungsweise „keine Angabe" als fehlende Werte gekennzeichnet, sodass sie bei den inhaltlichen Analysen nicht berücksichtigt werden.

In einem nächsten Schritt kann man sich die Verteilungen der drei Items getrennt betrachten. Diese Aufgabe ist einerseits einfach, andererseits kann man gerade auch bei diesen Häufigkeitsverteilungen und einfachen Grafiken eine Reihe von Fehlern begehen oder zumindest derart unbedachte Schritte unternehmen, dass das eigentliche Ziel – ein Verständnis über empirische Gegebenheiten widerzuspiegeln – nicht erfüllt wird. Wir werden im weiteren Verlauf des Kapitels darauf ausführlich eingehen.

Zuvor möchten wir jedoch noch ein wenig bei der Problematik der Datenaufbereitung bleiben, denn letztlich interessieren wir uns ja nur in den seltensten Fällen für die konkreten Antworten auf einzelne Fragen, sondern wir vermuten bestimmte Wirkzusammenhänge in der realen Welt und gehen beispielsweise davon aus, dass eben etwa Vorstellungen über familiales Leben einerseits einen Einfluss auf das Verhalten haben und andererseits – und das ist letztlich ein soziologisches Axiom – von bestimmten sozialen Lagen, der Klassenposition, der Sozialisation, der sozialen Stellung und vielen anderen Dingen mehr beeinflusst werden. Diese Vorstellungen lassen sich nur in den seltensten Fällen mit einem einzigen Item erfassen, sondern müssen durch unterschiedliche Fragen abgebildet werden, die dann eben zusammen möglichst gut diese grundlegenden Faktoren

---

[4] Wenn man diese letztlich triviale Tatsache vernachlässigt, können fundamentale Fehler entstehen. In einer Analyse zur partnerschaftlichen Treue (Munsch 2015; vgl. vor allem aber Munsch 2018) wurden versehentlich die Personen, die keine Angaben zu der Zahl der Sexualpartner oder Sexualpartnerinnen gemacht haben, mit einem sehr hohen Wert in den Analysen berücksichtigt, da das entsprechende Analyseprogramm Stata fehlende Werte eben als hohe numerische Werte speichert, die bei der Analyse gesondert ausgeschlossen werden müssen. In dem genannten Beitrag wurde bei verheirateten Personen jedoch vermutet, dass bei Werten der Variable „Anzahl Sexualpartner in den letzten 12 Monaten", die höher als 1 waren, die eheliche Treue nicht sehr streng eingehalten wurde. Bei einer einfachen deskriptiven Betrachtung wäre dieser Fehler natürlich aufgefallen, in dem vorliegenden Fall wurde jedoch einfach eine dichotome Variable – Treue ja oder nein – gebildet. Auch hier zeigt sich wieder die Sinnhaftigkeit einfacher und deskriptiver Verfahren.

## 4.1 „A long and winding road" – zu den Mühen der Datenaufbereitung

widerspiegeln.[5] So ist es auch im hier interessierenden Fall der Geschlechtsrollenorientierung beziehungsweise des konservativen Familienbildes. So sinnhaft es auch sein mag, die drei oben genannten Items als gleichwertige Messungen eines konservativen oder traditionellen Familienbildes zu verstehen, so sollte man dies letztlich nicht einfach bestimmen – ein Verfahren, das auf den schönen Namen per-fiat-Messung hört – oder dogmatisch festlegen. Man kann, sollte und letztlich muss die hier formulierte These prüfen. Da diese Prüfung jedoch statistische Verfahren voraussetzt, die wir gerade erst vorstellen wollen beziehungsweise die den Ansatz dieses Buches überschreiten, bitten wir jedoch um ein wenig Geduld und Vertrauen in unsere Vergewisserung, dass die drei Items eine einheitliche inhaltliche Dimension erfassen.[6]

Die Frage ist nun aber, wie diese drei einzelnen Items zu einem einheitlichen Konstrukt zusammengefasst werden? Hier bieten sich unterschiedliche Vorgehensweisen an, die kurz skizziert werden sollen. So ist es einerseits möglich, die gerade verwendeten, aber nur angerissenen und nicht erklärten statistischen Verfahren, die Hauptkomponentenanalyse, zu nutzen, und sich entsprechende Faktorwerte bestimmen zu lassen. Dies kann bei allen bekannten Analyseprogrammen einfach angefordert werden. Die entsprechenden Werte sind meist sehr

---

[5] In einzelnen, aber seltenen Fällen kann dieses Argument falsch sein. So ist beispielsweise die Wahlabsicht recht gut mit einem Item, der sogenannten Sonntagsfrage, zu erfassen – ganz unabhängig davon, dass die Wahlforschung hier viel andere Probleme wie beispielsweise die soziale Erwünschtheit zu bewältigen hat. Vor einigen Jahren berichteten Sara Konrath und zwei Kollegen (Konrath et al. 2014), dass man das Konstrukt des Narzissmus, also der Selbstverliebtheit oder der Selbstbewunderung, nicht wie bislang in der psychologischen Forschung üblich durch längere Itembatterien erheben muss, sondern dass eine einfach Frage erhoben werden kann, die wie folgt lautet: „To what extent do you agree with this statement: I am a narcissist (Note: The word narcissist means egotistical, self-focused, and vain)" (Konrath et al. 2014, S. 3). Entsprechende Tests zeigen, dass diese einfache Messung die gleiche Güte aufweist wie komplexere Erhebungen des Konstruktes des Narzissmus. Es ist jedoch zu vermuten, dass derart einfache Messungen die Ausnahme darstellen.

[6] Für die ungeduldigen oder misstrauischen Leser und Leserinnen – und es sei explizit darauf hingewiesen, dass Zweifel in den Wissenschaften eine ausgesprochen positive Eigenschaft ist – sei an dieser Stelle erwähnt, dass bei einer einfachen explorativen Faktoren- oder Hauptkomponentenanalyse, die letztlich die Korrelationen der einzelnen Indikatoren untersucht und gemeinsame Faktoren extrahieren will, diese drei Items wirklich auf einem einzigen Faktor liegen, der immerhin knapp 63 % der Gesamtvarianz erklärt. Die Faktorladungen der drei Items liegt zwischen 0,74 und 0,83, eine entsprechende Analyse ergibt einen Cronbach's $\alpha$ Wert von 0,70 und damit einem hinreichend guten Reliabilitätskoeffizienten. Den geduldigen Lesern und Leserinnen, die dennoch diese Anmerkungen verfolgt haben, sei zusammenfassend vergewissert, dass die Vermutung, diese drei Items erfassen gemeinsam ein einheitliches Konstrukt, wohl richtig ist.

fein unterteilt, werden aber nur für die Fälle berechnet, die auch bei allen Angaben inhaltlich interpretierbare Antworten geliefert haben. Meist verlieren wir so also einige Fälle, denn fehlende Werte aufgrund von Nonresponse sind in der empirischen Sozialforschung an der Tagesordnung. Zudem sind die entsprechenden neuen Variablen standardisiert, das bedeutet sie weisen einen Mittelwert von 0 und eine Standardabweichung – was das ist, erklären wir gleich – von 1 auf. Nicht jeder sieht in einer derartigen Standardisierung eine Erhöhung der Verständlichkeit.

Um die Zahl der analysierbaren Fälle zu optimieren und die Metrik bei der bekannten vierstufigen Skala zu belassen, werden wir im Folgenden deshalb einen anderen Weg einschlagen und nicht die Faktorwerte berücksichtigen, sondern einen Mittelwertsindex bilden. Auch hier sind jedoch Entscheidungen notwendig: Was soll geschehen, wenn eine Person zu einer der drei Items keine Meinung hat oder sie nicht sagen will und somit nur zwei der drei Items beantwortet worden sind? Und was soll geschehen, wenn nur eine sinnvolle Antwort gegeben wurde? Nun: Hier gibt es keine allzeitig gültige Antwort, tendenziell würden wir so viele Informationen wie möglich verwenden und deshalb auch Fälle in der Analyse belassen, die nur auf ein Item antworten.[7] Darüber hinaus sollten sinnhafte Variablen- und Wertenamen vergeben werden, die wirklich den angezielten Inhalt der Items widerspiegeln.[8]

Man könnte sich nun an dieser Stelle relativ problemlos in den Tiefen der Datenaufbereitung und Variablenkonstruktion verirren und die verschiedensten Probleme und deren Lösungen diskutieren. So sinnvoll ein derartiges Vorgehen auch sein mag, so wenig ergiebig wäre es letztlich aber auch, denn je nach Struktur des vorhandenen Datensatzes und vor allem Problemstellung ergeben sich immer neue Fragestellungen, die nicht alle umfassend zu behandeln sind. Trotzdem sei an dieser Stelle wenigstens auf eine Problematik hingewiesen, die bei verschiedenen inhaltlichen Fragestellungen auftreten kann und deshalb hier kurz angesprochen werden soll. Dies betrifft den Umbau der Struktur des Datensatzes.

Vielfach stellen die Einheiten, die Fälle des Datensatzes nicht die inhaltlich interessierenden Analyseeinheiten dar. In den meisten Fällen sind die Datensätze fallorientiert aufgebaut. Jede Zeile des Datensatzes entspricht einem Interview,

---

[7] Bei der Darstellung multivariater Verfahren werden wir sehen, dass man derartige Besonderheiten durchaus in den Analysen berücksichtigen kann, indem beispielsweise entsprechende Kontrollvariablen gebildet und in die Analyse aufgenommen werden.

[8] So selbstverständlich das auch klingen mag, so wird in der Praxis doch häufig dagegen verstoßen und eine Variable „räumliche Nähe zu einer Person" erfasst beispielsweise die Entfernung.

also den Angaben einer bestimmten Person. Im Mittelpunkt des Forschungsinteresses können jedoch gänzlich unterschiedliche Dinge stehen. Dies sei an zwei Beispielen erörtert:

- In vielen Untersuchungen wird die sogenannte Partnerschafts- und Ehebiografie erhoben, es wird also nach Beginn und eventuellem Ende von romantischen Beziehungen und Ehen gefragt (und etlichen Dingen mehr). Interessiert man sich nun für die Dauer von Beziehungen und möglichen Determinanten der Stabilität, kann eine Person hier durchaus aus verschiedenen biografischen Phasen Erfahrungen einbringen. Die Daten einer Person sind jedoch innerhalb einer Zeile angeordnet. Um die skizzierten Analysen durchzuführen muss also zuerst ein neuer Datensatz gebildet werden, der die jeweiligen Informationen einheitlich darstellt und beispielsweise neben einer die Ordnungsnummer der Beziehung wiedergebenden Zählgröße auch in einer Variablen den Beginn der Beziehung erfasst. Technisch wird aus einem Datensatz im wide-Format ein Datensatz im long-Format.[9]
- Gerade bei der Thematik der Ehe ist es eine vielleicht trivial erscheinende Tatsache, dass der Verlauf von Beziehungen von Eigenschaften und Verhaltensweisen beider Partner abhängt. Aus diesem Grunde finden sich in letzter Zeit verstärkt Bemühungen, auch beide Partner zu befragen oder zumindest die Eigenschaften beider Partner in einer Analyse zu berücksichtigen (vgl. etwa Hahn et al. 2019). In aller Regel liegen aber auch bei derartigen Erhebungen die Befragungen der Partner getrennt vor und man ist gezwungen, die Informationen beider Partner zusammenzufügen, sodass dann ein Datensatz entsteht, der in einer Zeile als Analyseeinheit ein Paar umfasst.

Zusammenfassend ist es für die angemessene Beantwortung der interessierenden Forschungsfrage also häufig notwendig, die Datenstruktur zu reorganisieren. Auch hier ist größte Sorgfalt notwendig, denn gerade bei komplexen Aufbereitungen ist die Gefahr groß, unvollständige oder fehlerhafte Transformationen

---

[9] Ein äquivalentes Problem besteht beispielsweise auch bei der Analyse von intergenerationalen Beziehungen. Wenn man derartige Untersuchungen aus der Perspektive der Kinder durchführt, können selbstverständlich mehrere Elternteile genannt werden – dazu kommt die doch relativ häufig zu findenden Stief- oder eventuell auch Patchworkfamilien. Auch hier kann ein und dasselbe Kind verschiedene Fälle des Datensatzes bilden, da es Beziehungen zu Vätern und Mütter, zu leiblichen und sozialen Elternteilen haben kann. Im Mittelpunkt des Interesses stehen die einzelnen Beziehungen, im Datensatz bildet dann eine Beziehung eine Zeile. Es ist dabei jedoch zu berücksichtigen, dass hierbei sogenannte Klumpeneffekte entstehen, die die Signifikanztests beeinflussen und deshalb in Rechnung gestellt werden müssen.

durchzuführen. Der ja schon eingangs begründete Gebrauch von Syntaxfiles ist ohne jede Alternative, wenn man für sich selbst, aber auch für mögliche Replikationen und Erweiterungen die Arbeiten nachvollziehbar halten will. Zu große Eleganz der Programmierung geht dabei selten mit einer hohen Verständlichkeit einher und ist daher sicherlich nicht das oberste Ziel. Letztlich sollten Syntaxfiles redundant und voller erklärender Kommentare sein!

## 4.2 Zur Beschreibung von Daten: Tabellen

Nachdem nun die Daten in einer sinnvollen Art und Weise aufbereitet wurden, sollte man sich in einem nächsten Schritt mit diesen Daten vertraut machen. Zielsetzung einer derartigen Datendeskription ist dabei immer, einen Überblick über die Verteilung und bestimmte Eigenschaften einer Variablen zu bekommen. Deskription bedeutet dabei meist, gewisse Informationen auch nicht zu berücksichtigen – deskriptive Statistik ist ein Versuch der Komplexitätsreduktion, um einmal ein in früheren Tagen beliebtes Modewort der Soziologie zu gebrauchen.

In einem ersten Schritt sollen die Verteilungen bestimmter Variablen, wie eben der Geschlechtsrollenorientierung oder der ihr zugrundeliegenden Variablen, dargestellt werden. Die Darstellungsmöglichkeiten unterscheiden sich dabei entsprechend dem jeweiligen Skalenniveau der Variablen. Normaler Weise sind hierbei nominal, ordinal und metrisch gemessene Variablen zu unterscheiden, bei denen – um diese Grundlage des Messens noch einmal zu wiederholen – die Gleichheit oder Unterschiedlichkeit, eine Ordnung hinsichtlich einer spezifischen Dimension oder eben auch Abstände oder Verhältnisse sinnvoll interpretiert werden können. Als nominale Variablen werden wir im Folgenden auf das Beispiel der Konfessionszugehörigkeit sowie die Frage, ob man seine Jugendzeit überwiegend in der DDR oder den neuen Bundesländern verbracht hat oder nicht, also dem Ort der Sozialisation, eingehen. Die Antworten auf die oben vorgestellten einzelnen Items zur Geschlechtsrollenorientierung verstehen wir als ordinale Angaben, Angaben zum Alter der befragten Personen oder eben auch den oben vorgestellten Index zum Familienbild als metrische Variable.

Das einfachste und sicherlich auch beste Mittel zur ersten Beschreibung von Daten ist die Verwendung von Häufigkeitstabellen. Es kann gar nicht energisch genug darauf hingewiesen werden, dass die durch die entsprechenden Datenanalyseprogramme erzeugten Häufigkeitstabellen in der dort verwendeten Form in Texten oder Publikationen jeglicher Art keinen Platz finden sollten. Sie enthalten zu viel und zu wenig Informationen zugleich. Je nach interessierender Fragestellung sind die Informationen auszuwählen und zu präsentieren. Diese Auswahl

## 4.2 Zur Beschreibung von Daten: Tabellen

**Tab. 4.1** Verteilung der die Geschlechtsrollenorientierung erfassenden Items (Spaltenprozente). (Quelle: ALLBUS 2016)

|  | Item 1 | Item 2 | Item 3 |
|---|---|---|---|
|  | Karriere | Arbeitsteilung | Hausfrau |
| Stimme überhaupt nicht zu | 38,7 | 41,8 | 48,6 |
| Stimme eher nicht zu | 44,4 | 36,2 | 31,7 |
| Stimme zu | 11,5 | 15,1 | 13,1 |
| Stimme voll und ganz zu | 5,4 | 7,0 | 6,6 |
| $n$ | 1.733 | 1.741 | 1.723 |

ist dabei selbst zu treffen und kann nicht durch das Datenanalyseprogramm übernommen werden.

Hier sollen in einem ersten Schritt die oben vorgestellten, gemeinsam die Geschlechtsrollenorientierungen oder das traditionelle Familienbild widerspiegelnden drei Variablen im ALLBUS 2016 betrachtet werden. Hierbei interessiert zuerst die prozentuale Verteilung der verschiedenen Antwortmöglichkeiten. Neben einem aussagekräftigen Titel sollte die Tabelle zudem Informationen über die Datenquelle und die in die Analyse eingehende Fallzahl enthalten.[10] In Tab. 4.1 findet sich das gerade erwähnte Beispiel.

Es kann an dieser Stelle nicht ausführlich auf die möglichen Fehler und Missverständnisse bei der Präsentation von Ergebnissen eingegangen werden, zumal in diesem Bereich mit dem Buch von Freeman et al. (2008) eine vorzügliche Darstellung vorliegt, die vor allem mögliche Fehler thematisiert.

> „One of the easiest ways to display data badly is to display as little information as possible. This includes not labelling axes and titles adequately, and not giving units. In addition, information that is displayed can be obscured by including unnecessary and distracting details" (Freeman et al. 2008, S. 9).

Wie in vielen Bereichen ist hier weniger meist mehr, Klarheit der Darstellung ist die oberste Prämisse und ein einfacher Leitsatz könnte lauten: Spare Tinte

---

[10] Aufgrund fehlender Werte unterscheiden sich diese Angaben für die drei Items. In vielen Anwendungsfällen ist es zu präferieren, wenn man auch bei den beschreibenden Angaben nur die Fälle berücksichtigt, die später auch in die komplexeren Modelle eingehen. Da diese Items ein Teil des international angelegten sogenannten ISSP-Programms waren, wurden sie nur einem Teil der ursprünglichen ALLBUS-Stichprobe vorgelegt. Die Fallzahlen sind hier also deutlich geringer als bei anderen Analysen.

(vgl. nochmals Freeman et al. 2008). So ist es im konkreten Fall beispielsweise unnötig, jede Zeile mit Strichen abzugrenzen, Zeilenprozente oder die Zellenbesetzungen der einzelnen Antworten anzugeben, da ja nur Unterschiede und somit die (Spalten-) Prozente interessieren. Tabellen müssen auch nicht immer die gesamte Seitenbreite einnehmen. Zudem ist die Verwendung zu genauer Angaben letztlich zu vermeiden. Interessieren wir uns wirklich für Unterschiede in der vierten Nachkommastelle und vertrauen wir unseren Messungen so, dass wir diese Genauigkeit unterstellen können? Man sollte die entsprechenden Tabellen sparsam, ja sogar minimalistisch gestalten. Wichtig ist die klare Erkennbarkeit der Antwortvorgaben sowie der Items.[11]

Während die Darstellung von nominal oder ordinal gemessenen Variablen mit relativ wenigen Ausprägungen eher selbsterklärend ist, kann es bei ordinalen Variablen mit eher vielen Ausprägungen oder metrischen Variablen durchaus zu Problemen kommen. Oben wurde aus den Items Karriere, Arbeitsteilung und Hausfrau ein Mittelwertsindex gebildet, der ein konservatives Familienbild widerspiegelt. Die Zahl möglicher Ausprägungen ist hier für eine einfache Häufigkeitstabelle einfach relativ groß. Das eigentliche Ziel einer einfachen und leicht zu erfassenden Darstellung der empirischen Verteilung wäre damit wohl nicht zu erreichen.[12] Diese Problematik tritt jedoch vor allem bei metrisch gemessenen Variablen wie etwa dem Alter auf. Aus diesem Grunde müssen zusammenfassende Klassen gebildet werden. Hier sollten einige vielleicht selbstverständliche Regeln befolgt werden, gegen die in der Praxis jedoch immer wieder verstoßen wird.

- Die Klassengrenzen müssen überschneidungsfrei sein. Jede einzelne Beobachtung, meistens also jede einzelne Person, muss eineindeutig einer bestimmten Klasse zugewiesen werden können.
- Die Klassen müssen lückenlos aufeinander folgen, jede einzelne Beobachtung muss also auch einer bestimmten Klasse zugewiesen werden können. Keine Beobachtung sollte zurückbleiben.

---

[11] Diese relativ einfachen Regeln werden aber teilweise auch von Lehrbuchverlagen nicht eingehalten. So verstoßen wir selbst seit der zweiten Auflage dieses Buches gegen die von uns formulierten Regeln und Vorgaben. Das ändert jedoch nichts an der Tatsache, dass sie Sinn ergeben und eigentlich einzuhalten wären. Die Geschichte Catos, des Älteren, zeigt, dass Beharrlichkeit ja auch durchaus zu Erfolg führen kann.

[12] Prinzipiell kann eine derartige Problematik natürlich auch bei nominalen Variablen auftreten, wenn etwa die berufliche Tätigkeit erfragt wurde. In derartigen Fällen ist eine sinnvolle Bildung von Berufsgruppen erforderlich.

**Tab. 4.2** Altersverteilung (Spaltenprozente). (Quelle: ALLBUS 2016)

| Altersgruppe | Anteil (in Prozent) |
|---|---|
| Bis 30 Jahre | 14,1 |
| 30 bis unter 40 Jahre | 14,0 |
| 40 bis unter 50 Jahre | 17,1 |
| 50 bis unter 60 Jahre | 20,6 |
| 60 bis unter 70 Jahre | 17,4 |
| 70 bis unter 80 Jahre | 12,3 |
| 80 Jahre und älter | 4,6 |
| $n$ | 3.486 |

- Die Klassenbreiten sollten möglichst gleich sein, denn nur dann lassen sich die deskriptiven Ergebnisse auch sinnhaft interpretieren.

In unserem Beispiel, dem Alter der befragten Person im ALLBUS 2016, reicht der Merkmalsraum von 18 bis 97 Jahre. Wir haben deshalb eine erste Klasse gebildet, die alle Personen unter 30 Jahren erfasst und sind danach in 10-Jahres-Schritten vorwärtsgegangen und haben schließlich alle Personen, die 80 Jahre oder älter sind, in eine letzte Gruppe zusammengefasst. Schon auf den ersten Blick wird deutlich, dass wir natürlich auch nicht überall die letzte Bedingung, die gleiche Klassenbreite, erfüllt haben. Die erste und die letzte Altersklasse sind breiter. Wenn man dies jedoch für die unterste Klasse dadurch ändert, dass man Klassen für die Personen von 18 bis unter 28 und dann in weiteren 10-Jahres-Schritten bildet, weicht man den der gängigen Klassifizierungspraxis ab und erzeugt ebenso eventuell Verwirrungen. In der Tab. 4.2 findet sich die empirische Verteilung.

Um es noch einmal deutlich zu sagen: Jede Art von Klassifizierung führt natürlich zu einem Informationsverlust – das ist jedoch auch das Ziel deskriptiver Analyseverfahren. In der Tab. 4.2 können wir beispielsweise den Anteil der Personen eines bestimmten Alters nicht genau angeben. Man will die Fülle an Informationen auf ein übersichtliches Maß reduzieren.

## 4.3 Verteilungen: Grafiken und Maßzahlen

Neben der Darstellung der Daten in Tabellen können auch Grafiken häufig helfen, einen Eindruck über die Verteilung der interessierenden Variablen zu erhalten. Die

Fülle an Darstellungsmöglichkeiten ist dabei nahezu unbegrenzt, wie ein kurzer Blick auf die jeweiligen Optionen in den entsprechenden Programmen deutlich macht – in manchen Fällen tragen diese Darstellungen dann jedoch wenig dazu bei, die Verteilung der Daten zu verstehen. Häufig verwirren sie mehr oder erzeugen sogar einen falschen Eindruck (vgl. hierzu Freeman et al. 2008, S. 9 ff.; Schnell 1994, S. 4 ff.). Diese Kritik trifft etwa die immer wieder zu findenden dreidimensionalen Darstellungen oder die nahezu unausrottbaren Pie-Charts, Kuchen- oder Kreisdiagramme.

> Aus wahrnehmungspsychologischen Gründen sind beispielsweise Unterschiede verschiedener Flächen nur relativ schwer zu erkennen – genau darauf beruht aber die Logik von Kreisdiagrammen. Da dies häufig auch von den Autorinnen und Autoren eingesehen wird, ergänzen Sie dann die Kreisdiagramme mit den entsprechenden Anteilswerten, so dass die Informationen dann letztlich doppelt vorliegen. In der Praxis sind die Eintragungen dann aber meist so klein und kontrastlos, dass man keine der beiden Informationen wirklich erkennen und lesen kann. Eine einfache Häufigkeitstabelle wäre dann aber sinnvoller und platzsparender und auf jeden Fall zu präferieren gewesen. Dreidimensionale Kuchendiagramme kombinieren auf aparte Art die skizzierten Unzulänglichkeiten.

Generell sollte man dabei zwischen Analysegrafiken und Präsentationsgrafiken unterscheiden, denn häufig lassen sich mit Hilfe von Grafiken Daten einfacher und intuitiver analysieren (vgl. für eine Fülle von Beispielen immer noch Schnell 1994). Die wenigsten dieser Grafiken kann man jedoch im Rahmen von Präsentationen der wissenschaftlichen Ergebnisse gerade in der interessierten Öffentlichkeit verwenden. Man sollte immer bedenken, welchen Zweck die Erstellung einer Grafik verfolgt: Will man als forschende Person etwas über die Daten und eventuelle Zusammenhänge erfahren oder will man bestimmte Ergebnisse in der Öffentlichkeit präsentieren.[13]

Wenn man die wahrnehmungspsychologisch begründbare Verständlichkeit verschiedener Darstellungen (vgl. Schnell 1994, S. 4 ff.) ernst nimmt und die Zielsetzung hat, dass mit Hilfe einer Grafik die Verteilung einer bestimmten Variablen sinnvoll verstehbar sein soll, erscheint ein Vergleich der jeweiligen Gruppenbesetzungen anhand unterschiedlich langer Balken und damit ein Balkendiagramm nahezu alternativlos. Diese Balkendiagramme dienen der Darstellung bestimmter Kenngrößen für verschiedene Ausprägungen einer diskreten Variablen – wie beispielsweise die relativen Häufigkeiten der unterschiedlichen

---

[13] Auf viele dieser Analysegrafiken wie beispielsweise die probability plots oder Grafiken im Rahmen der Clusteranalyse kann hier überhaupt nicht eingegangen werden (vgl. dazu Schnell 1994). Im Rahmen der Residuenanalyse innerhalb multipler Regressionen gehen wir weiter unten noch auf einige weitere Verfahren ein.

4.3 Verteilungen: Grafiken und Maßzahlen 45

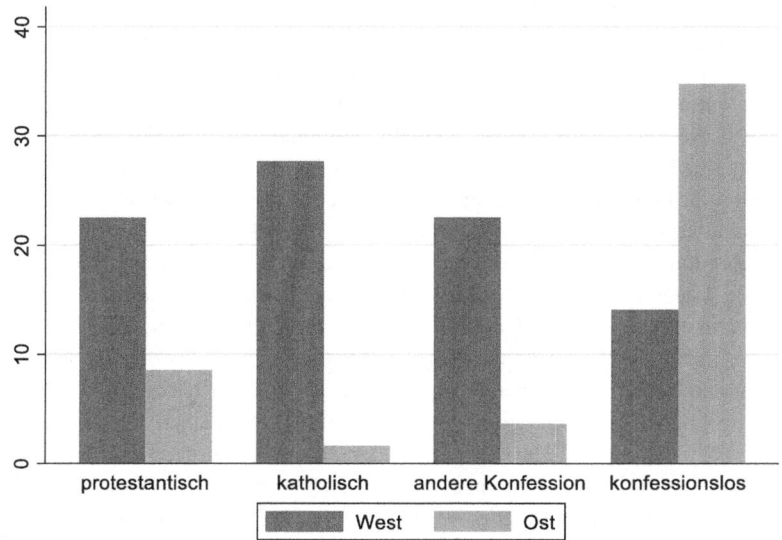

**Abb. 4.1** Verteilung der Konfessionen nach Jugend in Ost- und Westdeutschland (in Prozent). (Quelle: ALLBUS 2016, $n = 3.183$)

Konfessionen. In der Abb. 4.1 findet sich dieses Diagramm für die Daten des ALLBUS 2016. Aus Gründen der besseren Reproduzierbarkeit haben wir auch hier darauf verzichtet, den Datensatz zu gewichten. Um nun aber sicherzustellen, dass die geplante Überrepräsentation der neuen Bundesländer im ALLBUS nicht die Ergebnisse verzerren, haben wir die Konfessionsverteilung gleich für Ost- und Westdeutschland getrennt dargestellt.

Diese Form der grafischen Darstellung eignet sich für nominale oder ordinale Variablen mit einer überschaubaren Anzahl von Ausprägungen sehr gut. Problematischer wird die Verbildlichung der Verteilung ordinaler Variablen mit einer großen Zahl von Ausprägungen sowie bei metrischen Variablen.

Hier finden Histogramme wesentlich häufiger Verwendung (vgl. für weiterführende Literaturhinweise noch einmal Schnell 1994, S. 21 ff.). In Histogrammen wird zwar ebenfalls die Häufigkeitsverteilung klassierter Daten dargestellt, sie folgen jedoch dem Prinzip der Flächentreue. Die Fläche der einzelnen Balken entspricht der Häufigkeit in einer Klasse und somit werden letztlich Häufigkeitsdichten abgebildet. Mit Hilfe dieser Überlegungen ist es möglich, Histogramme mit unterschiedlicher Intervallbreite sinnhaft zu konstruieren und zu interpretieren. Es ist jedoch häufig nicht oder zumindest nicht ohne große Mühen möglich, diese Idee in der Praxis umzusetzen. Hier ist nur die Breite und die Anzahl der Klassen variabel, jedoch nicht unterschiedliche Klassenbreiten in einer Abbildung. Aus diesem Grunde können auch Histogramme in aller Regel einfach durch einen Vergleich der Höhe der entsprechenden Balken interpretiert werden. Je nach Klassenbreite und dadurch bedingt auch je nach Anzahl der verwendeten Klassen können sich jedoch recht unterschiedliche Eindrücke vermitteln. Es erscheint wiederum sinnvoll, Histogramme mit verschiedenen Klassenbreiten zu erzeugen, um deren Unterschiedlichkeit einzuschätzen (vgl. für eine Diskussion der sinnvoller Weise zu verwendenden Klassenanzahl Schnell 1994, S. 21 ff.). In der Abb. 4.2 findet sich ein Histogramm der Altersverteilung, wobei wir hier eine Klassenbreite von 10 und einen Startpunkt von 18 gewählt haben.

Ein Problem dieser Histogramme ist, dass für die einzelnen Dichteschätzungen nur die Personen in dem entsprechenden Bereich – in dem Beispiel also in der untersten Gruppe die Personen zwischen 18 und unter 28 – herangezogen werden und diese Schätzung in dieser Gruppe auch nicht variiert. Man kann nun

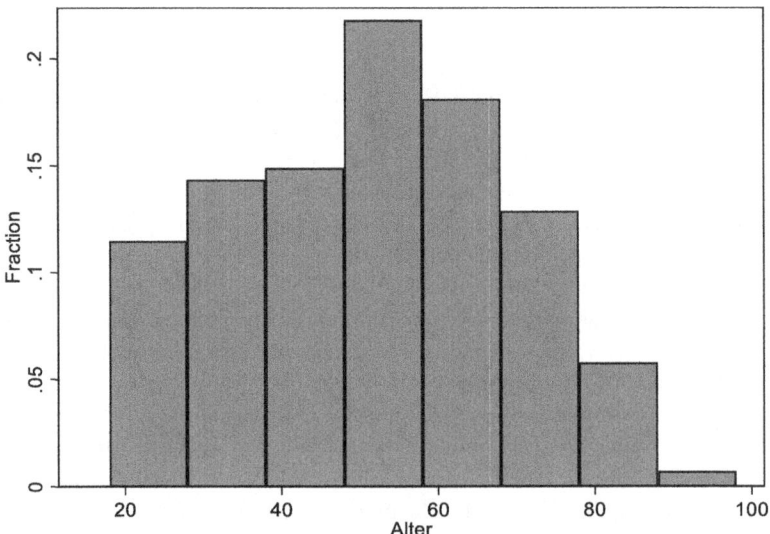

**Abb. 4.2** Histogramm des Alters. (Quelle: ALLBUS 2016, $n = 3.486$)

jedoch einwenden, dass für die Wahrscheinlichkeitsschätzung besser die direkten Nachbarschaften – also etwa für 27 Jahre alte Personen eher die 29 Jahre alten Menschen und nicht die 18-Jährigen – verwendet werden sollten. Genau dieser Logik folgen sogenannte Kerndichteschätzer, die ebenfalls problemlos in entsprechenden Datenanalyseprogrammen erzeugt werden können.

Es kann an dieser Stelle nicht auf die Vielzahl weiterer Darstellungsformen wie gestapelte und gruppierte Balken, Zylinder oder gar Pyramiden eingegangen werden – dies ist aber auch gar nicht notwendig. Man sollte sich immer klar sein, warum man eine grafische Darstellung wählt und was man eigentlich aussagen will. Das Ziel sollte dabei sein, das Verständnis entsprechender Verteilungen einfacher zu machen. Wer jemals versucht hat derartige – und wir verzichten hier bewusst auf Hinweise auf besonders misslungene Darstellungen – Abbildungen im Detail zu verstehen, wird sicherlich in Zukunft andere Darstellungsformen wählen.[14] Wenn man nun jedoch die Verteilung zweier metrisch gemessener Variablen in einem Diagramm darstellen will, sollte man ein entsprechendes Streudiagramm oder Scatterplot verwenden. Da jedoch auch bei metrischen Variablen in aller Regel die Zahl der realisierten Merkmalsausprägungen begrenzt ist, sind diese Scatterplots häufig wenig aussagekräftig, da einzelne Merkmalskombinationen vielfach besetzt sind, man dies jedoch in einfachen Streudiagrammen nicht erkennt. Um dieses Problem zu umgehen, sind verschiedene Optionen möglich, am einfachsten kann man beiden Variablen einen kleinen Zufallsfehler zuspielen, sodass konkrete Ausprägungskombinationen besser zu erkennen sind.

## 4.4 Maßzahlen: alle für einen, einer für alle?

Häufig besteht das Interesse, die Verteilung bestimmter Variablen in einer noch konzentrierteren Form zu beschreiben als dies durch Häufigkeitsverteilungen oder die gerade vorgestellten grafischen Darstellungsformen geschehen kann. Eine erste, aber nicht die einzige Idee dabei ist, die gesamte Verteilung in einer einzigen Zahl zusammenzufassen, als ein Maß der zentralen Tendenz. Selbstverständlich geht eine derartige Vereinfachung nahezu immer mit einem relativ starken Informationsverlust einher – das ist aber, um es zu wiederholen, die Grundidee. Es gilt dabei immer zu berücksichtigen, wie groß der Informationsverlust

---

[14] Mindestens erwähnt werden müssen abschließend sogenannte stem-and-leaf-Plots für metrische Variable (vgl. noch einmal Schnell 1994). Mit Hilfe dieses Verfahrens kann man rasch und sehr übersichtlich auch größere Datenmengen darstellen. Da stem-and-leaf-Plots in aller Regel optisch wenig ansprechend sind, finden sie bedauerlicher Weise kaum Verbreitung in den Sozialwissenschaften.

ist und damit implizit welchen Fehler man durch die Wahl eines bestimmten Maßes der zentralen Tendenz in Kauf nimmt oder nehmen will. Je nach Messniveau der jeweiligen Variable stehen hierbei sehr unterschiedliche Maßzahlen zur Verfügung. Wenn man z. B. die Verteilung der Konfessionszugehörigkeit und damit eine nominale Variable betrachtet, so kann man als Angabe mit dem höchsten Informationsgehalt den Modalwert bestimmen: die Merkmalsausprägung, die die relativ meisten Personen besitzen. In unserem Fall, den ALLBUS-Daten 2016, ist der Modalwert in der gesamten Bundesrepublik die Ausprägung „konfessionslos". Wenn man also ohne zusätzliche Informationen von einer zufällig bestimmten Person die Konfession erraten müsste, würde man mit dem Tipp „konfessionslos" die relativ besten Chancen haben, alle anderen Tipps machen ‚in the long run' mehr Fehler.

Die Einschätzungen darüber, wie informativ eine derartige Maßzahl nun ist, können verständlicher Weise weit auseinandergehen. Wirkliche Bedeutung kommt ihnen erst dann zu, wenn man interessierende Teilgruppen und deren Maße zentraler Tendenz miteinander vergleicht. Im vorliegenden Fall ergeben sich so etwa für Ost- und Westdeutschland unterschiedliche Modalwerte (vgl. Abb. 4.1): Während er im Osten bei „keiner Konfession" liegt, die Angabe von mehr als drei Viertel aller Befragten, bildet die Ausprägung „katholisch" im Westen – wenn auch knapp – den häufigsten Fall. Bei der Präsentation empirischer Ergebnisse ist es nahezu immer sinnvoll, verschiedene Maße – sowohl der zentralen Tendenz wie auch die im Folgenden vorzustellenden Maßzahlen zur Streuung und zur Form von Verteilungen – zu berechnen und die auch aus theoretischen Gründen interessanten und wichtigen Informationen danach vorzustellen.

Betrachtet man nun ordinal gemessene Variablen – wie beispielsweise die Geschlechtsrollenorientierungen – so kann man natürlich auch hier den Modalwert bestimmen – er liegt beim ersten Item bei der Ausprägung „stimme eher nicht zu" und bei den beiden anderen bei „stimme überhaupt nicht zu" (vgl. Tab. 4.1). Wenn man an dieser Stelle stehen bleibt, missachtet man aber, dass die Antwortmöglichkeiten ja eine gewisse Rangfolge beinhalten, hier eben eine ansteigende Zustimmung zu einem eher traditionellen Familienbild. Um diese Eigenschaft der Messung zu berücksichtigen, verwendet man den Median einer Verteilung. Der Median ist der Wert, der eine geordnete Verteilung in zwei gleichgroße Hälften unterteilt. Bei allen drei Items ist dies der Wert 2. Die kumulierte Verteilung überschreitet bei der Ausprägung „stimme eher nicht zu" die 50 %-Marke und somit stellt diese Ausprägung den Median dar. Selbstverständlich lassen sich auch andere Quantile bilden. Neben dem Median als 50 %-Quantil sind noch Quartile und Quintile gebräuchlich, jedoch können alle denkbaren Perzentile problemlos erzeugt werden.

Das sicherlich bekannteste Maß zentraler Tendenz stellt der arithmetische Mittelwert dar. Hierbei werden die metrisch gemessenen Merkmale aller Personen aufaddiert und durch deren Anzahl dividiert. Bei $n$ Personen bedeutet dies formal:

$$\overline{x} = \frac{1}{n} \cdot \sum_{i=1}^{n} x_i$$

Wenn man dieses arithmetische Mittel, häufig auch einfach als Mittelwert bezeichnet, beispielsweise für den oben diskutierten Index der Geschlechtsrollenorientierung berechnet, so liegt er für alle Befragten bei einer Skala von 1 bis 4 bei 1,83. Das arithmetische Mittel minimiert den als Summe der Abweichungsquadrate der einzelnen Messwerte von dieser Maßzahl definierten Fehler und stellt hinsichtlich dieser Definition ein optimales Maß dar.

## 4.5 Maßzahlen der Streuung: „Gleich und Gleich gesellt sich gern"?

Die Maße zentraler Tendenz können nun auf sehr unterschiedliche Art und Weise zustande kommen. So können etwa bei nominalen Variablen alle Gruppen nahezu gleich besetzt sein oder die überwiegende Mehrzahl der Beobachtungen weist die gleiche Ausprägung auf. Ähnlich können Einstellungsmittelwerte sowohl dadurch entstehen, dass sehr viele Befragte eine mittlere Ausprägung aufweisen oder es zwei nahezu gleichgroße Gruppen an den Extremwerten der Skala gibt. Um diese mögliche Variabilität zu erfassen, existieren etliche Streuungsmaße.

Die Mehrzahl der bekannten Streuungsmaße geht von einem metrischen Skalenniveau aus. Es existieren aber auch einige Maße, die für sogenannte qualitative, also nominale und ordinale Variablen einsetzbar sind. Die Grundidee ist dabei immer, dass die Maßzahlen den Wert 0 annehmen, wenn alle Personen die gleiche Ausprägung aufweisen, und die Maßzahl den Wert 1 erreicht oder sich ihm annähert, wenn die einzelnen Gruppen gleich groß sind. Hierzu liegen eine Reihe von Vorschlägen vor wie die Devianz (Kühnel und Krebs 2001, S. 96 ff.) oder einige Entropiemaße. Eine einfach nachrechenbare Größe ist der Index qualitativer Variation (IQV) (Gehring und Weins 2009, S. 130 f.). Wenn $p_k$ die relative Häufigkeit der $k$-ten von $m$ möglichen Klassen einer Verteilung darstellt, berechnet sich der Index nach der folgenden Gleichung:

$$\text{IQV} = \frac{1 - \sum\limits_{k=1}^{m} p_k^2}{\frac{1}{m} \cdot (m-1)}$$

Berechnet man nun getrennt für die oben dargestellte Verteilung der Konfessionszugehörigkeit in den alten und neuen Bundesländern (vgl. Abb. 4.1) den Index qualitativer Variation, so erhält man für den Osten einen Wert von 0,52 und für den Westen von 0,90. In den alten Bundesländern sind die einzelnen Konfessionen also gleichmäßiger besetzt während in den neuen Bundesländern die starke Besetzung der Kategorie „keiner Konfession zugehörig" für einen relativ geringen Index qualitativer Variation sorgt.

Wesentlich gebräuchlicher sind jedoch mit der Varianz $s^2$ beziehungsweise der Standardabweichung $s$ Variationsmaße für metrische Variablen. Für die Varianz wird für alle Personen die Summe der quadrierten Abweichungen ihrer Merkmalsausprägung $x_i$ auf der metrisch gemessenen Variablen vom Mittelwert gebildet und mit der Fallzahl $n$ gewichtet. Da die Metrik dieser Maßzahl keiner sinnfälligen Interpretation entspricht, wird häufig auch die Standardabweichung als Quadratwurzel der Varianz berechnet, die in ihrer Metrik wiederum der ursprünglichen Variablen entspricht. Formal bestimmt sich die Standardabweichung also wie folgt:

$$s^2 = \frac{1}{n} \cdot \sum_{i=1}^{n} (x_i - \overline{x})^2$$

Die Varianz ist dann einfach $s = \sqrt{s^2}$. Wenn man diese Werte für die oben vorgestellte Skala der Geschlechtsrollenorientierung wiederum getrennt für das Aufwachsen in der DDR beziehungsweise den neuen Bundesländern oder der alten Bundesrepublik berechnet, so kann man feststellen, dass die Werte in der alten Bundesrepublik eine deutlich größere Streuung aufweisen.

Eine weitere Möglichkeit, die Variation einer Variablen zu erfassen, besteht in der Nutzung der oben vorgestellten Perzentile. Hierbei wird der Abstand zwischen dem ersten Quartil, also dem 25 %-Quantil, und dem dritten Quartil bestimmt. Wie aus dieser Beschreibung deutlich wird, ist dieser sogenannte Interquartilsabstand nur für metrische Variablen sinnvoll, da ja nur dort der Abstand zweier Messpunkte interpretierbar ist.[15] Ab und an wird der Interquartilsabstand als Maß für ordinale Daten erwähnt, dies macht jedoch nur für Rangplätze Sinn.

---

[15] Neben den Maßen der zentralen Tendenz, die auch als erste Momente bezeichnet werden, und den Streuungsmaßen, die zweite Momente darstellen, finden sich auch Kennwerte,

Bedeutsamer ist der Interquartilsabstand für eine in den letzten Jahren mit gutem Recht immer beliebter werdende Darstellungsform von Verteilungen: den sogenannten Boxplot. Durch einen Boxplot ist es sehr rasch möglich, Informationen über die Mitte, Symmetrie, Streuung, Schiefe sowie Zahl und Lage von Extremwerten zu erhalten. Ein Boxplot definiert sich durch eine Box, deren unteres Ende durch das erste Quartil und deren oberes Ende durch das dritte Quartil festgelegt werden. Darüber hinaus markiert ein Strich innerhalb der Box den Median. Die Länge der Box entspricht somit dem Interquartilsabstand. Darüber hinaus werden in einem Boxplot noch die sogenannten ‚Whiskers' eingezeichnet: „Die oberen beziehungsweise unteren Begrenzungen der Whisker eines Boxplots geben die Lage der ‚inner fences' an" (Schnell 1994, S. 19). Die Whisker gehen bis zu den Minimal- beziehungsweise Maximalwerten, ihre Länge beträgt jedoch höchstens den 1,5-fachen Interquartilsabstand. Werte jenseits der Whisker werden einzeln angezeigt, wobei man zwischen Ausreißern, die höchstens um den dreifachen Interquartilsabstand außerhalb der Box liegen, und extremen Ausreißern oder Extremwerten unterscheidet.

Auch hier sind natürlich vor allem Unterschiede hinsichtlich möglicher erklärender Variablen bedeutsam. Aus diesem Grunde wird beispielsweise in Abb. 4.3 jeweils ein getrennter Boxplot für Personen, die in der DDR beziehungsweise den neuen Bundesländern aufgewachsen sind oder nicht, erstellt.

Schon auf den ersten Blick ist der Abb. 4.3 der deutliche Unterschied in der Verteilung zwischen Ost und West zu entnehmen: Zwar ist der Median bei beiden Gruppen gleich, bei den Personen mit einer Sozialisation in den alten Bundesländern ist die Streuung jedoch deutlich größer. Wer in seiner Jugend in der DDR oder den neuen Bundesländern aufgewachsen ist, vertritt wesentlich seltener stärkere traditionelle Geschlechtsrollen. Mit Hilfe von Boxplots lassen sich also sehr rasch Verteilungen erfassen.

## 4.6 Zusammenhangsmaße

Bereits bei diesen ersten deskriptiven Darstellungen, aber auch bei der einleitenden Diskussion zur Zielsetzung der empirischen Sozialforschung ist deutlich geworden, dass die reine Beschreibung nur ein erster, wenn auch notwendiger Schritt ist. Theoretisch wesentlich interessanter und spannender ist die Suche nach

---

die als dritte Momente die Schiefe (skewness) oder als vierte Momente die Steilheit (kurtosis) erfassen. Diese Ergebnisse lassen sich meist problemlos erzeugen, werden jedoch nur ausgesprochen selten wirklich interpretiert.

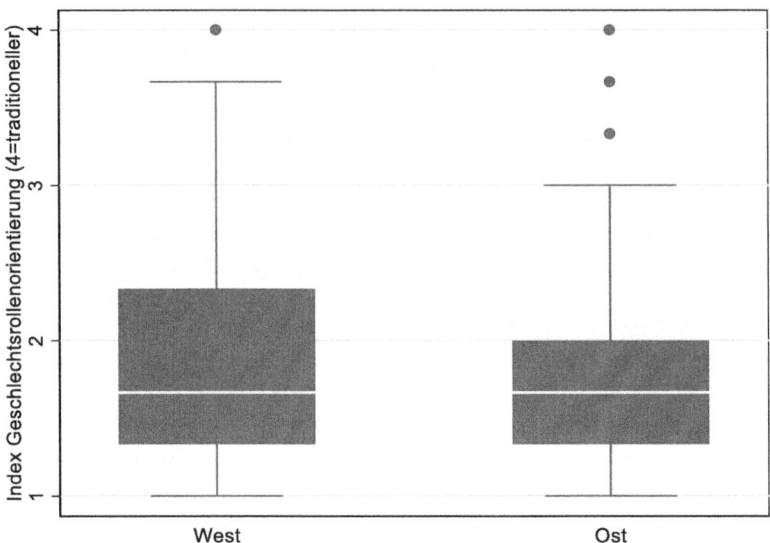

**Abb. 4.3** Geschlechtsrollenorientierung in Abhängigkeit vom Ort des Aufwachsens (Ost- versus West). (Quelle: ALLBUS 2016)

Zusammenhängen zwischen Variablen und damit – bei allen Einschränkungen und notwendigen Spezifizierungen – auch die Suche nach kausalen Einflussprozessen. Bevor man sich diesen Fragen zuwenden kann, muss untersucht werden, ob denn zwischen zwei Variablen überhaupt ein Zusammenhang besteht.[16] Selbst wenn man also beispielsweise Unterschiede zwischen den Geschlechtsrollenorientierungen je nach dem Aufwachsen in Ost- oder Westdeutschland beobachten kann, muss dies ja nicht unbedingt ein inhaltlich zu interpretierender Effekt sein, sondern kann auch auf zufällige Schwankungen zurückzuführen sein. In den folgenden Ausführungen sollen verschiedene Verfahren skizziert werden, die diese Frage – inhaltlicher Effekt oder zufällige Schwankung – beantworten und dann in einem zweiten Schritt möglichst auch noch eine Antwort auf die Frage geben,

---

[16] In Kap. 7 wird ausführlich diskutiert, dass in den Sozialwissenschaften durchaus häufig Situationen vorkommen können, in denen ein eigentlich vorhandener Zusammenhang zwischen zwei Variablen durch den Einfluss dritter Variablen verdeckt oder supprimiert wird. Im Moment wollen wir diese Möglichkeit für die weitere Diskussion erst einmal nicht berücksichtigen.

## 4.6 Zusammenhangsmaße

wie groß denn eigentlich der dann entdeckte Zusammenhang ist. Hinsichtlich dieser Maßzahlen ist es nützlich, sich vorab einige Kriterien zu überlegen, die diese Maße sinnvoller Weise erfüllen sollten, denn um Zusammenhänge auch vergleichen zu können, sollten die Maßzahlen einer einheitlichen Logik und Metrik folgen (vgl. hierzu immer noch Benninghaus 1982):

- Wenn es keinen Zusammenhang zwischen den beiden betrachteten Variablen gibt, sollte ein entsprechendes Maß den Wert 0 annehmen.
- Mit zunehmendem Zusammenhang sollte die Höhe der Maßzahl ansteigen.
- Bei einem perfekten Zusammenhang sollte das Maß den Wert 1 annehmen – ihn aber nicht übersteigen.

Wenn man die Richtung des Zusammenhangs unterscheiden kann, es sich also um ordinale oder metrische Variablen handelt, sollte der Schwankungsbereich der Maßzahl zwischen 1 bei einem perfekt positiven Zusammenhang und $-1$ bei einem perfekt negativen Zusammenhang liegen.

**Zusammenhänge zwischen nominalen Variablen** Betrachtet man nun zuerst die Zusammenhänge zwischen zwei nominalen Variablen, so kann man beispielsweise noch einmal die Verteilung der Konfessionszugehörigkeit und der Sozialisation in Ost- oder Westdeutschland analysieren. In Tab. 4.3 finden sich die bereits in Abb. 4.1 dargestellten Werte, nur werden hier erst einmal die absoluten Fallzahlen genannt.

Deutlich sind hier schon Unterschiede zu erkennen, wobei man sich aufgrund der Unterschiede schon nahezu sicher sein kann, dass die Differenzen nicht allein aufgrund zufälliger Prozesse zustande gekommen sind. Um diesen starken Eindruck jedoch auch statistisch abzusichern, muss man diese empirische Verteilung mit den Werten vergleichen, die man bei einer sogenannten Indifferenztabelle, bei der allein die Randverteilungen die Zellenbesetzungen bestimmen, vergleichen. Was versteht man aber nun genau unter einer Indifferenztabelle?

**Tab. 4.3** Konfessionszugehörigkeit und Sozialisation in West- oder Ostdeutschland (Fallzahlen). (Quelle: ALLBUS 2016)

|  | West | Ost | Gesamt |
|---|---|---|---|
| Protestantisch | 742 | 277 | 969 |
| Katholisch | 767 | 41 | 808 |
| Andere Konfession | 91 | 16 | 107 |
| Konfessionslos | 425 | 874 | 1299 |
| $n$ | 2025 | 1158 | 3183 |

In einer derartigen Tabelle würde man beispielsweise erwarten, dass der Anteil der Personen mit katholischer Konfession sowohl mit einer west- wie mit einer ostdeutschen Sozialisation 30,4 % – das sind eben 969 geteilt durch 3.183 – beträgt. Ebenso beträgt der Anteil von Personen, die in der DDR oder in den neuen Bundesländern aufgewachsen sind, in allen Konfessionen 36,4 %. Die Tab. 4.4 enthält die entsprechenden Erwartungswerte.

Die Differenz zwischen dieser bei Unabhängigkeit erwarteten Verteilung und der realen empirischen Verteilung kann man nun in einer Maßzahl zusammenfassen, die als $\chi^2$ – gesprochen Chi-Quadrat – bezeichnet wird. Wenn man mit $f_{bij}$ die beobachtete Besetzung der $ij$-Zelle in einer $r \cdot c$-großen Kontingenztabelle bezeichnet und mit $f_{eij}$ die bei Unabhängigkeit erwarteten Werte, bestimmt sich $\chi^2$ wie folgt:

$$\chi^2 = \sum_{\substack{i=1 \\ j=1}}^{\substack{i=r \\ j=c}} \frac{(f_{bij} - f_{eij})^2}{f_{eij}}$$

Es werden also jeweils die quadrierten Abweichungen der beobachteten und der erwarteten Zellenbesetzung gebildet, mit dem erwarteten Wert gewichtet – da die gleichen Abweichungen bei kleineren Zellenbesetzungen sicherlich gravierender sind – und schließlich aufsummiert. Da nahezu immer Abweichungen zwischen den beobachteten und den erwarteten Werten entstehen, und sei es, weil häufig die Erwartungswerte eine Kommastelle aufweisen, muss nun geprüft werden, ob diese Abweichung eben allein aufgrund zufälliger Prozesse oder aufgrund inhaltlicher Zusammenhänge zwischen den beiden Variablen entstehen. Hierzu wird der empirische $\chi^2$-Wert mit einer entsprechenden Wahrscheinlichkeitsdichteverteilung verglichen. Dabei wird ein Test der Nullhypothese, es gibt keinen Zusammenhang,

**Tab. 4.4** Konfessionszugehörigkeit und Sozialisation in West- oder Ostdeutschland (Fallzahlen). (Quelle: ALLBUS 2016)

|  | West | Ost | Gesamt |
|---|---|---|---|
| Protestantisch | 616,5 | 352,5 | 969 |
| Katholisch | 514,0 | 294 | 808 |
| Andere Konfession | 68,1 | 38,9 | 107 |
| Konfessionslos | 826,4 | 472,6 | 1.299 |
| $n$ | 2.025 | 1.158 | 3.183 |

## 4.6 Zusammenhangsmaße

verwendet (vgl. für die Logik dieser Tests generell das Kap. 5). Man betrachtet sich also die Wahrscheinlichkeit, dass ein entsprechender $\chi^2$-Wert auftritt, wenn es keinen Zusammenhang zwischen den Daten gibt. Ist diese Wahrscheinlichkeit kleiner als ein vorab festgelegtes Niveau, meist 5, 1 oder 0,1 %, wird die Nullhypothese verworfen. In unserem Fall beträgt der empirische $\chi^2$-Wert 969,6.

Die Wahrscheinlichkeitsdichtefunktionen unterscheiden sich in ihrem Verlauf für die Zahl der Freiheitsgrade, die sich als $(c-1) \cdot (r-1)$ in einer $c \cdot r$-großen Tabelle bestimmen lassen. Bei einer 4 · 2-Tabelle liegen also drei Freiheitsgrade vor. Bei drei Freiheitsgraden ist aber in einer Zufallstabelle die Wahrscheinlichkeit einen $\chi^2$-Wert von 969,6 zu erhalten weit unter 0,01 %. Aus diesem Grunde gehen wir also davon aus, dass – wie ja schon aus der Verteilung ersichtlich – die Verteilung zwischen den einzelnen Konfessionen und den in Ost- beziehungsweise Westdeutschland aufgewachsenen Personen statistisch signifikant zusammenhängt.[17]

Nun wissen wir zwar, dass es einen Zusammenhang zwischen den beiden hier betrachteten Variablen gibt, wir wissen jedoch noch nicht wie groß dieser Zusammenhang ist. $\chi^2$-Werte und deren entsprechende Interpretation sind sinnvoller Weise durch die Fallzahl mitbestimmt. Bei relativ großen Stichproben werden auch kleine Unterschiede signifikant – das bedeutet jedoch noch nicht, dass sie inhaltlich auch immer besonders wichtig sind. Aus diesem Grund wurde bereits zu Beginn dieses Abschnittes als zweiter Arbeitsschritt vorgegeben, entsprechende Maßzahlen zu betrachten, die die Stärke des Zusammenhangs erfassen und dabei bei nominalen Variablen zwischen 0 und 1 beziehungsweise bei ordinalen oder metrischen Variablen zwischen $-1$ und 1 schwanken. Aus der Fülle möglicher Kennziffern sei hier nur Cramers V angeführt (für weitere Maßzahlen und ihre jeweiligen Vor- und vor allem Nachteile vgl. Benninghaus 1982). Cramers V ist dabei wie folgt definiert:

$$V = \sqrt{\frac{\chi^2}{n \cdot \min[(r-1); (c-1)]}}$$

Wenn $r$ die Zahl der Reihen einer Kreuztabelle und $c$ die Zahl der Spalten ist, wird also der $\chi^2$-Wert durch die Zahl der Fälle, multipliziert mit dem kleineren Wert von $(r-1)$ und $(c-1)$, geteilt und die Wurzel aus diesem Quotienten gebildet. In unserem Falle bestimmt sich Cramers V also wie folgt:

---

[17] Generell muss auch in an dieser Stelle vor einem theoriefreien Zugang zur Datenanalyse gewarnt werden. Wenn man ganz im Sinne eines kruden Empirismus die Daten einfach nach signifikanten Zusammenhängen untersucht, muss man sich über die Tatsache klar sein, dass auch schon in reinen Zufallsdaten 5 von 100 Tests einen signifikanten Zusammenhang anzeigen – das ist die Logik dieser Tests.

$$V = \sqrt{\frac{696{,}6}{3183 \cdot 1}} = 0{,}55$$

Da Cramers $V$ nur zwischen 0 und 1 schwanken kann, ist der Zusammenhang zwischen der Konfessionszugehörigkeit und dem Befragungsort in Ost- oder Westdeutschland relativ stark.[18]

Einer anderen Logik folgt das Maß λ – gesprochen Lambda. Es folgt der sogenannten PRE-Logik, wobei PRE für „proportional reduction in error" steht. Alle PRE-Maße setzen implizit eine Unterscheidung in eine unabhängige und kausal vorgeschaltete und eine abhängige, beeinflusste Variable voraus. PRE-Maße untersuchen dann, inwieweit sich eine erste Schätzung der abhängigen Variablen dadurch verbessern lässt, indem man die Ausprägungen der unabhängigen Variablen bei der Vorhersage verwendet. In einem ersten Schritt wird also beispielsweise die Verteilung der Religionszugehörigkeit in Deutschland betrachtet ohne dass man berücksichtigt, ob eine Person in Ost- oder Westdeutschland groß geworden ist.

Wenn man nun schätzen müsste, welcher Konfession eine bestimmte Person angehört, wäre es die beste Strategie auf den Modalwert der abhängigen Variablen zu tippen – hier also auf die Merkmalsausprägung „konfessionslos". In 40,8 % aller Fälle würde man dadurch eine richtige Vorhersage treffen – allerdings in 59,2 % oder bei 1.884 Fällen eben auch einen Fehler machen, den Fehler erster Art E1. Inwieweit lässt sich dieser Fehler verringern, wenn man die Ausprägung der Variablen Ost-West kennt und bei seiner Vorhersage berücksichtigt? Hierfür muss noch einmal die Tab. 4.4 betrachtet werden.

Wenn man hier wieder der gleichen Logik folgt, würde man nun für den Westen die Prognose „katholisch" annehmen, für den Osten jedoch bei der Ausprägung „konfessionslos" bleiben. Selbstverständlich macht man auch hier Fehler – und zwar bei allen Angehörigen anderer Religionsgemeinschaften und Konfessionslosen im Westen sowie denen des katholischen Glaubens, Protestanten und Protestantinnen und Angehörigen anderer Religionsgemeinschaften im Osten. Insgesamt handelt es sich hierbei um 1.542 Personen. Dies wird als Fehler zweiter Art oder E2 bezeichnet. λ berechnet sich nun als (E1 − E2)/E1, also als (1.884 − 1.542)/1.884 und beträgt somit 0,18. 18 % der Fehler bei der Vorhersage der Konfessionszugehörigkeit lassen

---

[18] Ab und an finden sich in Lehrbüchern Einteilungen, wann einzelne statistische Kenngrößen als gering beziehungsweise schwach, mittel oder stark gelten können. Da sozialwissenschaftliche Modelle in aller Regel ohnehin immer eine Fülle an Erklärungsfaktoren außer Acht lassen und meist sogar außer Acht lassen müssen, soll dieser Tradition nicht gefolgt werden, da diese Einteilungen immer willkürlich sein müssen. Selbstverständlich muss man sich jedoch darüber Gedanken machen, inwieweit die Aussagen überhaupt inhaltliche Relevanz aufweisen.

## 4.6 Zusammenhangsmaße

sich also vermeiden, wenn man darüber informiert ist, ob die Person in Ost- oder Westdeutschland aufgewachsen ist.

**Zusammenhänge zwischen ordinalen Variablen** Ein wichtiges Ziel sozialwissenschaftlicher Untersuchungen ist es, die verschiedensten theoretisch interessierenden Konstrukte und Variablen möglichst gut und das bedeutet möglichst informationsreich zu erheben. Das bedeutet, man ist in der Regel bemüht, ein möglichst hohes Skalenniveau der Messung zu erzielen. Bei der Datenanalyse können diese zusätzlichen Informationen dann genutzt werden. Wenn es beispielsweise gelingt, eben nicht nur die Gleichheit oder Ungleichheit hinsichtlich einer bestimmten Variablen zu erfassen und somit nominal zu messen, sondern mindestens eine bestimmte Rangfolge der Antworten zu erheben, sollten diese Informationen bei der Datenanalyse Berücksichtigung finden. In der empirischen Sozialforschung liegen sehr häufig für einzelne Items nur ordinal erhobene Informationen vor – wir haben dies oben im Rahmen der Items zur Geschlechtsrollenorientierung diskutiert.

Auch wenn sich hinsichtlich der Analyse des Zusammenhangs zwischen ordinalen Variablen selbstverständlich auch die gerade genannten Maßzahlen bestimmen lassen, würde dadurch auf die zusätzlichen Informationen ja verzichtet werden. In diesem Abschnitt sollen einige wenige Kenngrößen vorgestellt werden, die dieser Tatsache der geordneten Antworten gerecht werden. Die Darstellung zweier ordinalen Variablen erfolgt in aller Regel wiederum durch eine Kontingenztabelle. In Tab. 4.5 findet sich beispielsweise die Verteilung der Befragten hinsichtlich der ersten beiden oben vorgestellten Items, die wir mit „Karriere" beziehungsweise „Arbeitsteilung" bezeichnet haben. Um die Darstellung zu erleichtern, wurden im Kopf der Tabelle die ablehnenden Kategorien mit – – beziehungsweise – und die positiven Kategorien mit + und ++ abgekürzt.

Die grundlegende Logik aller Maßzahlen für ordinale Zusammenhänge beruht dabei auf dem Vergleich aller möglichen Paare, die sich aus den 1.730 befragten

**Tab. 4.5** Zusammenhang zweier ordinaler Variablen. (Quelle: ALLBUS 2016)

| | Mann im Berufsleben, Frau Haushalt und Kindern | | | |
|---|---|---|---|---|
| Frau soll Mann bei Karriere helfen | – – | – | + | ++ |
| Stimme überhaupt nicht zu | 442 | 168 | 44 | 15 |
| Stimme eher nicht zu | 235 | 356 | 136 | 41 |
| Stimme eher zu | 32 | 73 | 59 | 36 |
| Stimme voll und ganz zu | 18 | 28 | 19 | 28 |

Personen bilden lassen. Insgesamt müssen dabei knapp 1,5 Mio. dieser ungeordneten Paare – genau 1.495.585 Paare – betrachtet werden. Bei jedem dieser Paare lässt sich eines der fünf folgenden Ergebnisse beobachten:

- Die Person $A$ stimmt dem ersten Item mehr zu als die Person $B$ und das gleiche gilt für das zweite Item. Die Personen $A$ und $B$ bilden dann ein konkordantes Paar. Umgekehrt gilt dann, dass die Person $B$ bei beiden Items eine ablehnendere Einstellung hat als die Person $A$. Die Zahl dieser Paare kann mit $C$ bezeichnet werden.
- Die Person $A$ kann das erste Item wiederum positiver bewerten als die Person $B$, die jedoch das zweite Item positiver einschätzt als die Person $A$. Dann handelt es sich um ein diskordantes Paar, die Zahl dieser Paare wird mit $D$ bezeichnet.
- Zudem ist es möglich, dass die beiden Personen bei der Einschätzung des ersten Items einig sind, jedoch hinsichtlich des zweiten Items eine unterschiedliche Meinung vertreten. Dann handelt es sich um ein im Item 1 gebundenes Paar, ein sogenanntes Tie. Deren Anzahl sei $T_{\text{Item1}}$.
- Eine äquivalente Konstellation liegt vor, wenn sich die beiden Personen $A$ und $B$ hinsichtlich des zweiten Items einig sind, aber beim ersten Item eine unterschiedliche Meinung vertreten. $T_{\text{Item2}}$ sei die Anzahl dieser Paare.
- Schließlich ist es noch möglich, dass die beiden Personen beide Items gleich einschätzen. Die Anzahl dieser Paare sei dann schließlich $T_{\text{Item1;Item2}}$.

Es lassen sich nun eine Fülle von Maßzahlen bestimmen, die letztlich alle die Differenz der konkordanten zu den diskordanten Paaren – also den ersten beiden vorgestellten Konstellationen – betrachten. Die Unterschiede der verschiedenen Kenngrößen liegen dann darin, in welchem Verhältnis man diese Differenz betrachtet. Die einfachste Maßzahl ist dabei Goodmans und Kruskals $\gamma$, sprich Gamma, das sich wie folgt bestimmt:

$$\gamma = \frac{C - D}{C + D}$$

Wenn nur konkordante Paare beobachtet werden, nimmt $\gamma$ den Wert 1 an, gibt es nur diskordante Paare den Wert − 1. In unserem Beispiel beträgt der entsprechende Wert 0,56 – die beiden Einstellungen hängen also relativ hoch miteinander zusammen. Nun lassen sich Kontingenztabellen bestimmen, bei denen etwa $\gamma$ einen hohen Wert annimmt, obwohl man das Gefühl hat, dass letztlich kein Zusammenhang zwischen den Variablen besteht, etwa da sich nahezu alle Personen hinsichtlich eines Items einig sind und nur sehr wenige Paare als konkordant bewertet werden.

## 4.6 Zusammenhangsmaße

Aus diesem Grunde wurden einige weitere Maßzahlen entwickelt, die sich durch Verfeinerungen im Nenner auszeichnen. So bestimmt sich beispielsweise Kendalls $\tau_b$ – gesprochen tau $b$ – wie folgt:

$$\tau_b = \frac{C - D}{\sqrt{(C + D + T_{\text{Item1}}) \cdot (C + D + T_{\text{Item2}})}}$$

In der Praxis wird am häufigsten $\gamma$ berichtet, da es immer den höchsten Wert aller Zusammenhangsmaße für ordinale Variablen ergibt. Wichtig sind diese Kenngrößen vor allem deshalb, da hier mit der Logik des Paarvergleichs diese zusätzliche Information ordinal gemessener Variablen berücksichtigt werden kann. Ein Bezug beispielsweise hinsichtlich des Abstands zum Median ist nicht sinnvoll, da bei ordinalen Messungen ja genau diese Abstände nicht interpretierbar sind. Trotz des Charmes dieser unterschiedlichen Maßzahlen für ordinale Variablen, muss man am Ende dieses Abschnittes eingestehen, dass alle hier besprochenen und ohnehin relativ selektiv vorgestellten Maßzahlen ihre Nachteile haben und in der Praxis nur selten zum Einsatz kommen. Häufiger findet sich der sogenannte Rangkorrelationskoeffizient nach Spearman. Hier werden die Personen hinsichtlich ihrer Reihung auf zwei Variablen gelistet. Wenn $d_i$ nun die Differenz dieser Rangplätze hinsichtlich der Einschätzung der Person $i$ für die beiden Items ist, bestimmt sich der Rangkorrelationskoeffizient wie folgt:

$$r_s = 1 - \frac{6 \cdot \sum_{i=1}^{n} d_i^2}{n \cdot (n^2 - 1)}$$

**Zusammenhänge zwischen nominalen und metrischen Variablen** Vielen theoretisch interessierenden Größen wird jedoch ein metrisches Messniveau zugeschrieben. Das heißt, die Unterschiede zwischen zwei Messungen lassen sich sinnvoll interpretieren. Oben wurde beispielsweise eine Skala der Geschlechtsrollenorientierung vorgestellt. Bei metrischen Messungen kann man dann etwa als Maß der zentralen Tendenz das arithmetische Mittel bestimmen. Eine interessierende Fragestellung ist dann beispielsweise, ob sich die durchschnittlichen Einstellungen zwischen Ost- und Westdeutschland unterscheidet. Als grafische Darstellungsform können gruppierte Boxplots verwendet werden (vgl. Abb. 4.3).

Auch wenn der Unterschied bei dieser Fragestellung relativ deutlich ist, so müssen nun doch zwei Fragestellungen differenziert werden: Ist erstens der Mittelwertunterschied zwischen Ost- und Westdeutschland inhaltlich bedeutsam oder kann er vielleicht auf zufällige Schwankungen zurückgeführt werden? Und wenn ein inhaltlich zu interpretierender Effekt vorliegt: Wie groß ist dann zweitens der Zusammenhang zwischen der Geschlechtsrollenorientierung und dem Aufwachsen in Ost oder West?

Um die erste Fragestellung zu beantworten, werden in der Regel sogenannte $t$-Tests berechnet. Hierzu wird der Unterschied der Gruppenmittelwerte mit ihrem Standardfehler gewichtet.

$$t = \frac{\overline{x}_{\text{Gruppe 1}} - \overline{x}_{\text{Gruppe 2}}}{\text{Standardfehler}_{\overline{x}_{\text{Gruppe 1}} - \overline{x}_{\text{Gruppe 2}}}}$$

Der Standardfehler bestimmt sich dabei aus der Standardabweichung des Index und der jeweiligen Größe der beiden Gruppen.[19] Die Testgröße folgt der sogenannten $t$-Verteilung. Als Daumenregel lässt sich festhalten, dass ab einem Wert von circa 2 davon ausgegangen werden kann, dass sich die Gruppen unterscheiden. Auch hier geben die Analyseprogramme in aller Regel die genauen Ergebnisse an.

Wesentlich spannender ist jedoch die Frage, ob man diesen Zusammenhang wiederum in einer einzigen Maßzahl zusammenfassen kann. Auch hierfür kann man wiederum die schon oben ausführlich diskutierte PRE-Logik heranziehen. Es wird dabei also untersucht, inwieweit das Wissen über die Ausprägung der unabhängigen Variablen, also die Frage, ob die Personen ihre Jugend in Ost- oder Westdeutschland verbracht haben, zu einer Verbesserung der Einschätzung der Geschlechtsrollenorientierung führt. Als Fehler wird die quadrierte Abweichung des vorhergesagten vom wirklichen Wert einer Person verstanden. Es gilt also:

$$\text{Fehler}_{\text{Person}_i} = (\hat{y}_i - y_i)^2$$

In einem zweiten Schritt muss bestimmt werden, welches Verfahren man für die Vorhersage der jeweiligen Merkmalsausprägung verwendet. Es kann gezeigt werden, dass unter der oben genannten Fehlerdefinition der Mittelwert die besten Prognosen ergibt. Welchen Fehler begeht man nun, wenn man für alle Befragten, also unabhängig vom Ort ihrer Sozialisation, den Mittelwert des Index vermutet?

$$\text{Fehler}_{1.\text{Art}} = \sum_{i=1}^{n} (y_i - \overline{y})^2$$

---

[19] Im Detail muss noch überprüft werden, ob man für beide Gruppen wirklich annehmen kann, dass die Varianz und damit die Standardabweichung, die zur Berechnung des Standardfehlers notwendig ist, als identisch angenommen werden kann. Hierfür existieren ebenfalls statistische Tests.

## 4.6 Zusammenhangsmaße

Inwieweit verbessert sich nun die Vorhersage, wenn man darüber informiert ist, ob eine befragte Person in Ost- oder Westdeutschland sozialisiert wurde? Nun: Hierfür betrachtet man den Fehler, den man immer noch macht, wenn man nun anstelle des Mittelwerts aller Befragter den jeweiligen Mittelwert für die beiden Gruppen als Vorhersagewert verwendet.

$$\text{Fehler}_{2.\text{Art}} = \sum_{k=1}^{2} \sum_{i=1}^{n_k} (y_i - \overline{y}_k)^2$$

Der Fehler einer Person bestimmt sich jetzt als die quadrierte Abweichung seines Wertes vom jeweiligen Gruppenmittelwert. Es lässt sich nun zeigen, dass sich die Differenz zwischen dem Fehler erster Art und dem Fehler zweiter Art als Erklärungsleistung der Gruppenunterscheidung verstehen lässt und das dem zu Folge gilt:

$$\sum_{i=1}^{n} (y_i - \overline{y})^2 - \sum_{k=1}^{2} \sum_{i=1}^{n_k} (y_i - \overline{y}_k)^2 = \sum_{k=1}^{2} \sum_{i=1}^{n_k} (\overline{y} - \overline{y}_k)^2$$

Im Falle des obigen Beispiels ergibt sich ja nur ein relativ kleiner Unterschied zwischen den beiden Gruppen und die Binnenvarianz überwiegt die Gruppenunterschiede bei Weitem. Bildet man nun die Relation der vermiedenen Fehler, der Verbesserung der Vorhersage, zu den ursprünglich begangenen Fehlern ergibt sich die Größe $\eta^2$ – sprich eta-Quadrat. In unserem Falle beträgt $\eta^2$ gerade einmal 0,009, nicht einmal ein Prozent der Fehler können vermieden werden.

**Zusammenhänge zwischen metrischen Variablen** Zum Abschluss dieses Kapitels soll schließlich auf den Zusammenhang zwischen zwei metrisch gemessenen Variablen eingegangen werden. Da nun als Maß der zentralen Tendenz auf das arithmetische Mittel zurückgegriffen werden kann, muss man nicht wie noch bei den Zusammenhangsmaßen für ordinale Variablen alle möglichen Paarvergleiche durchführen, sondern man kann die Abweichungen der Ausprägungen der beiden interessierenden Variablen bei einer Person vom jeweiligen Mittelwert betrachten. So sei im Folgenden der Zusammenhang zwischen dem nun gut bekannten Index zur Geschlechtsrollenorientierung und dem Alter der befragten Personen betrachtet. Wir werfen einen Blick auf die Position der einzelnen Fälle im Verhältnis zu den Mittelwerten. Hier ergeben sich vier Fälle, die anhand von Abb. 4.4 nachvollzogen werden können. Das Streudiagramm ist anhand der arithmetischen Mittelwerte der beiden Variablen in vier Quadranten eingeteilt:

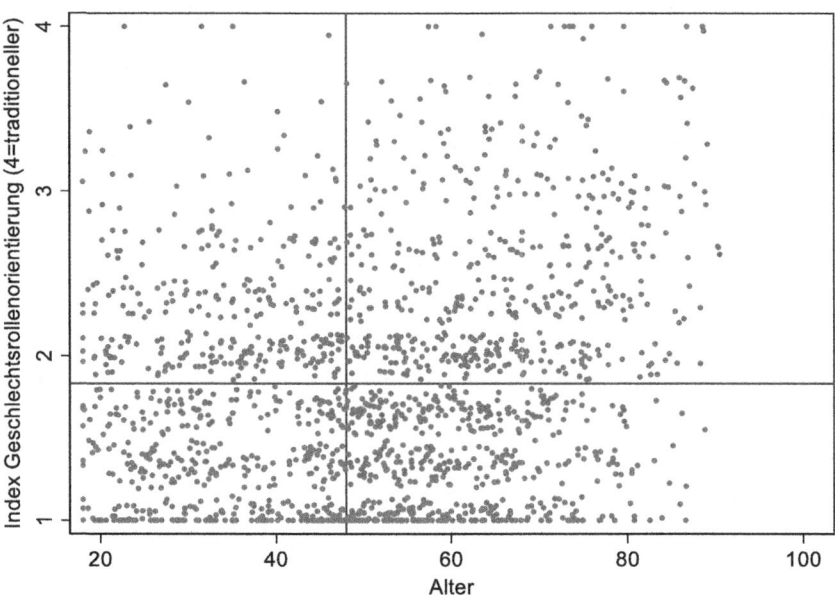

**Abb. 4.4** Streudiagramm zwischen Geschlechtsrollenorientierung und Alter. (Quelle: ALLBUS 2016)

- Ist eine Person jünger als der Durchschnitt, weist sie auch eine liberalere Geschlechtsrollenorientierung auf. Im Streudiagramm befindet sie unteren linken Quadranten.
- Eine Person ist älter als der Durchschnitt und weist auch eine überdurchschnittlich traditionelle Geschlechtsrollenorientierung auf. Sie befindet sich also im oberen rechten Quadranten.
- Eine Person ist unterdurchschnittlich alt, aber überdurchschnittlich traditionell (Quadrant oben links).
- Und schließlich kann eine Person überdurchschnittlich alt, aber unterdurchschnittlich traditionell sein (Quadrant unten rechts).

In den beiden ersten Fällen handelt es sich um eine konkordante oder gleichsinnige Abweichung, in den beiden letzten Fällen um eine gegensinnige Abweichung einer Person von den jeweiligen Mittelwerten. Im Streudiagramm lässt sich bereits erahnen, dass in den Quadranten unten links und oben rechts mehr Fälle liegen als oben links und unten rechts. Dies spricht für eine positive Beziehung zwischen

## 4.6 Zusammenhangsmaße

den beiden Variablen: Je älter, desto traditioneller. Da ein metrisches Skalenniveau vorhanden ist, kann man die gleich- oder gegensinnigen Abweichungen miteinander verrechnen und einfach aufsummieren. Wenn man diese Größe mit dem Stichprobenumfang relativiert, erhält man die Kovarianz zweier Variablen:

$$\text{Kovarianz}_{x,y} = \frac{1}{n} \cdot \sum_{i=1}^{n} (x_i - \overline{x}) \cdot (y_i - \overline{y})$$

Da diese Größe abhängig von der genauen Messung und der Metrik der einzelnen Variablen ist, wird sie mit der Wurzel des Produkts der Varianzen, also deren geometrischem Mittel, gewichtet. Die sich nun ergebende Größe wird als Korrelationskoeffizient, oder genauer: als Pearsonscher Produkt-Moment-Korrelationskoeffizient, bezeichnet.

$$r_{x,y} = \frac{\frac{1}{n} \cdot \sum_{i=1}^{n} (x_i - \overline{x}) \cdot (y_i - \overline{y})}{\sqrt{(\frac{1}{n} \cdot \sum_{i=1}^{n} (x_i - \overline{x})^2) \cdot (\frac{1}{n} \cdot \sum_{i=1}^{n} (y_i - \overline{y})^2)}}$$

So dramatisch diese Formel auch immer aussehen mag, letztlich erfasst sie einfach die gleich- und gegensinnige Abweichungen vom jeweiligen Mittelwert. Durch die entsprechenden Standardisierungen, hier also den Nenner der Formel, erzielt man jedoch eine Reihe sehr wünschenswerter Eigenschaften.

- Korrelationen sind symmetrisch.
- Korrelationen liegen zwischen −1 und 1.
- Positive Werte weisen auf einen positiven Zusammenhang hin. Es liegt also eine ‚je mehr, desto mehr'-Beziehung vor.
- Negative Werte weisen auf einen negativen Zusammenhang und damit eine ‚je mehr, desto weniger'-Beziehung.

Im Beispiel korrelieren das Lebensalter und der Index zur Geschlechtsrollenorientierung mit 0,19.[20] Fast schon selbstverständlich erscheint es, dass sich auch für

---

[20] In vertiefenden Analysen mit längeren Zeitreihen müsste nun überprüft werden, ob sich dieser Zusammenhang in einen Alterseffekt – Befragte sind traditioneller, weil sie im Lebensverlauf weiter vorangeschritten sind – und in einen Kohorteneffekt – Befragte sind traditioneller, weil sie in bestimmten zeitlichen Kontexten sozialisiert wurden – ausdifferenzieren lässt (siehe z. B. Lois 2020).

den Korrelationskoeffizienten bestimmen lässt, ob er aufgrund zufälliger Prozesse zustande gekommen ist.

## 4.7 Nachbemerkung

In diesem Kapitel wurden die ersten Schritte der Datenanalyse behandelt. Dabei wurde zuerst auf den in der Praxis sicherlich umfangreichsten, in der Literatur aber meist vernachlässigten, Bereich der Datenaufbereitung eingegangen. In diesem Feld wird bereits eine Fülle an Entscheidungen getroffen, die die weitere Analyse – meist unbewusst und in aller Regel so gut wie nie in Publikationen nachvollziehbar – beeinflussen. Um gerade in diesem Bereich für Klarheit und Reproduzierbarkeit zu sorgen, ist der Einsatz von Syntaxfiles und damit die Dokumentation des eigenen Vorgehens, aber auch der offene Umgang mit diesen Files unabdingbar.

In einem zweiten Schritt wurde auf die Beschreibung der zu analysierenden Daten eingegangen: Häufig ist bei diesen Analysen, vor allem aber bei deren Darstellung, weniger mehr. Man sollte sich genau darüber im Klaren sein, was man eigentlich aussagen will – die heute zur Verfügung stehenden technischen Möglichkeiten erzeugen dabei wohl eher zu viele, denn zu wenige Optionen und häufig sind etwa Grafiken deshalb eher verwirrend als erhellend und haben damit ihre Aufgabe verfehlt.

Im Mittelpunkt dieses Kapitels stand jedoch die Analyse von Zusammenhängen zwischen Variablen. Je nachdem, welches Skalenniveau die betrachteten Variablen besitzen, ergeben sich verschiedene Möglichkeiten. Die wichtigsten Zusammenhangsmaße sind noch einmal zusammengefasst (Tab. 4.6):

Nahezu durchgängig kann man dabei zwei Fragestellungen unterscheiden: Entstehen erstens bestimmte Kenngrößen allein aufgrund zufälliger Schwankungen oder können bestimmte inhaltliche Prozesse unterstellt werden? Wie stark ist

**Tab. 4.6** Messniveau und Zusammenhangsmaße. (Eigene Darstellung)

| Unabhängige Variable | Abhängige Variable | | |
|---|---|---|---|
| | Nominal | Ordinal | Metrisch |
| Nominal | $\chi^2$; $\lambda$; Cramers $V$ | | $\eta^2$ |
| Ordinal | | $\tau_b$; $\gamma$; $r_s$ | |
| Metrisch | | | $r$ |

zweitens der Zusammenhang zwischen den beiden betrachteten Variablen, wobei die Zusammenhangsmaße bei nominalen Variablen möglichst zwischen 0 und 1 und bei ordinalen und metrischen Variablen zwischen $-1$ und 1 schwanken sollten.

## Literatur

Benninghaus, Hans. 1982. *Deskriptive Statistik. Studienskripten zur Soziologie 22*. Stuttgart: Teubner. doi: https://doi.org/10.1007/978-3-322-93052-1.

Brecht, Bertolt. 1977. *Gesammelte Werke 10. Gedichte 3*. Werkausgabe edition suhrkamp. Frankfurt a. M.: Suhrkamp.

Freeman, Jenny V., Stephen J. Walter, und Michael J. Campbell. 2008. *How to display data*. Malden: Blackwell.

Gehring, Uwe W., und Cornelia Weins. 2009. *Grundkurs Statistik für Politologen und Soziologen*. Wiesbaden: VS Verlag. https://doi.org/10.1007/978-3-531-91879-2.

Hahn, Alois, Johannes Kopp, und Nico Richter. 2019. „Zwei Freunde und doch so verschieden". Vorstellungen von Partnerschaft, Ehe und Familie in einer Beziehung: Ein Vergleich der Perspektive von Frauen und Männern. In *Erklärende Soziologie und soziale Praxis*, Hrsg. von Daniel Baron, Oliver Arránz Becker, und Daniel Lois, 215–250. Wiesbaden: Springer VS. doi: https://doi.org/10.1007/978-3-658-23759-2_10.

Konrath, Sara, Brian P. Meier, und Brad J. Bushman. 2014. Development and validation of the Single Item Narcissism Scale (SINS). *PLoS ONE* 9:1–15. https://doi.org/10.1371/journal.pone.0103469.

Kühnel, Steffen-M., und Dagmar Krebs. 2001. *Statistik für die Sozialwissenschaften. Grundlagen, Methoden, Anwendungen*. Reinbek: Rowohlt. doi: https://doi.org/10.1007/s11615-003-0126-9.

Lois, Daniel. 2020. Gender role attitudes in Germany, 1982–2016: An age-period-cohort (APC) analysis. *Comparative Population Studies* 45:35–64. https://doi.org/10.12765/CPoS-2020-02.

Munsch, Christin L. 2015. Her support, his support: Money, masculinity, and marital infidelity. *American Sociological Review* 80:469–495. https://doi.org/10.1177/0003122415579989.

Munsch, Christin L. 2018. Correction: Her support, his support: Money, masculinity, and marital infidelity. *American Sociological Review* 83:833–838. https://doi.org/10.1177/0003122418780369.

Schnell, Rainer. 1994. *Graphisch gestützte Datenanalyse*. München: Oldenbourg. https://doi.org/10.1515/9783486787320.

# Signifikanztest 5

Die Logik des Signifikanztests ist nicht unbedingt leicht nachzuvollziehen. Wer das Prinzip aber einmal verstanden hat, kann diese Logik auf eine ganze Reihe verschiedener inferenzstatistischer Tests anwenden – es lohnt sich also, sich mit dem Thema der Signifikanzprüfung etwas intensiver zu befassen.

Ziel eines Signifikanztests ist es, zu untersuchen, ob zwischen zwei (oder mehr) Variablen ein Zusammenhang besteht oder nicht. Hängt es beispielsweise vom Alter einer Person ab, ob sie traditionellen Geschlechtsrollen eher ablehnend oder eher zustimmend gegenübersteht? Anders formuliert: Stehen die beiden Variablen ‚Alter' und ‚traditionelle Geschlechtsrollenorientierung' in einem statistisch signifikanten Zusammenhang?[1] Wir werden die Logik des Signifikanztests gleich zu Beginn erläutern und das auf eine relativ abstrakte Weise. Später werden wir den Signifikanztest aber auch noch anhand von Beispielen veranschaulichen.

Die Logik der Signifikanzprüfung lässt sich nun zunächst wie folgt beschreiben: Wir stellen uns eine Welt vor, in der keinerlei Zusammenhänge zwischen Variablen existieren. Beispielsweise spielt die Herkunft für die Bildung genauso wenig eine Rolle wie die Leistungsbereitschaft für den Karriereerfolg. Für die Gesundheit ist es irrelevant, wie wir uns ernähren und die allgemeine Lebenszufriedenheit ist unabhängig von der Qualität unserer sozialen Beziehungen. In dieser Welt wäre auch die traditionelle Geschlechtsrollenorientierung unabhängig vom Alter einer Person. Wir stellen uns diese Welt ohne Zusammenhänge

---

[1] Hier könnte auch eine Kausalhypothese formuliert werden, da nur die Wirkungsrichtung vom Alter auf die Geschlechtsrollenorientierung möglich ist. Der Vollständigkeit wegen sei an dieser Stelle auch darauf hingewiesen, dass eine (kausale) Verbindung zwischen dem Alter und der traditionellen Geschlechtsrollenorientierung im Falle eines Messzeitpunkts auch auf einen Koborteneffekt zurückzuführen sein könnte (vgl. Lois 2020). Zur Definition der Geschlechtsrollenorientierung s. Krampen (1979) bzw. Kap. 7 in diesem Band.

vor, weil wir für den Signifikanztest bestimmte Prüfgrößen berechnen, deren Verteilung uns in dieser Welt bekannt ist. Das bedeutet, wir wissen, welche Wertebereiche der Prüfgröße unter der Voraussetzung, dass keine Zusammenhänge existieren, wahrscheinlich sind, und welche Wertebereiche eher bzw. äußerst unwahrscheinlich sind. In der Welt, in der keine Zusammenhänge existieren, kennen wir uns aus und können abschätzen, welche Werte wir für unsere statistische Prüfgröße ungefähr zu erwarten haben.

Wenn wir nun auf Basis unserer Stichprobe einen Wert für die Prüfgröße erhalten, der in der Welt ohne Zusammenhänge wahrscheinlich ist, dann gehen wir auch davon aus, dass zwischen den untersuchten Variablen tatsächlich kein Zusammenhang besteht. In diesem Fall würden wir annehmen, dass das Alter einer Person und ihre Geschlechtsrollenorientierung unabhängig voneinander sind. Anders sieht es aber aus, wenn wir einen Wert für die Prüfgröße erhalten, der in der Welt ohne Zusammenhänge äußerst unwahrscheinlich ist. In diesem Fall könnten wir weiterhin an der Annahme festhalten, dass es zwischen den untersuchten Variablen keinen Zusammenhang gibt und davon ausgehen, dass wir extremes Glück hatten, auf Basis der Stichprobendaten auf einen solch unwahrscheinlichen Wert zu stoßen. Das machen wir aber nicht. Stattdessen gehen wir im Umkehrschluss davon aus, dass der Grund für diesen extremen Wert der Prüfgröße darin besteht, dass es eben doch einen Zusammenhang zwischen den untersuchten Variablen gibt. In diesem Fall kämen wir zu dem Schluss, dass das Alter einer Person und ihre traditionelle Geschlechtsrollenorientierung in Abhängigkeit voneinander variieren. Wir werden im weiteren Verlauf des Kapitels noch klären, was genau unter ‚unwahrscheinlich‘ bzw. ‚äußerst unwahrscheinlich‘ zu verstehen ist und wie wir die Grenze hierfür ziehen. Wir werden auch zeigen, wie sich entsprechende Prüfgrößen berechnen und interpretieren lassen. Dabei gehen wir wie folgt vor: Anhand zweier Beispiele werden wir jeweils einen Hypothesentest Schritt für Schritt durchführen und jeden einzelnen Schritt relativ ausführlich erläutern. Hier wird deutlich, dass das Prinzip des Signifikanztests universell anwendbar ist. Im Anschluss wird sich aber auch herausstellen, dass trotz des gleichen Prinzips unterschiedliche Inferenztests und jeweilige Prüfgrößen zur Verfügung stehen und für die eigene Fragestellung nach bestimmten Kriterien ausgewählt werden müssen. Nicht jedes Ergebnis eines Hypothesentests ist praktisch relevant und das Ergebnis eines Hypothesentests sollte immer mit einem gesunden Misstrauen betrachtet werden – in diesem Zusammenhang besprechen wir, was es mit den Begriffen der Effektstärke und der Teststärke auf sich hat. Ausführungen zum p-Wert, der für die Interpretation der Outputs von Statistikprogrammen von Bedeutung ist, sowie die Beziehung von Hypothesentests zu Konfidenzintervallen bilden zusammen mit den Nachbemerkungen den

Abschluss des Kapitels. In den folgenden drei Unterkapiteln möchten wir uns aber vorab mit einigen für den Signifikanztest zentralen Begriffen und Konzepten auseinandersetzen.

## 5.1 Grundbegriffe

Der *Signifikanztest* wird auch als Hypothesentest bezeichnet, da überprüft wird, ob eine bestimmte Hypothese beibehalten oder verworfen werden soll. Eine *Hypothese* ist dabei eine Annahme über die Grundgesamtheit, die sich auf den Zusammenhang zwischen zwei (oder mehr) Variablen bezieht (Hartmann und Lois 2015). Beim Signifikanztest stellen wir zwei Typen von Hypothesen auf, die *Nullhypothese* ($H_0$) und die *Alternativhypothese* ($H_1$). Dabei handelt es sich um ein gegensätzliches Hypothesenpaar. Das heißt, dass die eine Hypothese inhaltlich genau das Gegenteil der anderen ausdrückt. Die Nullhypothese geht immer davon aus, dass zwischen Variablen kein Zusammenhang besteht. Die Alternativhypothese behauptet das Gegenteil und sagt aus, dass in der Grundgesamtheit ein Zusammenhang existiert. Die *Grundgesamtheit* oder auch Population ist dabei die Menge aller Objekte (in den Sozialwissenschaften sind das zumeist Personen), über die wir Aussagen treffen möchten, und sollte vor der Erhebung von Daten exakt definiert werden. In der Allgemeinen Bevölkerungsumfrage der Sozialwissenschaften (ALLBUS) besteht die Grundgesamtheit beispielsweise aus der erwachsenen Wohnbevölkerung in der BRD. Aufgrund begrenzter Ressourcen befragen wir als Sozialwissenschaftler nicht die komplette Grundgesamtheit, sondern ziehen nur eine Teilmenge daraus, unsere *Stichprobe*. Von den Personen der Stichprobe erheben wir bestimmte Variablen, von denen wir auf Basis wissenschaftlicher Theorien vermuten, dass sie in einer bestimmten Art und Weise miteinander verbunden sind (s. auch Kap. 7). Wir haben also bereits vor der Datenerhebung bestimmte Annahmen über die Grundgesamtheit, die wir im Anschluss mit Hilfe der Stichprobendaten überprüfen können, indem wir einen Signifikanztest durchführen.

## 5.2 Statistische Hypothesen

Mit Hilfe der sogenannten schließenden Statistik oder auch *Inferenzstatistik* sind wir in der Lage, auf Basis von Stichprobendaten Aussagen über eine Grundgesamtheit bzw. Population zu treffen. Was wir im Rahmen der Inferenzstatistik über die Grundgesamtheit erfahren können, kann grob in zwei Bereiche eingeteilt werden, in das Schätzen und das Testen (Ludwig-Mayerhofer et al. 2014). Beim *Schätzen* versuchen wir bestimmte Kennwerte der Grundgesamtheit, sogenannte Populationsparameter, wie zum Beispiel den Populationsmittelwert zu schätzen, indem wir auf Basis unserer Stichprobendaten einen einzelnen Wert (Punktschätzung; z. B. Stichprobenmittelwert) oder einen Wertebereich (Intervallschätzung; z. B. 99 % Konfidenzintervall; s. auch Abschn. 5.10) berechnen. Beim *Testen* formulieren wir hingegen vorab die Null- sowie die dazugehörige Alternativhypothese hinsichtlich des Zusammenhangs zwischen den interessierenden Variablen und berechnen auf Basis unserer Stichprobendaten eine *Prüfgröße* anhand derer wir entscheiden, ob wir die Nullhypothese beibehalten oder zugunsten der Alternativhypothese verwerfen. Bereits an dieser Stelle sei erwähnt, dass wir uns zwar für die Null- oder die Alternativhypothese entscheiden, aber am Ende nie sicher sein können, ob wir uns richtig entschieden haben. Ein Restrisiko für einen Irrtum bleibt also. Zumindest sind wir aber in der Lage, anzugeben, mit welcher Wahrscheinlichkeit wir uns irren, wenn wir uns infolge der errechneten Prüfgröße für die Alternativhypothese entscheiden.

Wie bereits erwähnt, formulieren wir beim statistischen Test immer ein Hypothesenpaar, die Nullhypothese sowie die dazugehörige Alternativhypothese. Mit der Nullhypothese gehen wir davon aus, dass zwischen den Variablen, für die wir uns interessieren, kein Zusammenhang besteht. Mit der Alternativhypothese nehmen wir das Gegenteil an, nämlich dass die Variablen in einem Zusammenhang stehen und in Abhängigkeit voneinander variieren. Alternativhypothesen werden in der Regel aus der wissenschaftlichen Literatur, auf Basis von Theorien und den Ergebnissen bisheriger Studien abgeleitet (zur Ableitung und Formulierung von Hypothesen s. Hartmann und Lois 2015). Je nachdem wie der Forschungsstand ist, können wir dabei ungerichtete oder gerichtete Hypothesen formulieren. Vermuten wir beispielsweise, dass die Variablen Alter und traditionelle Geschlechtsrollenorientierung in einen Zusammenhang stehen, können aus der Literatur aber nicht ableiten, wie genau die Variablen verbunden sind, formulieren wir eine *ungerichtete* Alternativhypothese. Haben wir hingegen Grund zu der Annahme, dass der Zusammenhang eine bestimmte Richtung aufweisen sollte, dann formulieren wir eine *gerichtete* Hypothese. Nehmen wir etwa an, dass traditionellen Geschlechtsrollen eher zugestimmt wird, wenn das Alter hoch ist (bzw. dass eine traditionelle Geschlechtsrollenorientierung eher abgelehnt wird, wenn das Alter hoch ist), dann geben wir diese positive (bzw. negative) Richtung bereits in der Formulierung der Alternativhypothese an und sind am Ende in der Lage, Aussagen mit einem höheren Informationsgehalt zu treffen als im Falle ungerichteter Hypothesen.

## 5.2 Statistische Hypothesen

Sobald wir die Hypothesen mit Hilfe sprachlicher Mittel formuliert haben, können wir sie in *statistische Hypothesen* überführen. Hierbei kommen in der Regel relationale Operatoren (z. B. <, >, =) und griechische Buchstaben (z. B. $\mu$, $\rho$) zum Einsatz. Letztere symbolisieren die Kennwerte der Population. Wir wollen uns dies kurz an einem Beispiel veranschaulichen. Im Folgenden nehmen wir an, dass wir nach einer ausführlichen Literaturrecherche zu dem Schluss kommen, dass die metrische Variable Alter mit der als metrisch angenommenen Variable traditionelle Geschlechtsrollenorientierung zusammenhängen müsste und den Zusammenhang im Rahmen eines Signifikanztests überprüfen möchten. In Abschn. 4.7 haben wir bereits erfahren, dass der Zusammenhang zwischen zwei metrischen Variablen mit der Produkt-Moment-Korrelation $r$ quantifiziert werden kann. Der Korrelationskoeffizient $r$ wird auf Basis der Stichprobendaten berechnet und zeigt uns an, welcher Zusammenhang in der Stichprobe besteht. Vielmehr als für die Stichprobe interessieren wir uns in der Inferenzstatistik aber für die Grundgesamtheit. Somit erfüllt die Stichprobe in der Inferenzstatistik „nur" den Zweck, Erkenntnisse über die Grundgesamtheit zu gewinnen. Das bedeutet, wir berechnen zwar $r$ auf Basis der Stichprobe, wollen damit aber erfahren, ob in der Grundgesamtheit ein Zusammenhang besteht und formulieren unsere Hypothesen demzufolge immer in Bezug auf die Kennwerte in der Population. Das Symbol für eine Korrelation in der Population ist $\rho$ (kleiner griechischer Buchstabe Rho). Mit der Nullhypothese gehen wir davon aus, dass kein Zusammenhang besteht. Aus didaktischen Gründen gehen wir vorerst davon aus, in der Literatur keine gut begründete Annahme über die Richtung des Zusammenhangs zwischen Alter und Geschlechtsrollenorientierung gefunden zu haben. Die statistische Nullhypothese lautet:

$$H_0 : \rho = 0$$

Die statistische Alternativhypothese wird im ungerichteten (zweiseitigen) Fall wie folgt formuliert:

$$H_1 : \rho \neq 0$$

Zweiseitig bedeutet, dass sowohl „deutlich" negative als auch „deutlich" positive Abweichungen der Produkt-Moment-Korrelation von dem Wert Null ein Indiz für die $H_1$ sind. Könnten wir aus der Literatur ableiten, dass der Zusammenhang positiv sein sollte, könnten wir ein gerichtetes (einseitiges) Hypothesenpaar aufstellen:

$$H_0 : \rho \leq 0 \quad H_1 : \rho > 0$$

Und schließlich würde das Hypothesenpaar im Falle eines vermuteten negativen Zusammenhangs lauten:

$$H_0 : \rho \geq 0 \quad H_1 : \rho < 0$$

In diesem Fall würden wir annehmen, dass in der Grundgesamtheit ein negativer Zusammenhang besteht und dass die traditionelle Geschlechtsrollenorientierung umso weniger stark ausgeprägt ist, je älter eine Person ist. Besteht die theoretisch gut begründete Möglichkeit, eine gerichtete Hypothese zu formulieren, sollte diese immer auch wahrgenommen werden, da der Erkenntnisgewinn des Signifikanztests in der gerichteten höher ist als in der ungerichteten Variante.

## 5.3 Fehlerarten und Signifikanzniveau

Beim Hypothesentesten können wir uns nie ganz sicher sein, am Ende die richtige Entscheidung getroffen zu haben. Zwei Fehler können wir begehen. Wenn wir uns auf Basis unserer Stichprobendaten dafür entscheiden, die $H_0$ zugunsten der $H_1$ abzulehnen und damit schließlich annehmen, dass in der Grundgesamtheit ein Zusammenhang besteht, begehen wir unter Umständen den *Fehler 1. Art,* der auch *Alpha-Fehler* genannt wird. Falls wir unsere Stichprobe zufällig aus der Grundgesamtheit ziehen, ist es also durchaus möglich, dass unsere Stichprobendaten (zufällig) für die $H_1$ sprechen, obwohl in der Grundgesamtheit gar kein Zusammenhang zwischen den interessierenden Variablen besteht. Für unser Beispiel hieße das, dass wir zufällig eine Stichprobe gezogen haben auf deren Basis eine Produkt-Moment-Korrelation berechnet wird, die für einen Zusammenhang zwischen Alter und Geschlechtsrollenorientierung spricht, obwohl in der Grundgesamtheit tatsächlich keine Verbindung zwischen den Variablen existiert. Unsere Stichprobendaten können aber auch für die Beibehaltung der $H_0$ sprechen. In diesem Fall begehen wir womöglich den *Fehler 2. Art,* auch *Beta-Fehler* genannt. Demzufolge würden wir am Ende des Hypothesentests zu dem Schluss kommen, dass kein Zusammenhang in der Grundgesamtheit besteht, obwohl die interessierenden Variablen in der Grundgesamtheit tatsächlich miteinander verbunden sind – nur das wissen wir eben nicht. Eine Übersicht über die Fehlerarten gibt Tab. 5.1. Hier wird ersichtlich, dass wir uns natürlich auch korrekt entscheiden können. Aber egal wie wir uns entscheiden, es bleibt immer ein Restrisiko, dass wir uns irren. Dabei wird beim Testen von Hypothesen in der Regel das

**Tab. 5.1** Fehlerarten beim Signifikanztest. (Eigene Darstellung)

|  |  | Entscheidung auf Basis der Stichprobe für | |
|---|---|---|---|
|  |  | $H_0$ | $H_1$ |
| In der Population gilt | $H_0$ | Korrekt | Alpha-Fehler |
|  | $H_1$ | Beta-Fehler | Korrekt |

Ziel verfolgt, die Wahrscheinlichkeit für einen Alpha-Fehler gering zu halten. Somit halten wir relativ lange an der Nullhypothese fest, bis die Prüfgröße einen solch extremen Wert aufweist, dass wir sie zugunsten der Alternativhypothese verwerfen müssen. Zu diesem Zweck wird vor dem Signifikanztest das sogenannte *Signifikanzniveau* festgelegt, das mit dem Buchstaben $\alpha$ bezeichnet wird. Mit $\alpha$ geben wir die Wahrscheinlichkeit für den Alpha-Fehler (Entscheidung für $H_1$, obwohl $H_0$ korrekt) an und legen damit fest, welche *Irrtumswahrscheinlichkeit* wir bei der Entscheidung für die $H_1$ bereit sind zu akzeptieren. Legen wir $\alpha$ beispielsweise auf 5 % fest, bedeutet das, dass wir bereit sind, uns mit einer Wahrscheinlichkeit von 0,05 zu irren, wenn wir im Rahmen des Signifikanztests die $H_0$ verwerfen.

Für die Festlegung des Signifikanzniveaus gibt es bestimmte Konventionen. In der Regel wird $\alpha$ auf 0,1 % (gängiges Symbol: ***), 1 % (gängiges Symbol: **), 5 % (gängiges Symbol: *) oder auch auf 10 % (gängiges Symbol: #) festgelegt. Welches Signifikanzniveau geeignet ist, ist auch eine inhaltliche Entscheidung. Beispielsweise ist der Irrtum in den Sozialwissenschaften womöglich weniger fatal als in der Medizin, wo es lebensgefährlich sein kann, wenn die mit der $H_1$ formulierte Annahme hinsichtlich der Wirkung eines Medikaments doch nicht der Wirklichkeit entspricht. In solch einem Fall wäre eher ein $\alpha$ von 0,1 % oder weniger zu wählen.

## 5.4 Schritt für Schritt am Beispiel einer Zusammenhangshypothese

Ein Hypothesentest kann immer nach dem gleichen Schema vollzogen werden. Wir werden im Folgenden sieben Schritte präsentieren, die letztendlich zu einer Entscheidung für oder gegen die Nullhypothese führen (vgl. Clauß et al. 2017, S. 180; Hartmann und Lois 2015, S. 29).

1. Voraussetzungen des Tests

2. Null- und Alternativhypothese
3. Signifikanzniveau
4. Prüfgröße
5. Kritischer Bereich
6. Berechnung der Prüfgröße auf Basis der Stichprobendaten
7. Entscheidung für oder gegen die Nullhypothese

Um das *Sieben-Punkte Schema* anzuwenden, greifen wir auf unser Beispiel zurück. Wir möchten testen, ob zwischen den Variablen Alter und traditionelle Geschlechtsrollenorientierung ein Zusammenhang besteht ($H_1$) oder nicht ($H_0$). Hierfür verwenden wir die Daten des ALLBUS, genauer die ALLBUS Kumulation 1980–2018, und hier die Daten des Jahres 2016. Zur Messung der traditionellen Geschlechtsrollenorientierung bilden wir für jede Person den Mittelwert der Variablen fr02 (*„Für eine Frau ist es wichtiger, ihrem Mann bei seiner Karriere zu helfen, als selbst Karriere zu machen"*), fr06 (*„Eine verheiratete Frau sollte auf eine Berufstätigkeit verzichten, wenn es nur eine begrenzte Anzahl von Arbeitsplätzen gibt, und wenn ihr Mann in der Lage ist, für den Unterhalt der Familie zu sorgen"*) und fr04a (*„Es ist für alle Beteiligten viel besser, wenn der Mann voll im Berufsleben steht und die Frau zu Hause bleibt und sich um den Haushalt und die Kinder kümmert"*). Die Items konnten die befragten Personen mit Werten zwischen 1 (*„Stimme voll und ganz zu"*) und 4 (*„Stimme überhaupt nicht zu"*) beantworten. Den Mittelwert jeder Person codieren wir um, indem wir diesen jeweils vom Wert 5 subtrahieren, sodass kleine Skalenwerte eine geringe Zustimmung und große Werte eine starke Zustimmung zu traditionellen Rollenbildern bedeuten.

**Voraussetzungen des Tests** Zunächst gilt es die Voraussetzungen des Tests zu klären. Dieser Schritt ist zugegebenermaßen am Anfang nicht einfach, da es bereits ein etwas umfangreicheres Wissen braucht, um zu wissen, welcher Test für welche Fragestellung geeignet ist bzw. auf welche Voraussetzungen zu achten ist. Wir werden hierauf auch noch einmal in Abschn. 5.6 eingehen. Werden die Voraussetzungen für einen Test nicht erfüllt, der Test aber trotzdem durchgeführt, sind die Ergebnisse u. U. nicht zuverlässig zu interpretieren. Für einen solchen Fall stehen als Alternative sogenannte nicht-parametrische Tests zur Verfügung. Auch an dieser Stelle sei auf den Abschn. 5.6 verwiesen.

Dass die Stichprobe(n) der Untersuchung zufällig gezogen wurde(n), stellt eine wichtige Voraussetzung für inferenzstatistische Verfahren dar. Weitere Voraussetzungen, die im ersten Schritt des Signifikanztests zu beachten sind, betreffen

## 5.4 Schritt für Schritt am Beispiel einer Zusammenhangshypothese

beispielsweise das Skalenniveau der interessierenden Variablen sowie die Verteilung der Variablen in der Grundgesamtheit. Soll wie in unserem Beispiel der lineare Zusammenhang zwischen zwei metrischen Variablen bestimmt werden und sind beide Variablen normalverteilt, wird in der Regel die Produkt-Moment-Korrelation und eine entsprechende Prüfgröße bzw. Teststatistik bestimmt, um zu testen, ob in der Grundgesamtheit von einem Zusammenhang ausgegangen werden kann oder nicht. Voraussetzungen dieses Signifikanztests sind somit, dass der Zusammenhang zwischen den Variablen *linear* ist, dass beide Variablen *metrisch* skaliert sind und dass beide Variablen eine *Normalverteilung* aufweisen. Streng genommen ist die jeweilige Normalverteilung nicht ausreichend, sondern eigentlich muss auch die gemeinsame Verteilung der beiden Variablen einer Normalverteilung folgen. Dies wird allerdings selten getestet. In manchen Statistikprogrammen steht auch keine Prozedur zur Verfügung, um multivariate Verteilungen zu überprüfen. Die jeweilige Normalverteilung der Variablen kann allerdings (als notwendige, wenn auch nicht hinreichende Voraussetzung) überprüft werden, indem entsprechende Grafiken wie Histogramme oder Boxplots betrachtet werden oder wiederum ein Signifikanztest zur Überprüfung der Normalverteilungsannahme durchgeführt wird. Ob der Zusammenhang zwischen den beiden Variablen linear ist (oder z. B. kurvilinear) kann mit Hilfe eines sogenannten Streudiagramms entschieden werden. Hier werden die Merkmalskombinationen im zweidimensionalen Raum als Punkte dargestellt. Damit kann ersichtlich werden, ob die Punktewolke einen geradlinigen Verlauf aufweist (s. z. B. Abb. 6.1).

Wir nehmen im Folgenden an, dass unsere beiden Variablen metrisch sind, in einem linearen Zusammenhang stehen und jeweils normalverteilt sind, und entscheiden uns dementsprechend, einen Signifikanztest auf Basis der Produkt-Moment-Korrelation durchzuführen.

**Null- und Alternativhypothese** Aus didaktischen Gründen gehen wir zunächst davon aus, dass die Variablen Alter und traditionelle Geschlechtsrollenorientierung in einem linearen Zusammenhang stehen ohne die Richtung zu spezifizieren und formulieren dementsprechend unsere statistischen Hypothesen. Zunächst die Nullhypothese:

$$H_0 : \rho = 0$$

Im Anschluss formulieren wir die ungerichtete Alternativhypothese:

$$H_1 : \rho \neq 0$$

**Signifikanzniveau** In diesem Schritt legen wir das Signifikanzniveau fest, d. h. die Wahrscheinlichkeit, einen Alpha-Fehler zu begehen. In Anbetracht der Stichprobengröße ($N = 1.742$) entscheiden wir uns für ein Signifikanzniveau von 1 % ($\alpha = 0{,}01$), um der Tatsache Rechnung zu tragen, dass selbst kleine und möglicherweise praktisch irrelevante Zusammenhänge mit steigender Stichprobengröße eher signifikant werden.

$$\alpha = 0{,}01$$

Betont sei an dieser Stelle, dass wir das Signifikanzniveau vorab festlegen. Nicht zulässig ist es, das Niveau nach Berechnung der Prüfgröße noch einmal anzupassen, um am Ende doch noch ein signifikantes Ergebnis berichten zu können.

**Prüfgröße** Die Prüfgröße für die Überprüfung eines linearen Zusammenhangs zwischen zwei metrischen Variablen, die in der Grundgesamtheit (bivariat) normalverteilt sind, berechnet sich auf Basis des Werts der Produkt-Moment-Korrelation:

$$t = \frac{r_{x,y} \cdot \sqrt{n-2}}{\sqrt{1 - r_{x,y}^2}}$$

Vorteilhaft ist für uns, dass die Verteilung dieser Teststatistik unter einer bestimmten Bedingung bekannt ist: die berechneten $t$-Werte folgen einer $t$-*Verteilung* (s. gepunktete bzw. gestrichelte Linie in Abb. 5.1) mit dem Erwartungswert null und zwar dann, wenn die Nullhypothese zutrifft. Die Form der $t$-Verteilung ist abhängig von sogenannten *Freiheitsgraden* (*df*). Sie geben für einen bestimmten Kennwert an, wie viele Werte für seine Bestimmung frei variieren können (Bortz und Schuster 2010). Der oben formulierte Ausdruck ist mit $df = n - 2$ Freiheitsgraden $t$-verteilt. Mit steigender Stichprobengröße bzw. steigenden Freiheitsgraden geht die $t$-Verteilung in die *Standardnormalverteilung* über.

In Abb. 5.1 sind sowohl die sogenannten Dichtefunktionen zweier $t$-Verteilungen als auch die Dichtefunktion der Standardnormalverteilung angegeben (gepunktete Linie: $t$-Verteilung mit $df = 3$; gestrichelte Linie: $t$-Verteilung mit $df = 13$; durchgezogene Linie: Standardnormalverteilung). Die Grafen der Dichtefunktionen geben mit der Fläche zwischen der jeweiligen Kurve und einem bestimmten Intervall auf der $x$-Achse (z. B. $0 - 2$) an, wie wahrscheinlich es ist, dass ein zufällig aus der Verteilung gezogener Wert in diesem Intervall liegt. Beispielsweise ist bei den $t$-Verteilungen (und auch bei der Standardnormalverteilung) die Fläche in der Mitte um den Wert 0 relativ groß, was uns anzeigt, dass ein zufällig aus der Verteilung

## 5.4 Schritt für Schritt am Bespiel einer Zusammenhangshypothese

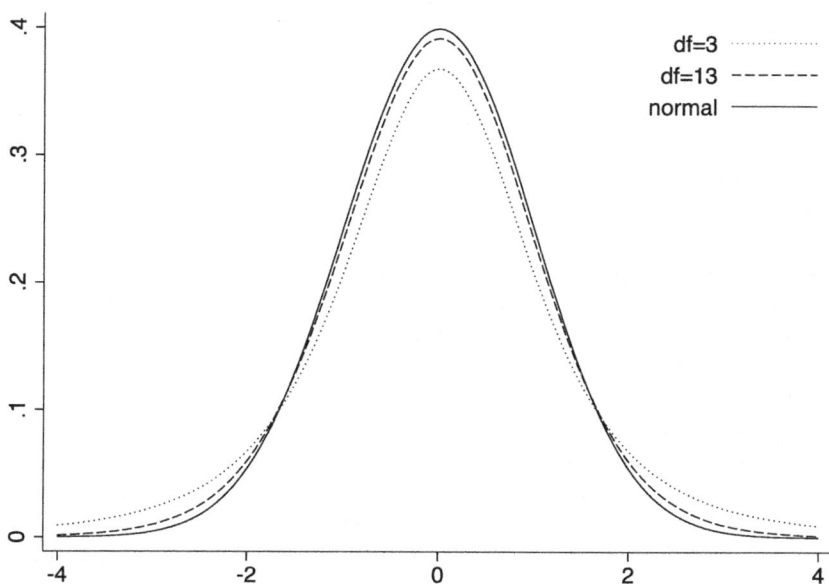

**Abb. 5.1** *t*-Verteilungen in Abhängigkeit der Freiheitsgrade und Normalverteilung. (Eigene Darstellung)

gezogener Wert mit relativ hoher Wahrscheinlichkeit in der Nähe des Wertes 0 liegt, extreme Bereiche sind dagegen unwahrscheinlich.

Zur Erinnerung: Der oben dargestellte Ausdruck folgt nur unter der Bedingung der $H_0$ einer wie in Abb. 5.1 dargestellten *t*-Verteilung bzw. der Standardnormalverteilung. Wenn wir nun für unsere Untersuchung eine Zufallsstichprobe aus der Grundgesamtheit ziehen, um die Produkt-Moment-Korrelation zu bestimmen, können wir uns vorstellen, dass wir damit auch einen entsprechenden *t*-Wert aus der *t*-Verteilung ziehen. Gilt nun tatsächlich die Nullhypothese, ist die Wahrscheinlichkeit, dass unser *t*-Wert nahe dem Wert Null liegt relativ groß und ein betragsmäßig kleiner *t*-Wert wäre ein Indiz für die $H_0$. Misstrauisch gegenüber der $H_0$ werden wir aber, wenn wir einen *t*-Wert erhalten, der (im ungerichteten Fall) deutlich über oder deutlich unter dem Wert Null liegt. Wenn der *t*-Wert also in einem *extremen bzw. kritischen Bereich* der unter der Nullhypothese geltenden *t*-Verteilung bzw. Standardnormalverteilung liegt, entscheiden wir uns gegen die Nullhypothese, da es uns äußerst unwahrscheinlich erscheint, einen solch extremen Wert zu ziehen, wenn in der Grundgesamtheit kein Zusammenhang zwischen den Variablen Alter und traditionelle Geschlechtsrollenorientierung herrschen soll. Dies wird auch mit einem Blick auf die Formel für $t$ deutlich. Wenn kein Zusammenhang herrscht, sollte r und infolge auch $t$ nahe dem Wert Null sein. Ist der auf Basis unserer Stichprobendaten berechnete $t$-Wert aber (betragsmäßig) groß und liegt in einem kritischen Bereich der $t$-Verteilung, entscheiden wir uns im Umkehrschluss für die $H_1$. Die Frage ist nun nur noch, wo wir die Grenze für diesen kritischen Bereich ziehen.

**Kritischer Bereich** Im fünften Schritt bestimmen wir den kritischen Bereich. Diesen legen wir anhand unseres gewählten Signifikanzniveaus fest. In Schritt 3 haben wir uns für $\alpha = 0{,}01$ entschieden. Daraus folgt, wie die Grenzen für den kritischen Bereich der $t$-Verteilung zu ziehen sind. Im ungerichteten Fall und bei einem Signifikanzniveau von einem Prozent, darf auch die Fläche im linken und rechten Extrembereich der $t$-Verteilung zusammen nur 1 % ausmachen. Somit bleibt links und rechts jeweils eine Fläche von 0,5 % (bzw. 0,005). Für die Bestimmung der Werte, welche diese Flächen abgrenzen, stehen bestimmte Tabellen zur Verfügung. Da wir eine relativ große Stichprobe haben, können wir davon ausgehen, dass unsere Prüfgröße unter Annahme der $H_0$ einer Standardnormalverteilung folgt (da wie bereits erwähnt, die $t$-Verteilung mit wachsenden Freiheitsgraden in die Standardnormalverteilung übergeht). Für die Standardnormalverteilung steht die sogenannte $z$-Tabelle zur Verfügung, in der angegeben ist, welche Werte unserer Prüfgröße welche Fläche der Dichtefunktion abgrenzen. Dabei wird für jeden $z$-Wert (bzw. $t$-Wert) die Fläche angegeben, die sich im Intervall von minus unendlich bis zum jeweiligen $z$-Wert (bzw. $t$-Wert) unter der Kurve der Standardnormalverteilung befindet. Die Tabelle findet sich in zahlreichen Lehrbüchern (z. B. Bortz und Schuster 2010) bzw. wird sie auch online beispielsweise von der Uni Köln zur Verfügung gestellt (s. http://eswf.uni-koeln.de/glossar/zvert.html). Für unseren Fall benötigen wir die $z$-Werte, welche die Flächen von 0,005 bzw. 0,995 begrenzen, sodass links und rechts von den Werten jeweils eine Fläche von 0,005 übrig bleibt. Dies sind die Werte $-2{,}58$ und $+2{,}58$ (s. Abb. 5.2).[2]

Wie in Abschn. 5.2 erläutert, können wir, wenn wir es theoretisch gut begründen können, auch gerichtete Hypothesen formulieren. Dann interessieren wir uns im Falle einer vermuteten negativen Korrelation ($H_1$: $\rho < 0$) nur für den linken Bereich

---

[2] Der exakte Wert 0,005 (bzw. 0,995) für die Fläche unter der Standardnormalverteilung wird in einer $z$-Tabelle in der Regel nicht aufgeführt, stattdessen die Werte 0,0049 und 0,0051 (bzw. 0,9949 und 0,9951) und die dazugehörigen $z$-Werte 2,58 und 2,57 (bzw. $-2{,}57$ und $-2{,}58$). Wir entscheiden uns hier für den Wert 2,58 (bzw. $-2{,}58$), sodass der kritische Bereich kleiner ausfällt und wir somit etwas länger an der $H_0$ festhalten.

5.4 Schritt für Schritt am Bespiel einer Zusammenhangshypothese 79

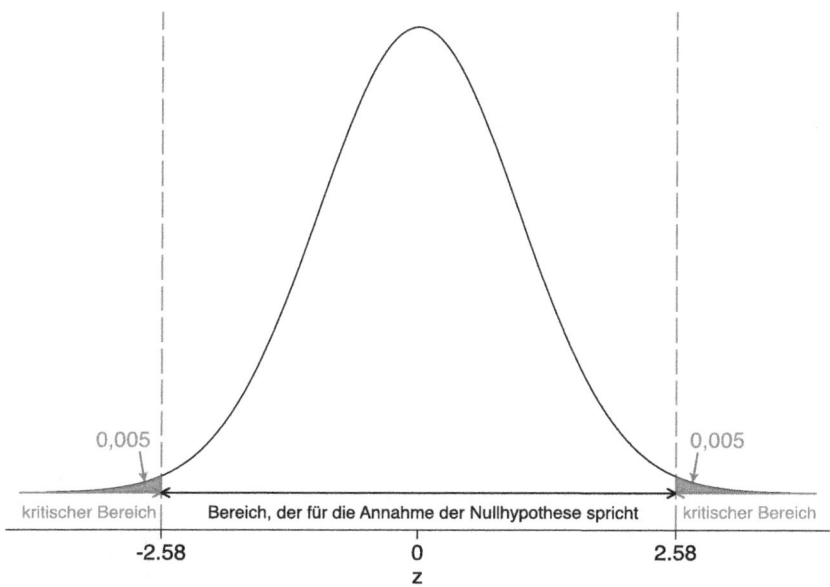

**Abb. 5.2** Dichtefunktion der Standardnormalverteilung mit kritischen Bereichen für zweiseitiges Testen mit $\alpha = 0{,}01$. (Eigene Darstellung)

der Verteilung bzw. im Falle einer vermuteten positiven Korrelation ($H_1$: $\rho > 0$) nur für den rechten Bereich der Verteilung (s. Abb. 5.3).

Im gerichteten Fall wird der kritische Bereich der Standardnormalverteilung für eine postulierte negative Korrelation vom Wert $-2{,}33$ (bzw. $-2{,}326$), für eine postulierte positive Korrelation vom Wert $+2{,}33$ (bzw. $+2{,}326$) begrenzt. Empirisch ermittelte Werte für unsere Prüfgröße, die sich in den kritischen Bereichen finden, werten wir jeweils als Beleg für die Alternativhypothese.

**Berechnung der Prüfgröße auf Basis der Stichprobendaten** Nun berechnen wir die Prüfgröße unter Verwendung unserer Stichprobendaten. Für $r_{x,y}$ erhalten wir (mit Hilfe des Statistikprogramms Stata) einen Wert von 0,1933 (um den Rundungsfehler gering zu halten, geben wir den Wert auf vier Nachkommastellen genau an). Diesen Wert sowie die Stichprobengröße können wir in die oben aufgeführte Formel einsetzen und damit $t_{\text{emp}}$ bestimmen:

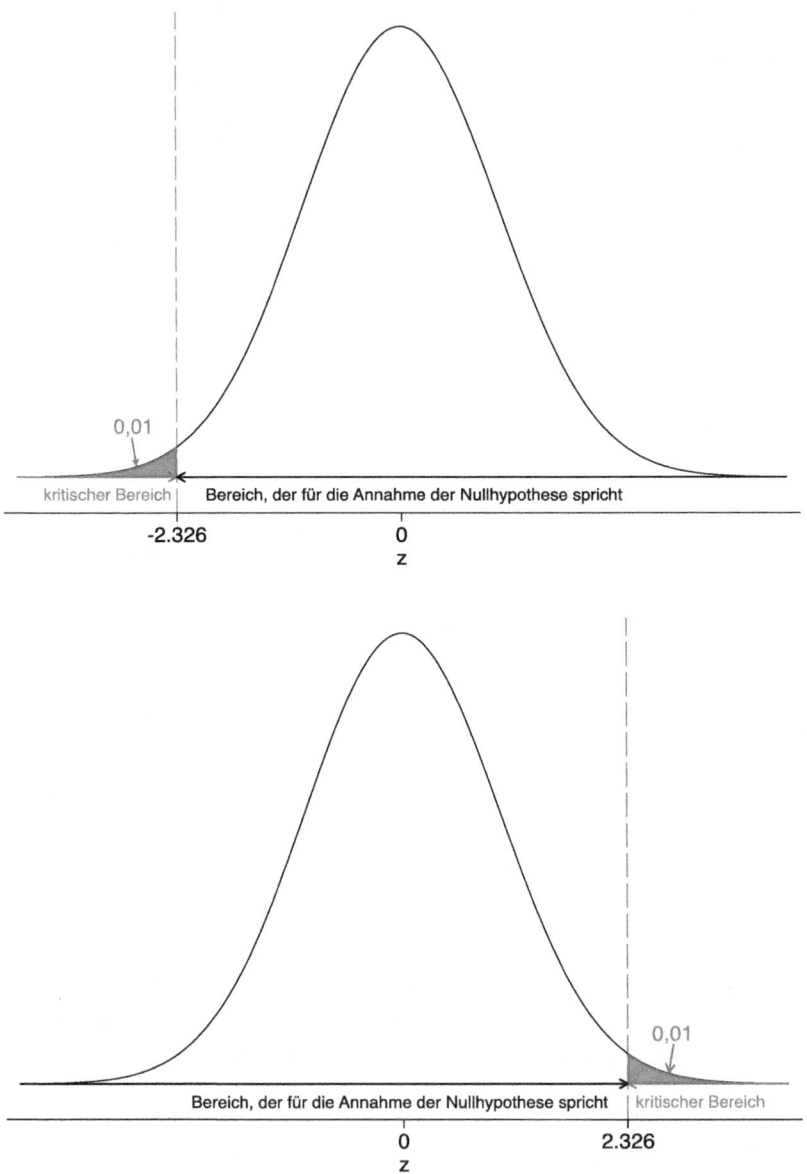

**Abb. 5.3** Dichtefunktionen der Standardnormalverteilung mit kritischen Bereichen für einseitiges Testen mit $\alpha = 0{,}01$. (Eigene Darstellung)

$$t_{\text{emp}} = \frac{r_{x,y} \cdot \sqrt{n-2}}{\sqrt{1 - r_{x,y}^2}} = \frac{0,1933 \cdot \sqrt{1742 - 2}}{\sqrt{1 - 0,1933^2}} = 8,22$$

Es sei nochmals darauf hingewiesen, dass dieser Ausdruck einer $t$-Verteilung (bzw. Standardnormalverteilung) mit dem Erwartungswert 0 folgt – sofern die $H_0$ gilt.

**Entscheidung für oder gegen die Nullhypothese** Schließlich treffen wir eine Entscheidung hinsichtlich der $H_0$. Liegt der empirisch berechnete Wert der Prüfgröße im kritischen Bereich (s. Abb. 5.2), verwerfen wir die $H_0$ zugunsten der $H_1$, ansonsten behalten wir die $H_0$ bei. In unserem Fall ist | $t_{\text{emp}}$ | > $t_{\text{krit}}$, sodass wir uns für die $H_1$ entscheiden und davon ausgehen, dass der gefundene Zusammenhang überzufällig ist und die Variablen Alter und traditionelle Geschlechtsrollenorientierung in der Grundgesamtheit in Abhängigkeit voneinander variieren.

Um zu zeigen, dass das Prinzip der Signifikanzprüfung auf verschiedene Fragestellungen anwendbar ist, besprechen wir im Folgenden das Vorgehen bei der Überprüfung eines Mittelwertunterschieds. Dabei werden wir auch auf die Stichprobenverteilung und den Standardfehler eingehen, zwei wichtige Konzepte, die auch für das Nachvollziehen der später erläuterten Teststärke (s. Abschn. 5.8) von zentraler Bedeutung sind.

## 5.5 Schritt für Schritt am Beispiel einer Unterschiedshypothese

Wie bereits angedeutet, lässt sich die Logik des Signifikanztests und auch das Sieben-Punkte Schema auf eine ganze Reihe verschiedener Fragestellungen anwenden. Sind wir beispielsweise daran interessiert, inwiefern sich zwei voneinander unabhängig gezogen Gruppen von Personen hinsichtlich einer metrischen Variable unterscheiden, können wir einen anderen Inferenztest nach demselben Prinzip wie in Abschn. 5.4 durchführen. Wir verwenden hierfür abermals die Daten des ALLBUS des Jahres 2016 und möchten untersuchen, ob es zwischen Personen, die in Ostdeutschland sozialisiert wurden, und Personen, die in Westdeutschland sozialisiert wurden, einen Unterschied hinsichtlich ihrer traditionellen Geschlechtsrollenorientierung gibt.[3]

---

[3] Wir sprechen in diesem Kontext von Unterschieds- und Zusammenhangshypothesen. Allerdings ist diese Unterscheidung eher künstlich, da sich eine Unterschiedshypothese in der

**Voraussetzungen des Tests** Im Rahmen unserer Fragestellung untersuchen wir, ob sich zwei Gruppen bezüglich eines metrischen Merkmals unterscheiden. Da wir davon ausgehen können, dass die Personen der beiden Gruppen (Personen, die in Ostdeutschland sozialisiert wurden und Personen, die in Westdeutschland sozialisiert wurden) nicht miteinander verbunden sind (z. B. durch Verwandtschaft o. ä.) und die Personen dieser beiden Gruppen für unsere Stichprobe unabhängig voneinander gezogen wurden, kommt für diesen Fall als inferenzstatistisches Verfahren zunächst einmal der *t-Test für unabhängige Stichproben* infrage. Dieses parametrische Verfahren fußt auf der Annahme, dass das metrische Merkmal (in unserem Beispiel die traditionelle Geschlechtsrollenorientierung) in beiden Populationen normalverteilt ist. Der Einfachheit halber gehen wir davon aus, dass diese Annahme erfüllt ist. Des Weiteren setzt der *t*-Test für unabhängige Stichproben voraus, dass das metrische Merkmal in beiden Gruppen eine vergleichbare Varianz aufweist, d. h., dass *Varianzhomogenität* vorliegt. Ist diese Annahme nicht erfüllt, sollte eine Modifikation in Form des sogenannten *Welch-Tests* durchgeführt werden. Prinzipiell kann der Test auf Varianzhomogenität ebenfalls nach dem Sieben-Punkte-Schema erfolgen. Wir sparen uns das an dieser Stelle, berichten aber, dass sich die Varianz der traditionellen Geschlechtsrollenorientierung in den beiden Gruppen signifikant unterscheidet.[4] Da also *Varianzheterogenität* vorliegt, wenden wir den Welch-Test an, um zu untersuchen, ob sich Personen aus West und Ost in ihrer traditionellen Geschlechtsrollenorientierung unterscheiden.

**Null- und Alternativhypothese** Aufgrund theoretischer Überlegungen und früherer empirischer Befunde (z. B. Lois 2020; Mays 2012) gehen wir davon aus, dass Personen, die in den alten Bundesländern sozialisiert wurden, eine stärkere traditionelle Geschlechtsrollenorientierung aufweisen als Personen, deren Sozialisation in den neuen Bundesländern stattgefunden hat. Somit formulieren wir eine gerichtete Hypothese. Um unsere statistischen Hypothesen aufzustellen, verwenden wir abermals griechische Buchstaben. Damit ist klar, dass wir uns auf die Population

---

Regel auch in eine Zusammenhangshypothese überführen lässt. Wenn wir den Unterschied zwischen Ostdeutschen und Westdeutschen hinsichtlich der traditionellen Geschlechtsrollenorientierung untersuchen, untersuchen wir im Prinzip den Zusammenhang zwischen der Ost/West-Variable und der traditionellen Geschlechtsrollenorientierung.

[4] In SPSS werden bei der Durchführung eines *t*-Tests für unabhängige Stichproben standardmäßig auch die Ergebnisse des Welch-Tests im Output angeführt. Anhand des ebenfalls automatisch ausgegebenen Levene-Tests, der die Varianzhomogenität überprüft, kann dann entschieden werden, welcher Output zu interpretieren ist. In Stata kann vorab mit dem Befehl robvar ein Test auf Varianzhomogenität und im Anschluss mit dem Befehl ttest der entsprechende Unterschiedstest für gleiche oder ungleiche Varianzen bzw. der Welch-Test durchgeführt werden.

## 5.5 Schritt für Schritt am Beispiel einer Unterschiedshypothese

beziehen und die Kennwerte, für die wir uns interessieren, Populationsmittelwerte sind. Diese bezeichnen wir mit $\mu_1$ (Populationsmittelwert der Personen, die in den alten Bundesländern sozialisiert wurden) und $\mu_2$ (Populationsmittelwert der Personen, die in den neuen Bundesländern sozialisiert wurden). Erneut formulieren wir zunächst die Nullhypothese.

$$H_0 : \mu_1 \leq \mu_2$$

Im Anschluss stellen wir die Alternativhypothese auf, die das Gegenteil der $H_0$ behauptet.

$$H_1 : \mu_1 > \mu_2$$

**Signifikanzniveau** Das Signifikanzniveau, d. h. die Wahrscheinlichkeit für den Alpha-Fehler, legen wir erneut auf $\alpha = 0{,}01$ fest. Das bedeutet, dass wir mit einer Wahrscheinlichkeit von 1 % falsch liegen, wenn wir uns entsprechend unserer Stichprobendaten für die $H_1$ entscheiden.

**Prüfgröße** In diesem Schritt geht es erneut um die Frage, wie wir eine Prüfgröße bestimmen können, deren Verteilung uns im Falle der Nullhypothese bekannt ist. Wir möchten an dieser Stelle, wie angekündigt, auch auf die Begriffe der *Stichprobenverteilung* und des *Standardfehlers* eingehen. Sie sind für das Verständnis der Inferenzstatistik generell und auch der noch folgenden Unterkapitel zentral.

Hierfür möchten wir zunächst die Fragestellung nochmal etwas genauer betrachten. Wir interessieren uns dafür, ob sich zwei unabhängige Gruppen (Ost/West) hinsichtlich eines metrischen Merkmals (Einstellung zu Geschlechterrollen) voneinander unterscheiden. Natürlich bezieht sich unser Interesse wieder auf die Grundgesamtheit (Population), die Stichproben sind abermals „nur" Mittel zum Zweck. Da wir erfahren wollen, ob sich die beiden Gruppen hinsichtlich eines metrischen Merkmals unterscheiden, macht es Sinn, den jeweiligen Gruppenmittelwert für den Vergleich heranzuziehen. Damit untersuchen wir, ob sich die beiden Gruppen im Durchschnitt voneinander unterscheiden. Auf Basis dieser Überlegungen können wir nun unsere Fragestellung auch folgendermaßen formulieren: Wir interessieren uns dafür, ob sich zwei Populationsmittelwerte voneinander unterscheiden bzw. ob sich zwei Stichprobenmittelwerte signifikant voneinander unterscheiden. Für die Konstruktion unserer Prüfgröße, die den Vergleich zweier Mittelwerte anstrebt, liegt es nahe, die Differenz der beiden Stichprobenmittelwerte zu verwenden, die uns als Schätzung für die Differenz der Populationsmittelwerte dient. Der so gebildete Stichprobenkennwert *Stichprobenmittelwertsdifferenz* weist wie andere

Stichprobenkennwerte auch (z. B. Mittelwerte, Korrelationen) eine bestimmte Verteilung auf. Diese Verteilung wird *Stichprobenverteilung* genannt und man kann sich diese Verteilung im Rahmen eines Gedankenexperiments wie folgt vor Augen führen: Stellen wir uns vor, dass wir die Ost/West-Stichproben nicht nur einmal ziehen und die Stichprobenmittelwertdifferenz der traditionellen Geschlechterrolleneinstellungen bestimmen, sondern dass wir dies unendlich oft wiederholen. In diesem Fall hätten wir schließlich nicht nur eine Stichprobenmittelwertdifferenz, sondern unendlich viele Stichprobenmittelwertsdifferenzen, die sich auf eine bestimmte Art und Weise verteilen, d. h. es gibt kleinere und größere Differenzen, manche Wertebereiche kommen dabei häufiger vor als andere. Nach dem *zentralen Grenzwerttheorem,* ein wichtiger Grundsatz der Statistik, weisen Stichprobenmittelwerte und demzufolge auch Stichprobenmittelwertsdifferenzen ab einer gewissen Stichprobengröße[5] eine Normalverteilung auf (Kühnel und Krebs 2001). Diese Normalverteilung definiert sich wie jede andere Normalverteilung auch durch einen Erwartungswert und eine Streuung. Der Erwartungswert der Stichprobenverteilung, also der Wert, den man bei der Stichprobenverteilung im Mittel erwarten kann, entspricht der Differenz der Populationsmittelwerte, also dem gesuchten wahren Wert. Die Streuung der erwähnten Normalverteilung wird auch als *Standardfehler der Differenz* bezeichnet. Allgemein gesprochen ist der Standardfehler die Standardabweichung einer Stichprobenverteilung, d. h. der Verteilung eines Stichprobenkennwerts (z. B. Stichprobenmittelwertdifferenz, Stichprobenmittelwert, Stichprobenkorrelation). Der Standardfehler gibt damit an, wie stark Stichprobenkennwerte um den wahren Wert in der Population streuen. So ist der Standardfehler der Differenz ein Indikator dafür, wie stark alle möglichen Stichprobenmittelwertsdifferenzen um die wahre Populationsmittelwertdifferenz streuen. Ziehen wir nun in Wirklichkeit zwei Stichproben aus den Ost/West-Populationen, können wir uns vorstellen, dass wir damit auch automatisch eine Stichprobenmittelwertdifferenz aus der Stichprobenverteilung ziehen, d. h. einen bestimmten Wert aus der entsprechenden Normalverteilung. Unter der Annahme, dass sich die Populationsmittelwerte nicht unterscheiden, ist der Erwartungswert der Stichprobenverteilung logischerweise null. Abweichungen vom Erwartungswert wären dann nur dem Zufallsprozess der Stichprobenziehung geschuldet. Der Standardfehler der Differenz ist im Falle *bekannter Populationsstreuungen* nun wie folgt definiert:

$$\sigma_{\bar{x}_1-\bar{x}_2} = \sqrt{\frac{\sigma_1^2}{n_1} + \frac{\sigma_2^2}{n_2}}$$

---

[5] Häufig wird hier mit der Regel $n \geq 30$ bzw. $n_1 \geq 30$ und $n_2 \geq 30$ verfahren (z. B. Kühnel und Krebs 2001).

## 5.5 Schritt für Schritt am Beispiel einer Unterschiedshypothese

Hier werden die Streuungen ($\sigma_1, \sigma_2$) bzw. Varianzen in der jeweiligen Population durch die jeweilige Stichprobengröße ($n_1, n_2$) geteilt. Mit Blick auf die Formel kann man sich Folgendes bewusst machen: Der Standardfehler der Mittelwertdifferenz ist umso kleiner, je geringer die Streuung des Merkmals in den Populationen und je größer die Stichproben sind. Bei einem kleinen Standardfehler streuen die Stichprobenmittelwertdifferenzen eng um den wahren Wert der Mittelwertdifferenz in der Population. Ziehen wir unter der Voraussetzung eines kleinen Standardfehlers, zwei Stichproben aus den beiden Populationen und berechnen die Stichprobenmittelwertdifferenz, ist somit auch die Wahrscheinlichkeit groß, dass diese nahe am wahren Wert liegt (auch wenn wir die Mittelwertdifferenz in der Population gar nicht kennen). Für die Konstruktion unserer Prüfgröße würden wir nun naheliegenderweise unsere Stichprobenmittelwertdifferenz verwenden. Ist diese Differenz ungleich null, könnte das als Hinweis dafür gelten, dass in der Population ein Mittelwertsunterschied vorliegt – schließlich dienen uns die Stichprobenmittelwerte als Schätzungen für die Populationsmittelwerte. Allerdings werden zwei Stichprobenmittelwerte selten identisch sein, sodass wir erst anhand des Inferenztests entscheiden können, ob wir den Unterschied als zufällige Schwankung im Rahmen der Stichprobenziehung oder als überzufällig und in den Populationen begründet betrachten. Des Weiteren benötigen wir für unsere Prüfgröße den oben angeführten Standardfehler der Mittelwertdifferenz. Diese Formel setzt die Kenntnis der Varianzen in den beiden Populationen voraus. Da dies aber in der Regel nicht gegeben ist, müssen wir die Varianzen in unseren Stichproben als Schätzung für die Populationsvarianzen nutzen. Schlussendlich ergibt sich daraus eine Prüfgröße, die einer $t$-Verteilung folgt und im Falle ungleicher Varianzen wie folgt definiert ist[6] (Abb. 5.1):

$$t = \frac{\overline{x}_1 - \overline{x}_2}{\sqrt{\frac{\hat{\sigma}_1^2}{n_1} + \frac{\hat{\sigma}_2^2}{n_2}}}$$

Im Nenner befindet sich nun der *geschätzte Standardfehler*, der auf den *geschätzten Populationsvarianzen* basiert, die sich mit Hilfe von Stichprobendaten wie folgt berechnen lassen:

$$\hat{\sigma}_1^2 = \frac{\sum_{i=1}^{n}(x_{1i} - \bar{x}_1)^2}{n-1} \quad \text{und} \quad \hat{\sigma}_2^2 = \frac{\sum_{i=1}^{n}(x_{2i} - \bar{x}_2)^2}{n-1}$$

---

[6] Im Falle ungleicher Varianzen ist die Bestimmung der Freiheitsgrade etwas komplexer und kann beispielsweise bei Ludwig-Mayerhofer et al. (2014) oder Bortz und Schuster (2010) nachgeschlagen werden.

Wer die (relativ einfache) Herleitung der Prüfgröße $t$ genauer nachvollziehen möchte, möge auf umfangreichere Lehrbücher zurückgreifen (z. B. Bortz und Schuster 2010, S. 120 ff.)[7]. Uns reicht an dieser Stelle, dass wir uns vorstellen können, was unter der Stichprobenverteilung und dem Standardfehler zu verstehen ist; sowie, dass unsere Prüfgröße zur Testung eines Mittelwertsunterschiedes einer $t$-Verteilung folgt und sich dadurch bestimmen lässt, dass die Stichprobenmittelwertsdifferenz durch den geschätzten Standardfehler geteilt wird.

**Kritischer Bereich** Den kritischen Bereich haben wir bereits im Rahmen der Zusammenhangshypothese besprochen. Wir haben jetzt allerdings eine gerichtete Hypothese formuliert, sodass wir uns nur für eine Seite der Stichprobenverteilung interessieren (s. Abb. 5.3). Da wir abermals die ALLBUS-Daten verwenden und somit über eine große Stichprobe verfügen, können wir es uns wieder zu Nutze machen, dass die $t$-Verteilung mit wachsendem Stichprobenumfang in die Standardnormalverteilung übergeht und die Grenze des kritischen Bereichs aus der $z$-Tabelle ablesen (s. http://eswf.uni-koeln.de/glossar/zvert.html). Weil wir mit der $H_1$ davon ausgehen, dass der Mittelwert der traditionellen Geschlechtsrollenorientierung für Personen, die in Westdeutschland sozialisiert wurden, größer ist, verwerfen wir die Nullhypothese nur dann, wenn $t$ positive Werte annimmt. Bei einem Signifikanzniveau von 1 % suchen wir also den $z$-Wert, der die oberen 1 % der Standardnormalverteilung abgrenzt. Dies ist der Wert $z = 2,33$ (bzw. $z = 2,326$).

**Berechnung der Prüfgröße auf Basis der Stichprobendaten** Nun möchten wir den empirischen Wert für $t$ berechnen und setzen in die oben aufgeführten Formeln ein. Für die einzusetzenden Größen haben wir erneut den ALLBUS Datensatz und das Statistikprogramm Stata bemüht (um den Rundungsfehler gering zu halten, geben wir die einzusetzenden Werte auf vier Nachkommastellen genau an):

$$t_{emp} = \frac{1,8384 - 1,7047}{\sqrt{\frac{0,4806}{1021} + \frac{0,3936}{583}}} = 3,95$$

**Entscheidung für oder gegen die Nullhypothese** Schließlich vergleichen wir den empirischen Wert von $t$ (=3,95) mit dem Wert, der den kritischen Bereich der Standardnormalverteilung abgrenzt (=2,33). Da hier $| t_{emp} | > t_{krit}$ gilt, verwerfen wir die $H_0$ zugunsten der $H_1$. Wir gehen dementsprechend davon aus, dass Personen, die in

---

[7] Bortz und Schuster (2010) verwenden als Bezeichnung für die Schätzung einer Populationsvarianz $s^2$.

Westdeutschland sozialisiert wurden, eine stärkere traditionelle Geschlechtsrollenorientierung aufweisen als Personen, die den Großteil ihrer Kindheit und Jugend in Ostdeutschland verbracht haben.

## 5.6 Welcher Test passt zu meinem Vorhaben?

Es stehen eine ganze Reihe verschiedener Tests zur Verfügung, um Hypothesen zu überprüfen. Eine gute und umfangreiche Übersicht liefern diesbezüglich Clauß et al. (2017) sowie Hedderich und Sachs (2020). Die Auswahl des zum eigenen Forschungsvorhaben passenden Tests erfolgt unter anderem in Abhängigkeit der eigenen Fragestellung (z. B. Unterscheiden sich zwei Populationen hinsichtlich eines metrischen Merkmals?), der Art der Stichprobenziehung (z. B. unabhängig voneinander gezogene Stichproben), dem Skalenniveau der interessierenden Variablen (z. B. nominal und metrisch), der Anzahl der Stichproben, sowie der Frage, inwieweit bestimmte Verteilungsannahmen (z. B. Normalverteilung) als erfüllt angesehen werden können (vgl. Clauß et al. 2017, S. 181 ff.; Hartmann und Lois 2015, S. 48 ff.).

Neben den *Anpassungstests,* bei denen eine auf Stichprobendaten basierende Verteilung mit einer theoretischen, in der Population angenommenen Verteilung verglichen wird, vereinen die *Unterschiedstests* eine relativ große Gruppe inferenzstatistischer Verfahren (Clauß et al. 2017). Im Rahmen des Tests eines Unterschieds lassen sich wiederum grob drei Typen von Fragestellungen unterscheiden. Zum Beispiel können wir an der Frage interessiert sein, inwiefern sich zwei oder mehr Gruppen hinsichtlich eines Maßes der zentralen Tendenz (z. B. Mittelwert) unterscheiden und einen *Lokalisationstest* durchführen. Des Weiteren könnten wir untersuchen, ob sich die Gruppen hinsichtlich eines Streuungsmaßes (z. B. Varianz) unterscheiden und einen *Dispersionstest* anwenden. Ein sogenannter *Omnibustest* kommt zum Einsatz, wenn wir mehrere Verteilungseigenschaften untersuchen möchten. Diese drei Kategorien lassen sich weiter auffächern und wir möchten dies exemplarisch und ausschnittsweise für die Gruppe jener Lokalisationstests darstellen, bei denen *zwei Gruppen* hinsichtlich des Mittelwerts miteinander verglichen werden (s. Abb. 5.4): Interessieren wir uns dafür, ob sich zwei Populationen hinsichtlich eines metrischen Merkmals unterscheiden, können dabei unabhängige oder abhängige (verbundene) Stichproben vorliegen. Im Falle verbundener Stichproben geschieht die Ziehung der einen Stichprobe in Abhängigkeit der anderen. Werden beispielsweise 150 Männer mit ihren Vätern hinsichtlich der traditionellen Geschlechtsrollenorientierung verglichen, so

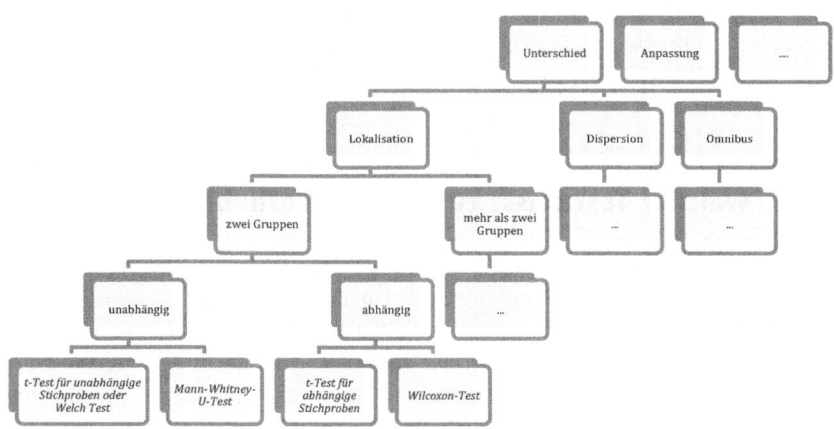

**Abb. 5.4** Übersicht über inferenzstatistische Verfahren zur Testung von Unterschieden[8]. (Eigene Darstellung)

wurden die Väter in Abhängigkeit ihre Söhne (oder umgekehrt) gezogen. Von unabhängigen Stichproben wird dagegen gesprochen, wenn die Ziehung der einen Stichproben unabhängig von der Ziehung der anderen erfolgt (s. Abschn. 5.5). Im Rahmen der Unterschiedstests für zwei *unabhängige* Stichproben lässt sich nun der *t-Test für unabhängige Stichproben* vom *Mann–Whitney-U-Test* unterscheiden. Letzterer zählt zu den nichtparametrischen, d. h. verteilungsfreien Verfahren und kann zum Einsatz kommen, wenn die Voraussetzungen für das parametrische Verfahren des *t*-Tests für unabhängige Stichproben nicht erfüllt sind (z. B. Normalverteilung des metrischen Merkmals). Liegen beim *t*-Test für unabhängige Stichproben ungleiche Varianzen in den zu vergleichenden Populationen vor – was durch einen entsprechenden Dispersionstest vorab zu prüfen wäre – wird in der Regel, wie oben geschehen, die Anpassung nach *Welch* vorgenommen. Eine non-parametrische Alternative zum parametrischen *t-Test für abhängige Stichproben* ist der *Wilcoxon-Test*.

Sollen mehr als zwei Gruppen miteinander verglichen werden, kann auf die Verfahren der *Varianzanalyse* zurückgegriffen werden, die sich erneut und in ähnlicher Weise unterteilen lassen. Als ein alternatives multivariates Analyseverfahren steht schließlich die *Regressionsanalyse* zur Verfügung, in die sich die

---

[8] Eine umfangreiche Übersicht bietet beispielsweise auch die Homepage der Methodenberatung der Universität Zürich: https://www.methodenberatung.uzh.ch/de/datenanalyse_spss.html

Verfahren des *t*-Tests und der Varianzanalyse relativ einfach integrieren lassen (s. Kap. 6).

## 5.7 Effektstärke

Alleine auf die Signifikanz eines Zusammenhangs bzw. eines Unterschieds zu achten, reicht bei der sozialwissenschaftlichen Datenanalyse nicht aus. Wie wir im Abschnitt zur Testung der Unterschiedshypothese besprochen haben, ist der Standardfehler umso kleiner, je größer die Stichprobe ist. Dies kann bei großen Stichproben zur Folge haben, dass selbst kleine und praktisch unbedeutende Zusammenhänge oder Unterschiede signifikant sind. Das heißt, wir können sie mit Hilfe unseres Inferenztests zwar ‚aufspüren', aber bedeutende Konsequenzen für unsere bzw. die Realität der Grundgesamtheit haben sie nicht. Wenn wir beispielsweise auf Basis unserer Daten herausfinden würden, dass sich Personen aus Ost- und Westdeutschland signifikant in ihrem Monatsgehalt unterscheiden, der Unterschied aber nur 1,50 € betragen würde, kann man zumindest infrage stellen, ob diese Differenz praktisch relevant ist. Deshalb sollten wir immer auch *Effektstärken* berechnen, die angeben wie stark und damit wie bedeutsam der Zusammenhang oder der Unterschied ist. Dies gilt auch umgekehrt. Das heißt, stehen die Daten einer relativ kleinen Stichprobe zur Verfügung, kann es sein, dass uns praktisch relevante Zusammenhänge entgehen, wenn wir einzig und allein auf die Signifikanz achten. Je nach Test und Prüfgröße stehen eine ganze Reihe verschiedener Effektstärken zur Verfügung. Wir können hier keine Übersicht bieten, möchten aber zumindest die Effektstärken für unsere beiden Beispiele bestimmen.

Das ist für den Zusammenhang zwischen dem Alter und der traditionellen Geschlechtsrollenorientierung sehr einfach. Die Produkt-Moment-Korrelation $r$ ist bereits ein Maß für die Effektstärke. Dabei werden zur Beurteilung der Stärke des Zusammenhangs oft die von Cohen (1988) vorgeschlagenen Grenzen herangezogen. Demzufolge ist eine Korrelation ab $r = 0{,}10$ als ein *schwacher*, eine Korrelation ab $r = 0{,}30$ als ein *mittlerer* und eine Korrelation ab $r = 0{,}50$ als ein *starker* Zusammenhang zu bezeichnen. In unserem Fall liegt nach Cohen (1988) mit einer Korrelation von $r = 0{,}19$ ein schwacher Zusammenhang vor. Diese Grenzen sind allerdings nur als Richtlinien zu verstehen und es ist immer auch kontextabhängig, ob ein Effekt als schwach, mittel oder stark angesehen wird.

Für unsere Unterschiedshypothese kommen verschiedene Effektstärken infrage. Beispielsweise könnten wir *Cohens d* bzw. *Hedges g* berechnen. Wir nutzen hier allerdings die Möglichkeit den *t*-Wert in $r$ umzurechnen (Tarnai 1987), sodass wir uns an die bereits oben genannten Richtlinien von Cohen (1988) halten können:

$$r = \sqrt{\frac{t^2}{t^2 + df}}$$

Setzen wir in diese Formel ein, erhalten wir für unseren Unterschied einen Wert von $r = 0{,}11$, womit ein schwacher Effekt vorliegt.[9] Der Vorteil von der Berechnung von $r$ besteht auch darin, dass durch Quadrieren des Korrelationskoeffizienten das *Bestimmtheitsmaß* (Determinationskoeffizienten) $R^2$ berechnet werden kann (Tarnai 1987). Es gibt (multipliziert mit 100) den Anteil der Varianz an, den sich die beiden interessierenden Variablen teilen. Im Falle der Zusammenhangshypothese teilen sich die Variablen Alter und traditionelle Geschlechtsrolleneinstellungen ca. 3,6 % ihrer Varianz, im Falle der Unterschiedshypothese, weisen die Variablen Ost/West-Sozialisation und traditionelle Geschlechtsrollenorientierung nur ca. 1,2 % gemeinsame Varianz auf.

## 5.8 Teststärke

In Abschn. 5.3 haben wir erläutert, dass es in der Regel zweckmäßig ist, die Wahrscheinlichkeit für einen Alpha-Fehler gering zu halten, sodass die Wahrscheinlichkeit, dass wir uns irren klein ist, wenn wir uns für die $H_1$ entscheiden. Was aber ist, wenn wir uns gegen die $H_1$ entscheiden und die $H_0$ beibehalten – mit welcher Wahrscheinlichkeit irren wir uns dann? Anders formuliert: Wie groß ist die Wahrscheinlichkeit für einen Beta-Fehler (Fehler 2. Art)? Der Beta-Fehler ist auch insofern von Bedeutung, als auf Basis seiner Auftretenswahrscheinlichkeit die sogenannte *Teststärke* (Power) berechnet werden kann:

$$\text{Power} = 1 - \beta$$

Der griechische Buchstabe $\beta$ steht hier für die Wahrscheinlichkeit, einen Beta-Fehler zu begehen. Gilt in der Grundgesamtheit die $H_1$, können wir uns auf Basis der Stichprobendaten richtig, d. h. für die $H_1$, oder falsch, d. h. für die $H_0$, entscheiden. Beiden Entscheidungen kann jeweils eine Wahrscheinlichkeit zugeschrieben werden und zusammen ergeben diese Wahrscheinlichkeiten den Wert

---

[9] Die Freiheitsgrade können aus der Abb. 5.6 abgelesen werden.

## 5.8 Teststärke

1 – schließlich stehen nur diese beiden Möglichkeiten zur Verfügung, wenn wir davon ausgehen, dass die $H_1$ wahr ist. Ziehen wir die Wahrscheinlichkeit für den Beta-Fehler von 1 ab, entspricht der Rest der Wahrscheinlichkeit, dass wir uns für die $H_1$ entscheiden, wenn die $H_1$ in der Grundgesamtheit gilt. Ebendiese Wahrscheinlichkeit entspricht der Teststärke eines Tests. Ist die Teststärke hoch, ist die Wahrscheinlichkeit hoch, dass wir mit unserem Inferenztest einen Zusammenhang (oder Unterschied), der in der Population tatsächlich existiert, auch aufdecken. In Abb. 5.5 sind in vier verschiedenen Grafiken für eine fiktive Mittelwertdifferenz die Stichprobenverteilungen der $H_0$ und der $H_1$ abgebildet, jeweils mit einem fiktiven Standardfehler. Abgebildet ist also, wie sich (theoretisch) unendlich viele Mittelwertdifferenzen verteilen, einmal unter Annahme der $H_0$ und einmal unter Annahme der $H_1$. Die $H_1$ wurde gerichtet formuliert, sodass eine positive Mittelwertdifferenz in der Grundgesamtheit vermutet wird. Wichtig für das Verständnis der Teststärke ist, dass wir für jede Grafik davon ausgehen, dass die Alternativhypothese zutrifft und uns überlegen, was passiert, wenn die Prüfgröße in einen bestimmten Bereich fällt. Die durchgezogene Linie stellt damit die „wahre" Verteilung dar. Die dunkelgraue Fläche entspricht dem Signifikanzniveau. Fällt der Wert unserer Prüfgröße in diesen Bereich, entscheiden wir uns gemäß dem Sieben-Punkte Schema für die $H_1$. Befindet sich unsere Prüfgröße außerhalb des kritischen Bereiches, behalten wir fälschlicherweise die $H_0$ bei. Die hellgraue Fläche entspricht folglich der Wahrscheinlichkeit, einen Beta-Fehler zu begehen. Ziehen wir von der Fläche unter der Stichprobenverteilung der $H_1$ die hellgraue Fläche ab, erhalten wir die Teststärke. Wie in der Abbildung ersichtlich wird, ist die Wahrscheinlichkeit für den Beta-Fehler in Grafik a) relativ groß und damit die Teststärke relativ klein. In Grafik b) ist die hellgraue Fläche wesentlich kleiner, da hier der Standardfehler kleiner ist, d. h. die Mittelwertdifferenz in der Population ist die gleiche, aber die Mittelwertdifferenzen streuen nun weniger. Im Vergleich zur Grafik a) ist auch die Teststärke in Grafik c) größer. Hier ist zwar der Standardfehler der gleiche, der Mittelwertunterschied aber größer. Die Mittelwertdifferenzen verteilen sich nicht mehr um den Wert 2, sondern um den Wert 3, sodass die Verteilung der $H_1$ nach rechts „verschoben" ist. In der letzten Grafik d) liegt sowohl ein größerer Effekt als auch ein kleinerer Standardfehler als in Grafik a) vor, sodass hier eine besonders hohe Teststärke zu beobachten ist. Daraus sollte klar werden, dass die Teststärke abhängig ist von der *Effektgröße,* in unserem Fall von der Größe des Mittelwertunterschieds, und vom *Standardfehler,*

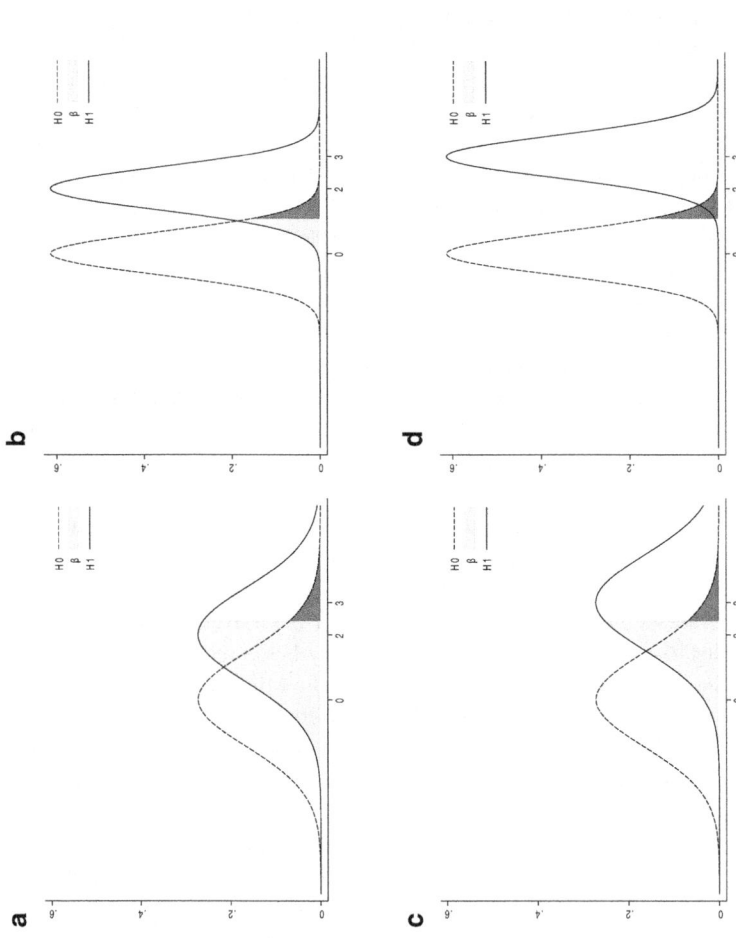

**Abb. 5.5** Stichprobenverteilungen der Nullhypothese, Wahrscheinlichkeit des Beta-Fehlers und Stichprobenverteilung der Alternativhypothese in Abhängigkeit des Standardfehlers und der Größe des Mittelwertunterschieds. (Eigene Darstellung nach Bortz und Schuster 2010, S. 109; Bühner und Ziegler 2017, S. 216; Ludwig-Mayerhofer et al. 2014, S. 169)

der seinerseits von der *Streuung* des Merkmals in der Grundgesamtheit und von der *Stichprobengröße* abhängt (s. Abschn. 5.5).[10]

Dies ist (hoffentlich) noch relativ gut nachvollziehbar. Allerdings ergibt sich folgendes Problem: Wie lässt sich überhaupt die Wahrscheinlichkeit für einen Beta-Fehler bestimmen? Die $H_1$ ist im Gegensatz zur $H_0$ nicht präzise definiert. Bei der $H_0$ befinden wir uns in der Welt, in der keine Zusammenhänge oder Unterschiede existieren, in der beispielsweise ein Mittelwertunterschied zwischen zwei unabhängigen Gruppen dem Wert Null entspricht und in der dementsprechend die Mittelwertunterschiede in der Stichprobenverteilung um den Wert Null streuen. Eine entsprechend exakte Angabe bräuchten wir nun auch für die $H_1$. Eine solche Angabe haben wir aber in der Regel nicht, womit wir auch nicht wissen, um welchen Wert sich die Mittelwertsdifferenzen im Falle der $H_1$ verteilen. Eine Möglichkeit, mit diesem Dilemma umzugehen, besteht darin sich zu überlegen, wie groß ein Effekt (in unserem Fall wie groß ein Unterschied) mindestens sein sollte, damit er es Wert ist, entdeckt zu werden (vgl. Ludwig-Mayerhofer et al. 2014). Unter dieser Voraussetzung könnten wir auch vor der Datenerhebung abschätzen, wie groß die Stichprobe sein muss, damit die Teststärke eine bestimmte Höhe erreicht (z. B. über 0,80 liegt). Ein entsprechendes Programm hierfür ist G*Power (Faul et al. 2007, 2009), das für verschiedene Betriebssysteme kostenlos verfügbar ist.

## 5.9 Der p-Wert

Statistikprogramme halten sich in der Darstellung der Ergebnisse eines Hypothesentests nicht an das hier vorgestellte Sieben-Punkte Schema, auch wenn das angewendete Prinzip das gleiche ist. In der Regel wird auch lediglich der Wert der Prüfgröße angegeben, nicht aber die jeweilige Tabelle der entsprechenden Verteilung oder die Grenzwerte für den kritischen Bereich der Prüfgröße. Allerdings müssen wir hier den empirisch berechneten Wert der Prüfgröße auch nicht mit dem jeweiligen kritischen Bereich abgleichen, da in den Outputs der Programme der sogenannte *p-Wert* ausgegeben wird. In Abb. 5.6 ist der Stata-Output für den in Abschn. 5.5 durchgeführten Test der Mittelwertsdifferenz zu sehen.

---

[10] Wir sind hier zur Veranschaulichung der Teststärke davon ausgegangen, dass wir die Streuungen des Merkmals in den Gruppen kennen und somit der Standardfehler bekannt ist, sodass wir die Verteilung der Mittelwertsdifferenzen als Normalverteilungen darstellen können. Ist dies nicht der Fall, müssen die Streuungen und der Standardfehler geschätzt werden; die resultierenden *t*-Werte folgen dann entsprechend einer *t*-Verteilung.

```
Two-sample t test with unequal variances

    Group |    Obs        Mean    Std. Err.   Std. Dev.   [99% Conf. Interval]
----------+---------------------------------------------------------------------
        0 |  1,021    1.838394    .0216962    .6932616    1.782403    1.894384
        1 |    583    1.704688    .0259832    .6273736     1.63754    1.771837
----------+---------------------------------------------------------------------
 combined |  1,604    1.789796    .0168027    .6729475    1.746464    1.833129
----------+---------------------------------------------------------------------
     diff |           .1337053    .0338504                .0463857     .221025

     diff = mean(0) - mean(1)                                       t =   3.9499
Ho: diff = 0                                   Welch's degrees of freedom = 1314.55

    Ha: diff < 0                 Ha: diff != 0                  Ha: diff > 0
 Pr(T < t) = 1.0000         Pr(|T| > |t|) = 0.0001           Pr(T > t) = 0.0000
```

**Abb. 5.6** Stata-Output des *t*-Tests zur Überprüfung des Mittelwertunterschieds zwischen Ost (Group 1) und West (Group 0) hinsichtlich der traditionellen Geschlechtsrollenorientierung. (Quelle: ALLBUS Kumulation 1980–2018, Erhebungsjahr 2016)

Wie in Abb. 5.6 zu sehen ist, präsentiert Stata am unteren Ende des Outputs mehrere p-Werte für verschiedene Alternativhypothesen: $Pr(T < t)$, $Pr(|T| > |t|)$ und $Pr(T > t)$. Da wir eine gerichtete Alternativhypothese formuliert haben, bei der wir davon ausgehen, dass eine positive Mittelwertsdifferenz besteht, interessieren wir uns für den p-Wert auf der rechten Seite. Dieser ist kleiner als 0,0000 und gibt an, wie groß die Wahrscheinlichkeit ist, dass wir unter der Bedingung der Nullhypothese, den ausgegebenen Wert der Prüfgröße oder einen noch extremeren Wert erhalten. Ist der p-Wert *kleiner* als das von uns gewählte Signifikanzniveau, liegt ein signifikantes Ergebnis vor, da in diesem Fall klar ist, dass die Prüfgröße im kritischen Bereich liegt. Dementsprechend entscheiden wir uns für die $H_1$. Ist der p-Wert größer oder gleich dem Signifikanzniveau, behalten wir die $H_0$ bei. Dieses Prinzip gilt auch für andere Inferenztests und deren Outputs.

## 5.10 Die Beziehung des Hypothesentests zu Konfidenzintervallen

Zu Beginn von Abschn. 5.2 haben wir erläutert, dass es grob zwei Bereiche in der Inferenzstatistik gibt, mit denen wir etwas über die Grundgesamtheit erfahren können: das Schätzen und das Testen. Das *Testen* von Hypothesen haben wir ausführlich besprochen. Beim *Schätzen* lassen sich Punkt- und Intervallschätzer voneinander unterscheiden. Möchten wir beispielsweise die Differenz

## 5.10 Die Beziehung des Hypothesentests zu Konfidenzintervallen

zweier Populationsmittelwerte schätzen und berechnen hierfür die Differenz zweier Stichprobenmittelwerte, haben wir eine *Punktschätzung* durchgeführt.[11] Berechnen wir stattdessen ein Intervall, dass die gesuchte Differenz der Populationsmittelwerte mit einer bestimmten Wahrscheinlichkeit, beispielsweise mit einer Wahrscheinlichkeit von 95 % oder 99 % enthält, führen wir eine *Intervallschätzung* durch. In Abb. 5.6 (*t*-Test Output) ist das 99 %-*Konfidenzintervall* für die Mittelwertdifferenz der Personen aus Ost- und Westdeutschland hinsichtlich der traditionellen Geschlechtsrollenorientierung zu sehen. Dieses Konfidenzintervall gibt an, dass das Intervall mit den Grenzen (auf zwei Nachkommastellen genau) 0,05 und 0,22 die gesuchte Mittelwertsdifferenz in der Population mit einer Wahrscheinlichkeit von 99 % enthält.[12] Auch hier wissen wir nicht, wie die Realität tatsächlich aussieht und ob das geschätzte Intervall die wahre Mittelwertsdifferenz wirklich enthält (zur Logik und Berechnung von Konfidenzintervallen s. Ludwig-Mayerhofer et al. 2014 oder Kühnel und Krebs 2001).

Am Konfidenzintervall wird ersichtlich, wie exakt der Parameter geschätzt werden kann. Dabei sind die Ergebnisse von Intervallschätzung und Hypothesentests nicht unabhängig voneinander, sodass aus den Konfidenzintervallen gefolgert werden kann, ob ein bestimmter Hypothesentest signifikant ausfällt oder nicht. In der Regel gilt hier für eine *ungerichtete* Hypothese: Enthält das Konfidenzintervall den unter der Nullhypothese für den Populationsparameter postulierten Wert (in unserem Fall wäre das der Wert 0), so wird die Nullhypothese beibehalten, andernfalls wird sie zugunsten der $H_1$ verworfen. Bei *gerichteten* Hypothesen muss berücksichtigt werden, dass der kritische Bereich nur auf einer Seite der Stichprobenverteilung liegt (das für die Entscheidung herzanzuziehende Konfidenzintervall ist dann kleiner) und der Wert der Prüfgröße das zur $H_1$ passende Vorzeichen haben muss, damit von einem signifikanten Ergebnis gesprochen werden kann (für eine ausführlichere Darstellung hinsichtlich Konfidenzintervallen und gerichteter Hypothesen und auch hinsichtlich der Besonderheit von Konfidenzintervallen bei Anteilswerten s. Ludwig-Mayerhofer et al. 2014).

---

[11] Das haben wir bereits im Rahmen der Berechnung der Prüfgröße *t* in Kap. 5.5 gemacht.

[12] Das Konfidenzintervall gibt *nicht* an, dass der gesuchte Parameter mit einer Wahrscheinlichkeit von 99 % genau innerhalb dieser Grenzen liegt, sondern nur, dass 99 % aller möglichen Konfidenzintervalle den gesuchten Parameter überdecken und 1 % dies nicht tun.

## 5.11 Nachbemerkung

Wie eingangs in diesem Kapitel erwähnt, ist es nicht einfach, das Prinzip des Signifikanztests nachzuvollziehen. Möglicherweise kann es am Anfang auch reichen, das Sieben-Punkte Schema zu behalten und sich beim Interpretieren der Outputs von Statistikprogrammen daran zu erinnern, dass dann ein signifikantes Ergebnis vorliegt, wenn der angezeigte p-Wert kleiner als das vorab gewählte Signifikanzniveau ist. Wer also das Hypothesentesten nach einmaligem Durchlesen des Kapitels noch nicht komplett verstanden hat, sollte sich nicht entmutigen lassen, das Kapitel u. U. nochmal lesen und dabei gerne auch weitere Literatur zu Rate ziehen. Wir haben das Konzept des Signifikanztests und zentrale Begrifflichkeiten wie zentrales Grenzwerttheorem, Stichprobenverteilung und Standardfehler sehr kompakt dargestellt. Der Vorteil einer solch komprimierten Einführung ist, dass viele Konzepte, auf denen der Hypothesentest basiert, innerhalb eines Kapitels erläutert werden und nicht zwischen verschiedenen Kapiteln zu Themen wie Wahrscheinlichkeitsrechnung, Zufallsvariablen und deren Verteilung, Schätzen und Testen hin- und her geblättert werden muss. Es ist für das tiefere Verständnis aber sicherlich von Vorteil, nach einer solch kurzen Einführung auch die Kapitel diesbezüglich umfangreicherer Lehrbücher zu sichten. Wir empfehlen hier beispielsweise die ebenfalls noch relativ kompakte Darstellung von Ludwig-Mayerhofer et al. (2014), die entsprechenden Kapitel des Standardwerks von Bortz und Schuster (2010) oder die ebenfalls relativ ausführlichen Erläuterungen von Kühnel und Krebs (2001). Einen beeindruckenden Überblick über eine Vielzahl verschiedener Inferenztests liefern Hedderich und Sachs (2020). Ohne näher darauf einzugehen, sei schließlich erwähnt, dass mit der Bayes-Statistik auch eine Alternative zum hier beschriebenen Vorgehen existiert (s. z. B. Tschirk 2019).

## Literatur

Bortz, Jürgen., und Christof Schuster. 2010. *Statistik für Human- und Sozialwissenschaftler.* Berlin: Springer. https://doi.org/10.1007/978-3-642-12770-0.

Bühner, Markus, und Matthias Ziegler. 2017. *Statistik für Psychologen und Sozialwissenschaftler. Grundlagen und Umsetzung mit SPSS und R.* Hallbergmoos: Pearson.

Clauß, Günter., Falk-Rüdiger. Finze, und Lothar Partzsch. 2017. *Grundlagen der Statistik für Soziologen, Pädagogen, Psychologen und Mediziner.* Haan-Gruiten: Verlag Europa-Lehrmittel Nourney, Vollmer GmbH & Co. KG.

Cohen, Jacob. 1988. *Statistical power analysis for the behavioral sciences.* Hillsdale: Lawrence Erlbaum Associates.

## Literatur

Faul, Franz, Edgar Erdfelder, Axel Buchner, und Albert-Georg Lang. 2009. Statistical power analyses using G*Power 3.1: Tests for correlation and regression analyses. *Behavior Research Methods* 41:1149–1160. https://doi.org/10.3758/BRM.41.4.1149.

Faul, Franz, Edgar Erdfelder, Albert-Georg. Lang, und Axel Buchner. 2007. G*Power 3: A flexible statistical power analysis program for the social, behavioral, and biomedical sciences. *Behavior Research Methods* 39:175–191. https://doi.org/10.3758/BF03193146.

Hartmann, Florian G., und Daniel Lois. 2015. *Hypothesen Testen. Eine Einführung für Bachelorstudierende sozialwissenschaftlicher Fächer.* Wiesbaden: Springer Gabler. https://doi.org/10.1007/978-3-658-10461-0.

Hedderich, Jürgen., und Lothar Sachs. 2020. *Angewandte Statistik: Methodensammlung mit R.* Berlin: Springer. https://doi.org/10.1007/978-3-662-62294-0.

Krampen, Günter. 1979. Eine Skala zur Messung der normativen Geschlechtsrollen-Orientierung (GRO-Skala). *Zeitschrift für Soziologie* 8:254–266. https://doi.org/10.1515/zfsoz-1979-0304.

Kühnel, Steffen-M., und Dagmar Krebs. 2001. *Statistik für die Sozialwissenschaften: Grundlagen, Methoden, Anwendungen.* Reinbek bei Hamburg: Rowohlt Taschenbuch. doi: https://doi.org/10.1007/s11577-003-0033-5.

Lois, Daniel. 2020. Gender role attitudes in Germany, 1982–2016: An age-period-cohort (APC) analysis. *Comparative Population Studies* 45:35–64. https://doi.org/10.12765/CPoS-2020-02.

Ludwig-Mayerhofer, Wolfgang, Uta Liebeskind, und Ferdinand Geißler. 2014. *Statistik. Eine Einführung für Sozialwissenschaftler.* Weinheim: Beltz.

Mays, Anja. 2012. Determinanten traditionell-sexistischer Einstellungen in Deutschland – Eine Analyse mit Allbus-Daten. *Kölner Zeitschrift für Soziologie und Sozialpsychologie* 64:277–302. https://doi.org/10.1007/s11577-012-0165-6.

Tarnai, Christian. 1987. *Einführung in die Grundlagen der Statistik.* Münster: Institut für sozialwissenschaftliche Forschung e. V.

Tschirk, Wolfgang. 2019. *Bayes-Statistik für Human- und Sozialwissenschaften.* Berlin: Springer. https://doi.org/10.1007/978-3-662-56782-1.

# Lineare Regressionen 6

Wer dieses Buch bis zu diesem Punkt gelesen oder gar durchgearbeitet hat und zugleich ein wenig vertraut mit der empirisch orientierten soziologischen Literatur ist, wird bislang nur relativ wenig Überschneidungen gefunden haben und könnte in Anbetracht der Zielsetzung dieses Buches vielleicht sogar ein wenig enttäuscht sein. So dienen die in Kap. 4 behandelten deskriptiven und bivariaten Verfahren eher dem Kennenlernen der Daten und der Vorbereitung einer wirklichen sozialwissenschaftlichen Datenanalyse als dass sie selbst dazu geeignet sind, Erkenntnisse über soziale Prozesse zu generieren. In veröffentlichten Texten sind solche (vorbereitenden) Verfahren, zu denen beispielsweise auch Faktoren- und Reliabilitätsanalysen zählen, wenn überhaupt dann meist nur in knapper Form zu finden, da sie selten ein eigenständiges Forschungsinteresse verfolgen.

Am Ende dieses Kapitels sollte sich diese Einschätzung jedoch grundlegend geändert haben, denn im Folgenden wird mit dem Verfahren der linearen Regression ein Analyseinstrument vorgestellt, dass in der Lage ist, Zusammenhänge zwischen verschiedensten Variablen zu überprüfen und dabei auch vermittelte oder unterdrückte Einflüsse abzubilden (vgl. hierzu auch die in Kap. 7 zu findenden Ausführungen über die Logik der Datenanalyse).[1] Hauptziel einer linearen Regression ist es, die Ausprägungen einer metrisch gemessenen Variable auf die Unterschiede bestimmter anderer Variablen zurückzuführen.

---

[1] Das Ziel empirisch ausgerichteter Sozialforschung besteht letztlich immer in der Analyse kausaler, also ursächlicher Prozesse. Dabei ist es ausgesprochen schwierig, kausale Prozesse wirklich abzubilden (vgl. beispielsweise Bunge 2010; Gangl 2010; Hedström und Ylikoski 2010; Opp 2010). Für den alltäglichen Gebrauch sollte man sich immer bewusst werden, ob sich die empirisch beobachtbaren Einflussgrößen aus einem theoretischen Modell ergeben (vgl. für diese Unterscheidung zu einer sogenannten Variablensoziologie Esser 1987).

Um nun auch dieses Verfahren verstehbar vorzustellen, soll wieder auf das Beispiel der traditionellen Geschlechtsrollenorientierung eingegangen werden und nach (Erklärungs-) Faktoren gesucht werden, die diese Einstellung beeinflussen. Auch ohne große Reflektion soziologischer Theorien kann man vermuten, dass die Einstellung dazu, was ein geschlechtsspezifisch angemessenes Verhalten ist, von verschiedenen Faktoren abhängig ist: beispielsweise dem Alter, dem Geschlecht oder auch dem sozioökonomischen Status.[2] Einer der großen Vorteile linearer Regressionen ist es nun, den Einfluss all dieser (und anderer denkbarer und natürlich hoffentlich dann auch operationalisierter) Variablen gemeinsam berücksichtigen zu können.

## 6.1 Grundlogik der bivariaten Regression

Um das Verfahren jedoch zuerst einmal kennenzulernen, soll in einem ersten Schritt nur eine einzige erklärende oder unabhängige Variable berücksichtigt werden: das Alter der befragten Personen. Die theoretische Vermutung ist dabei die simple Hypothese, dass mit zunehmendem Alter auch die traditionelle Geschlechtsrollenorientierung ansteigen sollte. In der Abb. 6.1 findet sich ein entsprechendes Streudiagramm, um den Zusammenhang einschätzen zu können.[3]

Bereits anhand der Grafik wird die Tendenz erkennbar, dass mit steigendem Alter auch die traditionelle Geschlechtsrollenorientierung zunimmt – die beiden Variablen kovariieren positiv miteinander und die entsprechende Korrelation

---

[2] In der konkreten Forschungspraxis müssen diese empirisch vermuteten Einflussfaktoren aus einem theoretischen Modell abgeleitet werden – und nicht wie hier nur einfach aufgelistet. In aller Regel genügen hierfür relativ simple und die komplexe Alltagssituation stark vereinfachende Modelle wie sie beispielsweise die verschiedensten handlungstheoretischen Überlegungen liefern, die unter dem Schlagwort „rational choice" zusammengefasst werden (vgl. einleitend Hill 2002).

[3] Um diese Abbildung zu erzeugen, wurde den Daten mit der Option „jitter" des Stata-Befehls „twoway scatter" „zufälliges Rauschen" zugespielt, d. h. zufällige Streuungen um die tatsächlichen Werte. Hierdurch sind die einzelnen Punkte besser zu erkennen. Aus dem gleichen Grunde wurde nur eine kleine Teilstichprobe ($n = 100$) des Datensatzes gezogen. Die weiteren Analysen werden aber mit allen Fällen berechnet.

## 6.1 Grundlogik der bivariaten Regression

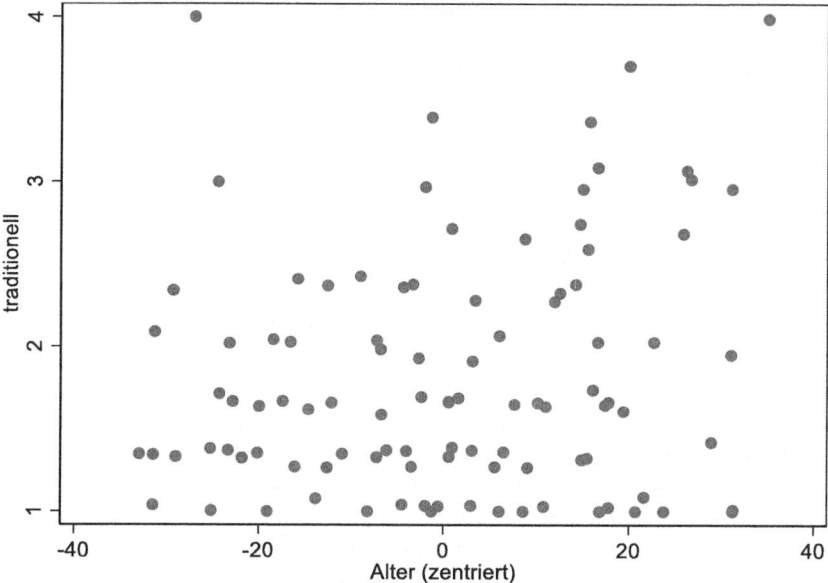

**Abb. 6.1** Zusammenhang zwischen dem (um den Mittelwert zentrierten) Alter und der traditionellen Geschlechtsrollenorientierung. (Quelle: ALLBUS 2016)

(für die Gesamtstichprobe) beträgt 0,17.[4] Wie schon oben bei den verschiedenen Zusammenhangsmaßen demonstriert, stellt sich nun die Frage, ob man die traditionelle Geschlechtsrollenorientierung besser vorhersagen kann, wenn man das Alter der Personen kennt. Genau für diese Fragestellung eignen sich bivariate oder einfache lineare Regressionen. Einschränkend ist jedoch anzumerken, dass als Vorhersageregel nur lineare Funktionen erlaubt sind. Für die Grafik und auch für die noch folgenden Regressionsmodelle haben wir die Variable Alter um ihren Mittelwert zentriert. Das heißt von jeder Altersangabe wurde das durchschnittliche Alter der Stichprobe subtrahiert, sodass positive Werte der mittelwertzentrierten Variable angeben, dass eine Person älter als der Durchschnitt ist und negative Werte, dass eine Person jünger als der Durchschnitt der Stichprobe

---

[4] Die Gesamtstichprobe für die Berechnung der Korrelation und für alle folgenden Berechnungen bilden jene Fälle, die auf allen in diesem Kapitel aufgeführten Variablen einen gültigen Wert aufweisen. Damit lassen sich die verschiedenen Regressionsmodelle gut miteinander vergleichen, da die Berechnungen immer auf denselben Fällen beruhen, d. h. sich die Stichprobenzusammensetzung nicht ändert.

ist. Der Wert Null der mittelwertzentrierten Variable entspricht dem Mittelwert der ursprünglichen Variable, d. h. dem durchschnittlichen Alter der Stichprobe. Wir werden später, wenn es darum geht, die Konstante des Regressionsmodells zu interpretieren, noch erfahren, warum im Rahmen von Regressionsmodellen die Mittelwertzentrierung von unabhängigen Variablen sinnvoll sein kann – an den Relationen zur abhängigen Variable ändert sich dadurch aber nichts, d. h. auch die Korrelation zwischen der ursprünglichen Altersvariable und der traditionellen Geschlechtsrollenorientierung beträgt 0,17.

Um das Verfahren nun auch in seinen Details gut verstehen zu können, werden die einzelnen Analysen in einem ersten Schritt mit einem kleinen Beispieldatensatz berechnet, bei dem die Möglichkeit besteht, die Analysen detailliert mit relativ wenig Aufwand nachzuvollziehen. In einem zweiten Schritt finden sich dann die Ergebnisse für den vollständigen Datensatz. Dieser Beispieldatensatz besteht aus 10 Personen, deren Charakteristika in den uns interessierenden Variablen der Tab. 6.1 zu entnehmen sind und der problemlos auch schnell in entsprechende Datenanalyseprogramme eingegeben werden kann.

Um nun die Frage zu untersuchen, ob durch das Wissen um das Alter der Personen die Schätzung der Geschlechtsrollenorientierung dieser Personen verbessert wird, benötigt man zuallererst eine Basisschätzung, die man überhaupt verbessern kann. Hierzu wird der arithmetische Mittelwert der Geschlechtsrollenorientierung herangezogen.

**Tab. 6.1** Alter und traditionelle Geschlechtsrollenorientierung. (Quelle: fiktive Daten)

| Lfd. Nummer | Alter (zentriert) | Trad. Orientierung (Skala 1–4) |
| --- | --- | --- |
| 1 | −14 | 1 |
| 2 | 9 | 2 |
| 3 | −3 | 4 |
| 4 | 14 | 3 |
| 5 | 21 | 1 |
| 6 | −2 | 2 |
| 7 | −14 | 1 |
| 8 | −5 | 3 |
| 9 | 4 | 2 |
| 10 | −10 | 1 |
| Arithmet. Mittelwerte | 0 | 2 |

## 6.1 Grundlogik der bivariaten Regression

**Tab. 6.2** Fehler bei der Vorhersage der traditionellen Geschlechtsrollenorientierung durch den Mittelwert. (Quelle: fiktive Daten)

| Lfd. Nummer | Vorhersage | Trad. Orientierung | Fehler (Quadrat der Abweichung) |
|---|---|---|---|
| 1 | 2 | 1 | 1 |
| 2 | 2 | 2 | 0 |
| 3 | 2 | 4 | 4 |
| 4 | 2 | 3 | 1 |
| 5 | 2 | 1 | 1 |
| 6 | 2 | 2 | 0 |
| 7 | 2 | 1 | 1 |
| 8 | 2 | 3 | 1 |
| 9 | 2 | 2 | 0 |
| 10 | 2 | 1 | 1 |

In einem zweiten Schritt muss man sich darüber klar werden, wie man den Fehler, den man mit dieser Vorhersage macht, eigentlich definieren will. Hier ist nun eine ganze Reihe von Möglichkeiten denkbar, aus vielfältigen Gründen wird als Fehler das *Quadrat der Abweichung* der realen Geschlechtsrollenorientierung von diesem Mittelwert angesehen. Wie sich leicht berechnen lässt, beträgt der Mittelwert 2. In Tab. 6.2 wird nun der Fehler berechnet, der sich dadurch ergibt, dass man für jede Person eine traditionelle Geschlechtsrollenorientierung von 2 vorhersagt.

Insgesamt beläuft sich die Summe dieser Abweichungsquadrate, also der Gesamtfehler, auf 10. Gesucht wird nun eine Vorhersageregel, die einen kleineren Fehler hervorbringt, wobei als Einschränkung noch einmal angemerkt sei, dass nur lineare Vorhersageregeln Anwendung finden. Gesucht wird also in dem hier betrachteten einfachen bivariaten Fall nach einer Geraden, die weniger Fehler – in der soeben bestimmten Definition – erzeugt als die Verwendung des Mittelwertes. Wenn man bedenkt, dass Geraden immer der Gleichung

$$y = b_0 + b_1 \cdot x_1$$

folgen, handelt es sich letztlich um ein Minimierungsproblem, was sich mit Hilfe der Schulmathematik lösen lässt (vgl. für eine formale Darstellung Urban und Mayerl 2008, S. 46 ff.). Letztlich versucht man, die quadrierten Abweichungen der realen Ausprägung der Geschlechtsrollenorientierung von der vorhergesagten Geschlechtsrollenorientierung auf Grundlage des Alters zu minimieren. Auch wenn in der Praxis die Berechnung der konkreten Werte von $b_0$, der *Konstante,* und $b_1$, dem *Regressionsgewicht,* wohl nie von Hand erfolgt, sollen hier die entsprechenden Formeln einmal angegeben werden.

$$b_1 = \frac{\frac{1}{n} \cdot \left(\sum_{i=1}^{n} (x_i - \overline{x}) \cdot (y_i - \overline{y})\right)}{\frac{1}{n} \cdot \left(\sum_{i=1}^{n} (x_i - \overline{x})^2\right)}$$

$$b_0 = \overline{y} - b_1 \cdot \overline{x}$$

Zu sehen ist, dass die Steigung der Geraden, $b_1$, hauptsächlich von der Kovarianz bestimmt wird – bei einem stark positiven Zusammenhang zwischen den Variablen ist (wenig erstaunlich) auch die beste Vorhersagegerade relativ steil und positiv, bei einem negativen Zusammenhang und damit einer negativen Kovarianz ist die Kurvensteigung ebenfalls negativ. Diese Kovarianz wird mit der Varianz von $x$ gewichtet oder ‚normiert'.

Wendet man diese Formeln auf die hier näher betrachteten 10 Personen aus der Tab. 6.1 an, so erhält man als Geradensteigung $b_1$ den Wert 0,016 und als Achsenabschnitt $b_0$ den Wert 2.[5] In aller Regel sind die Vorhersagen auch jetzt noch nicht fehlerfrei, nicht alle Punkte liegen auf der modellierten Geraden. In Tab. 6.3 sind nun für die 10 Fälle die aufgrund der Regressionsgerade vorhergesagten Werte sowie die dadurch entstehenden Fehler eingetragen.

Summiert man die Fehler nun auf, so erhält man einen Wert von 9,73. Wenn man zur Vorhersage der traditionellen Geschlechtsrollenorientierung also das Alter der befragten Personen heranzieht, verringert sich die Zahl der Fehlerpunkte von 10 um 0,27. Die Vorhersage verbessert sich also etwas. Etwa 2,7 % der ursprünglich gemachten Fehler lassen sich durch die Berücksichtigung des Alters vermeiden.[6]

---

[5] Der Achsenabschnitt bzw. die Konstante entspricht hier dem Durchschnitt der traditionellen Geschlechtsrollenorientierung, da wir vorab das Alter einer Mittelwertzentrierung unterzogen haben. Wer daran interessiert ist, für die präsentierten Beispieldaten die Koeffizienten zu berechnen, sei darauf hingewiesen, dass die Kovarianz oder der Zähler des Bruches bei $b_1$ in diesem Beispiel 2,22 beträgt und die Varianz von $x$ 140,44. Die Mittelwerte der beiden Variablen finden sich in Tab. 6.1.

[6] Werden die Daten der Tab. 6.1 in ein Statistikprogramm eingegeben, resultiert aus der Durchführung einer Regression eine Reduktion des Fehlers um 3,2 %. Diese sowie weitere Abweichungen zu den hier errechneten Werten sind auf Rundungsfehler zurückzuführen, da wir jeweils nur mit so viel Nachkommastellen gerechnet haben, wie im Text angegeben, sodass einzelne Berechnungen auch mit dem Taschenrechner nachvollzogen werden können. Insgesamt können diese Unterschiede vernachlässigt werden.

## 6.1 Grundlogik der bivariaten Regression

**Tab. 6.3** Fehler bei der Vorhersage der traditionellen Geschlechtsrollenorientierung durch das Alter. (Quelle: fiktive Daten)

| Lfd. Nummer | Alter (zentriert) | Vorhersage | Trad. Orientierung | Fehler |
|---|---|---|---|---|
| 1 | −14 | 1,78 | 1 | 0,61 |
| 2 | 9 | 2,14 | 2 | 0,02 |
| 3 | −3 | 1,95 | 4 | 4,20 |
| 4 | 14 | 2,22 | 3 | 0,61 |
| 5 | 21 | 2,34 | 1 | 1,80 |
| 6 | −2 | 1,97 | 2 | 0,00 |
| 7 | −14 | 1,78 | 1 | 0,61 |
| 8 | −5 | 1,92 | 3 | 1,17 |
| 9 | 4 | 2,06 | 2 | 0,00 |
| 10 | −10 | 1,84 | 1 | 0,71 |

Dieses gerade geschilderte Vorgehen repräsentiert die wichtigsten Punkte einer bivariaten Regression, die – da die Fehler als Abweichungsquadrate definiert sind – auch als OLS-Regression bezeichnet wird, wobei OLS für **O**rdinary **L**east **S**quares steht. Im einfachen und hier betrachteten bivariaten Fall sucht man nach der Regressionsgeraden, die die wenigstens Fehler, beziehungsweise die geringste Summe der Abweichungsquadrate erzeugt. Die relative Verbesserung der Fehler wird als *Determinationskoeffizient* $R^2$ bezeichnet. Diese Vorgehensweise folgt der Logik der relativen Fehlerreduktion (**P**roportional **R**eduction of **E**rror; PRE).

Bei der Interpretation der Regressionsgeraden geht man nun davon aus, dass die Analysen reale empirische Kausalprozesse abbilden – in unserem Fall, dass ein höheres Alter zu einer höheren traditionellen Geschlechtsrollenorientierung führt. Nicht immer ist die Wirkungsrichtung so klar wie in unserem Beispiel, da hier zumindest davon ausgegangen werden kann, dass die Geschlechtsrollenorientierung nicht auf das Alter wirkt. Häufig kann aber nicht sichergestellt werden, ob ein Prozess wirklich von $x$ auf $y$ wirkt oder ob nicht etwa die Kausalität gerade in die andere Richtung verläuft, also von $y$ auf $x$ – oder auch ob bestimmte andere Variablen beide Prozesse beeinflussen; solche Fragen können allein mit einer einfachen Regression nicht geklärt werden (vgl. dazu Kap. 7 oder den Beitrag von Brüderl 2010). Trotz aller noch im Weiteren zu klärenden technischen Möglichkeiten muss man sich der Tatsache bewusst sein, dass empirische Daten nur als Testgröße für theoretische Überlegungen dienen können, diese jedoch niemals ersetzen. Der erste Schritt einer empirischen Analyse muss also immer in der theoretischen Modellierung und dem Herausarbeiten falsifizierbarer Hypothesen sein.

Ähnlich der in Kap. 4 aufgeführten Logik bei der Analyse von Kreuztabellen mit Hilfe von $\chi^2$-Tests ist es jedoch möglich, die Zusammenhangsstärke gegenüber rein zufälligen Prozessen zu testen. Diese Überprüfung erfolgt in zwei Schritten: In einem ersten Schritt wird die Gesamtgüte des Modells betrachtet. Hierzu wird ein sogenannter $F$-Test berechnet, der die erklärte und die nichterklärte Fehlersumme, die Zahl der zur Erklärung herangezogenen Variablen sowie die Fallzahl berücksichtigt.[7] In unserem kleinen Beispieldatensatz mit 10 Personen beträgt der $F$-Wert 0,261 und ist – wie man entsprechenden Tabellen oder den Ausgaben der Datenanalyseprogramme entnehmen kann – nicht signifikant. Ähnlich kann man überprüfen, ob der Regressionskoeffizient $b_1$ auf Zufallsprozesse zurückzuführen ist.[8] In unserem einfachen Modell ist auch dieser nicht signifikant. Damit ist unser Modell nicht in der Lage, die Varianz der abhängigen Variable zu erklären. Allerdings haben wir es in der Praxis in aller Regel mit größeren Stichproben zu tun und das Ergebnis eines Signifikanztests ist, wie wir bereits in Kap. 5 erfahren haben, immer auch abhängig von der Stichprobengröße, sodass beide Tests bei einer größeren Stichprobe durchaus anders, d. h. signifikant, ausfallen könnten. Wie wir gleich sehen werden, ist das auf Basis der Daten des ALLBUS auch der Fall.

---

[7] In dem bislang im Mittelpunkt stehenden einfachen Fall einer bivariaten Regression beträgt die Zahl der erklärenden Faktoren natürlich 1 – dies ist wie gleich zu sehen sein wird jedoch nicht immer so. Für diesen $F$-Test werden zuerst die sogenannten Mittel der Quadrate gebildet, indem die durch die Regression vermiedenen Fehler durch die Zahl der Erklärungsfaktoren geteilt wird beziehungsweise die noch verbliebenen Fehler mit den Freiheitsgraden der Gesamtanalyse, die sich als Zahl der Fälle minus eins ergibt, und davon die Zahl der erklärenden Faktoren abzieht. Bei dieser Bildung der Mittel der Quadrate werden also die Freiheitsgrade des Gesamtmodells auf die erklärte und nicht-erklärte Variation aufgeteilt. Diese beiden Größen werden durcheinander geteilt und ergeben einen $F$-Wert. Dies ist ein sehr einfacher Test, der letztlich nur überprüft, ob die Ergebnisse auf rein zufällige Schwankungen der Daten zurückzuführen sind. Wenn der $F$-Test also aussagt, dass das Modell nicht signifikant ist, sollte man auf eine inhaltliche Interpretation vollständig verzichten. Dieser Test wird in SPSS in dem sogenannten ANOVA-Block (**a**nalysis **o**f **va**riance) und in Stata jeweils ohne spezielle Anforderung ausgegeben.

[8] Für das Regressionsgewicht $b_1$ wird auch ein Standardfehler (S.E. = standard error) berechnet, wobei die Korrelation zwischen unabhängiger und abhängiger Variable sowie die Fallzahl eine Rolle spielen. Der Quotient der Effektstärke $b_1$ durch diesen Standardfehler ergibt eine Testgröße $t$, deren Signifikanz überprüft werden kann (vgl. Kap. 5). Auch diese Tests werden ohne zusätzliche Anforderung in SPSS und Stata ausgegeben.

## 6.2 Bivariate Regression: ein Beispiel aus der Praxis

Nachdem nun die grundlegende Logik bivariater Regressionen an dem fiktiven Datensatz mit 10 Fällen deutlich geworden ist, soll der Zusammenhang zwischen dem Alter und der traditionellen Geschlechtsrollenorientierung anhand der gesamten ALLBUS-Daten überprüft werden. Sowohl in SPSS als auch in Stata erhält man eine Analyse der erklärten beziehungsweise unerklärten Variationen und den eben besprochenen $F$-Test. Für die ALLBUS-Daten findet sich folgendes Ergebnis:

Der $F$-Wert in Tab. 6.4 ist bei einem Signifikanzniveau von 1 % signifikant. Hinsichtlich der Erklärungsleistung des Modells ergibt sich ein Determinationskoeffizienten $R^2$ von 0,030.

Für die Faktoren der Regressionsgeraden $b_0$ und $b_1$ ergeben sich die Werte 1,821 und 0,007 (siehe Tab. 6.5).

Selbstverständlich findet sich auch für den $t$-Wert die entsprechende Angabe zur Signifikanz. Als Daumenregel kann man davon ausgehen, dass $t$-Werte größer als 2 beziehungsweise kleiner als $-2$ signifikant sind. Aufgrund des $F$-Tests kann man also das gesamte Modell und aufgrund der $t$-Tests für die beiden Faktoren $b_0$ und $b_1$ schlussfolgern, dass sich die Effekte in diesem Modell auf rein zufällige Prozesse zurückführen lassen oder nicht. In dem vorliegenden Fall ist davon auszugehen, dass es nicht rein zufällige Ergebnisse sind, sondern auf die Gegebenheiten in der Grundgesamtheit zurückzuführen sind. Die Regressionsgerade, die die Fehlerquote um 3,0 % (siehe $R^2$) verringert bzw. 3,0 % der Varianz der abhängigen Variable erklärt, lautet:

**Tab. 6.4** Modellgüte für den Zusammenhang zwischen Alter und traditioneller Geschlechtsrollenorientierung (Anova-Block). (Quelle: ALLBUS 2016, $n = 1.458$)

|  | Quadratsummen | df | Mittel | $F$-Wert |
| --- | --- | --- | --- | --- |
| Durch Regression erklärt | 21,4128 | 1 | 21,4128 | 45,37 |
| Residuen (nicht erklärt) | 687,2371 | 1.456 | 0,4720 |  |
| Gesamt | 708,6499 | 1.457 |  |  |

**Tab. 6.5** Bestimmung der Regressionsgeraden. (Quelle: ALLBUS 2016, $n = 1.458$)

|  | Koeffizient | Standardfehler (S.E.) | $t$-Wert |
| --- | --- | --- | --- |
| Konstante $b_0$ | 1,821 | 0,018 | 101,18 |
| Geradensteigung $b_1$ | 0,007 | 0,001 | 6,74 |

$$y = 1{,}821 + 0{,}007 \cdot x_1$$

Damit wird auch klar, wie die Konstante $b_0$ und das Regressionsgewicht $b_1$ interpretiert werden können. Ganz allgemein ausgedrückt entspricht $b_0$ dem Wert der abhängigen Variable, wenn die unabhängige Variable Null ist. In unserem Fall handelt es sich bei der unabhängigen Variable um das mittelwertzentrierte Alter; der Wert Null dieser Variable entspricht dem Mittelwert der ursprünglichen Altersvariable. Somit ist der Wert 1,821 der geschätzte Wert für die traditionelle Geschlechtsrollenorientierung einer Person, die durchschnittlich alt ist. Hätten wir keine Mittelwertzentrierung vorgenommen, würden wir für die Konstante den Wert 1,455 erhalten. Rein formal, wäre das der geschätzte Wert für die traditionelle Geschlechtsrollenorientierung einer Person, die Null Jahre alt ist. Inhaltlich macht das, wie bei vielen Variablen, wenig Sinn, sodass wir einen solchen Wert auch nicht interpretieren würden. Ist der Wert Null einer unabhängigen Variable also nicht sinnvoll interpretierbar, ist die Mittelwertzentrierung ein probates Mittel; andernfalls ist eine Mittelwertzentrierung nicht notwendig. Das Regressionsgewicht $b_1$ bleibt davon unberührt. Wieder allgemein ausgedrückt gibt der Wert von $b_1$ an, um wie viel die abhängige Variable zunimmt, wenn die unabhängige Variable um eine Einheit steigt. In unserem Fall heißt das: mit jedem zusätzlichen Jahr, steigt die traditionelle Geschlechtsrollenorientierung um den Wert 0,007.

## 6.3 „You'll never walk alone" – multivariate Regression

Zur Erklärung einer interessierenden soziologischen Größe genügt in aller Regel der Verweis auf eine einzige unabhängige Variable nie – soziologische Prozesse sind multikausal, verschiedene Faktoren bestimmen etwa die traditionelle Geschlechtsrollenorientierung und es ist die eigentlich interessierende Frage, wie stark die einzelnen Faktoren wirken. Hierzu soll in einem weiteren Schritt nun neben der Altersvariable der Einfluss des beruflichen Status des Vaters berücksichtigt werden. Dieser wird im ALLBUS mit dem Internationalen Sozioökonomischen Index des beruflichen Status (ISEI) abgebildet, der Einkommen und Bildung berücksichtigt (Variable fisei08).[9] Wir gehen davon aus, dass bei einem höheren Status des Vaters die traditionelle Geschlechtsrollenorientierung

---

[9] Theoretisch sinnvoller wäre es, den ISEI der Mutter als unabhängige Variable in das Modell aufzunehmen. Allerdings führt dies zu einer deutlichen Reduktion der Stichprobengröße, weshalb hier der ISEI des Vaters verwendet wird. Das Regressionmodell das am Ende dieses Kapitels berechnet wird, wurde auch mit dem ISEI der Mutter gerechnet, mit dem Ergebnis,

## 6.3 „You'll never walk alone" – multivariate Regression

**Tab. 6.6** Bestimmung der Regressionsebene. (Quelle: ALLBUS 2016, $n = 1.458$)

| | Koeffizient | S.E | $t$-Wert |
|---|---|---|---|
| Konstante $b_0$ | 1,821 | 0,018 | 102,69 |
| $b_1$: Einfluss Alter | 0,006 | 0,001 | 5,64 |
| $b_2$: Einfluss ISEI des Vaters | −0,006 | 0,001 | −6,69 |

niedriger ausfällt. Wenn man nun neben dem Alter den sozioökonomischen Status des Vaters zur Erklärung der Geschlechtsrollenorientierung heranzieht, erhält man einen $R^2$-Wert von 0,059 bei einem signifikanten Gesamtmodell (bzw. ein korrigiertes $R^2$ von 0,058; die Erläuterung der Korrektur folgt weiter unten). Anstelle einer Regressionsgeraden wird nun eine Regressionsebene vorhergesagt, wobei hier ebenfalls das Verfahren der kleinsten Quadrate verwendet wird. Eine entsprechende Ebene kann durch folgende Gleichung erfasst werden:

$$y = b_0 + b_1 \cdot x_1 + b_2 \cdot x_2$$

In unserem Beispiel ergeben sich für die verschiedenen Faktoren $b_0$, $b_1$ und $b_2$ die Werte in Tab. 6.6. Da der ISEI nicht den Wert Null annehmen kann, haben wir diese Variable ebenfalls mittelwertzentriert, sodass die Konstante $b_0$ sinnvoll interpretierbar ist.

Die Konstante ist abermals der geschätzte Wert von $y$, wenn die unabhängigen Variablen Null sind. Da wir beide unabhängige Variablen mittelwertzentriert haben, ist die Konstante von 1,821 also der geschätzte Wert für die traditionelle Geschlechtsrollenorientierung einer Person, die durchschnittlich alt ($x_1 = 0$) ist und deren Vater einen durchschnittlichen ISEI aufweist ($x_2 = 0$). Hinsichtlich der Effekte der unabhängigen Variablen, ist zu berücksichtigen, dass bei empirischen Analysen die verwendeten Variablen sehr häufig gänzlich unterschiedliche Skalen aufweisen beziehungsweise dass die Verteilung der Werte auf den Skalen ausgesprochen unterschiedlich sein kann. Wenn man dann daran interessiert ist, verschiedene Einflussgrößen hinsichtlich der Stärke ihres Einflusses miteinander zu vergleichen (z. B. Alter vs. ISEI), so kann die Betrachtung der Regressionsgewichte irreführend sein. Dies wird auch dadurch deutlich, dass etwa der $b$-Koeffizient des Alters anders ausfällt, wenn das Alter nicht in Jahren, sondern in Monaten gemessen wird, obwohl der Alterseffekt an sich der gleiche ist.

---

dass ein ähnlich großer Anteil der Varianz der Geschlechtsrollenorientierung erklärt werden kann ($R^2$ bei ISEI des Vaters: 10,68 %, $R^2$ bei ISEI der Mutter: 10,72 %, jeweils mit $n = 829$). Werden der ISEI der Mutter und der ISEI des Vaters gleichzeitig in das Modell aufgenommen, weist der ISEI der Mutter einer stärkeren Effekt auf.

**Tab. 6.7** Bestimmung der Koeffizienten. (Quelle: ALLBUS 2016, $n = 1.458$)

| | $b$-Koeffizient | $\beta$-Koeffizient |
|---|---|---|
| Einfluss Alter | 0,006 | 0,145 |
| Einfluss ISEI des Vaters | −0,006 | −0,172 |

Um diese Probleme zu vermeiden und eine Vergleichbarkeit herzustellen, lassen sich sogenannte *standardisierte* Koeffizienten, die auch als $\beta$-Koeffizienten (gesprochen Beta-Koeffizienten) bezeichnet werden, berechnen (diese Benennung ist nicht einheitlich; vgl. dazu Urban und Mayerl 2008, S. 71). Dabei bestimmen sich diese Größen (im bivariaten Fall) wie folgt:

$$\beta_i = b_i \cdot \frac{s_{x_i}}{s_y}$$

Die jeweiligen Regressionskoeffizienten werden also mit dem Quotienten der Standardabweichung der jeweiligen Variablen $x_i$ und der abhängigen Variablen $y$ gewichtet. Wenn man diese standardisierten Regressionskoeffizienten für das gerade vorgestellte Modell berechnet, erhält man die Ergebnisse in Tab. 6.7.

Die entsprechenden $\beta$-Koeffizienten haben den Vorteil, dass sie zwischen −1 und +1 schwanken und für die einzelnen unabhängigen Variablen in ihrer Größe miteinander vergleichbar sind. In Tab. 6.7 ist anhand der $\beta$-Koeffizienten zu sehen, dass der Einfluss des ISEI des Vaters höher ist als der Einfluss des Alters der befragten Person (bei der Stärke des Effekts ist also der Betrag der Werte ausschlaggebend und nicht das Vorzeichen) – hätten wir die unstandardisierten Regressionsgewichte verglichen, wären wir zu der *falschen* Schlussfolgerung gelangt, dass die Effekte der unabhängigen Variablen gleich stark sind. Den Unterschied hinsichtlich der Stärke des Effekts machen hier also die unterschiedlichen Standardabweichungen der unabhängigen Variablen (s. Formel zur Berechnung von $\beta$). Wichtig ist zu beachten, dass diese standardisierten Regressionskoeffizienten nur zum Vergleich verschiedener Einflussgrößen innerhalb einer Stichprobe verwendet werden sollen. Bei unterschiedlichen Stichproben können sich die Varianzen in den Stichproben unterscheiden und dadurch unterschiedliche $\beta$-Werte entstehen, die nicht als inhaltliche Unterschiede zu interpretieren sind (vgl. genauer Urban und Mayerl 2008, S. 79).

Durch den Einbezug weiterer Variablen erhöht sich nahezu immer der jeweilige Determinationskoeffizient $R^2$ und damit die Güte des Modells. Um die Güte des Modells trotzdem noch vernünftig einschätzen zu können und zudem einen besseren Schätzer für die Zusammenhänge in der Grundgesamtheit zu erhalten (vgl. hierzu Diaz-Bone 2006, S. 219), wird häufig auch ein korrigierter

## 6.3 „You'll never walk alone" – multivariate Regression

Determinationskoeffizient ausgegeben, der sich wie folgt berechnet:

$$R^2_{\text{korrigiert}} = R^2 - \frac{(1 - R^2)}{n - j - 1}$$

Dabei bezeichnet $n$ die Zahl der Fälle und $j$ die Zahl der Prädiktoren $b_1$ bis $b_j$ im Modell. In unserem Fall unterscheiden sich der korrigierte und der unkorrigierte Determinationskoeffizient nur geringfügig: 0,058 (korrigiert) vs. 0,059 (unkorrigiert).

Der große Vorteil multivariater Regressionen ist nun, dass man den Einfluss verschiedener unabhängiger Variablen gleichzeitig kontrolliert. So gibt der oben beschriebene Effekt des Alters von 0,006 diesen Einfluss unter Kontrolle der Ausprägung der ISEI-Variable an. Das bedeutet, im Rahmen der multivariaten Regression wird bei der Bestimmung des Effekts des Alters der Effekt des ISEI berücksichtigt – der ISEI wird dabei sozusagen konstant gehalten. Selbstverständlich gilt dies auch vice versa für die Bestimmung des Einflusses des ISEI des Vaters bei dem der Effekt des Alters berücksichtigt wird. Wie dies technisch zu verstehen ist, soll in einem kurzen Exkurs vorgestellt werden.

**Exkurs: Drittvariablenkontrolle** Die Grundidee multivariater Verfahren ist es, den Einfluss einer bestimmten unabhängigen Variable unter Kontrolle anderer unabhängiger Variablen zu ermitteln. In unserem Beispiel soll der Effekt des ISEI des Vaters auf die traditionelle Geschlechtsrollenorientierung unter Kontrolle des Alters geklärt werden. Um genauer zu verstehen, wie dies geschieht, sind drei Schritte notwendig: In einem ersten Schritt muss der Einfluss des Alters auf die traditionelle Geschlechtsrollenorientierung untersucht werden. Wie oben (vgl. Tab. 6.5) gezeigt wurde, ergibt sich auf Basis der ALLBUS-Daten folgende Regressionsgerade:

Trad. Orientierung $= 1,821 + 0,007 \cdot$ Alter.

Mit Hilfe dieser Geraden verbessert sich die Vorhersage der traditionellen Geschlechtsrollenorientierung um etwa 3 %. Deutlich wird dabei aber auch, dass die Geschlechtsrollenorientierung nicht allein von dem Alter der Personen abhängig ist, denn mit 97 % bleibt ein großer Teil der Variation unaufgeklärt. Dieser Anteil lässt sich also nicht auf Schwankungen des Alters zurückführen. Die traditionelle Geschlechtsrollenorientierung weist unerklärte Schwankungen, sogenannte *Residuen* auf.

Gleichzeitig kann es aber auch einen Zusammenhang zwischen den unabhängigen Variablen, also zwischen dem Alter der befragten Personen und des ISEI ihrer

Väter geben. In einem zweiten Schritt führen wir auch hier zuerst eine bivariate Regression durch und bestimmen die Residuen des ISEI unter Kontrolle des Alters. Mit den ALLBUS-Daten wird dazu die folgende Gleichung bestimmt:

$$\text{ISEI des Vaters} = 0 - 0{,}201 \cdot \text{Alter}.$$

Hierdurch verbessert sich die Vorhersage des ISEI des Vaters um 2,7 %. Wenn man nun in einem dritten und abschließenden Schritt eine bivariate Regression der Residuen der traditionellen Geschlechtsrollenorientierung auf die Residuen des ISEI des Vaters durchführt, erhält man den Einfluss des ISEI des Vaters auf die Geschlechtsrollenorientierung unter Kontrolle des Alters. Es ergibt sich dabei folgender Wert für das Regressionsgewicht.[10]

$$\text{Trad. Orientierung}_{\text{kontrolliert für Alter}} = 0 - 0{,}006 \times \text{ISEI des Vaters}_{\text{kontrolliert für Alter}}$$

Beide interessierenden Variablen werden also um den Einfluss des Alters kontrolliert und die entsprechenden Werte, die Residuen, werden mit Hilfe eines einfachen linearen Regressionsmodells miteinander verknüpft. Daran anschließend wird natürlich auch der um den Einfluss des ISEI bereinigte (oder kontrollierte) Einfluss des Alters auf die Geschlechtsrollenorientierung untersucht. Zusammen ergeben sich so die in Tab. 6.7 berichteten Werte.

Um auch dieses Vorgehen konkret nachvollziehen zu können, soll auf den bereits oben vorgestellten kleinen Datensatz mit 10 Personen zurückgegriffen werden. Hier wird für jede Person auch der ISEI des Vaters berücksichtigt. Der entsprechende Datensatz ist in Tab. 6.8 gegeben.

Wie oben vorgestellt, müssen zuerst zwei jeweils bivariate Regressionen berechnet werden, um die um den Einfluss des Alters bereinigten Werte hinsichtlich der traditionellen Geschlechtsrollenorientierung und des ISEI des Vaters zu erhalten. Hierzu werden auf Basis der Daten in Tab. 6.8 folgende Regressionsgleichungen bestimmt:

$$\text{Trad. Orientierung} = 2 + 0{,}016 \times \text{Alter}.$$
$$\text{ISEI des Vaters} = 0 - 0{,}150 \times \text{Alter}.$$

Aufgrund dieser Gleichungen ergeben sich für die einzelnen Personen bestimmte Vorhersagewerte und auch entsprechende Residuen. In Tab. 6.9 sind diese Werte

---

[10] Auch hier nimmt die Konstante den Wert Null an, da es sich um eine Regression zweier Residuen handelt, deren Mittelwert per Definition jeweils 0 beträgt.

## 6.3 „You'll never walk alone" – multivariate Regression

**Tab. 6.8** Alter, ISEI des Vaters und traditionelle Geschlechtsrollenorientierung. (Quelle: fiktive Daten)

| Lfd. Nummer | Alter (zentriert) | ISEI des Vaters (zentriert) | Trad. Orientierung |
|---|---|---|---|
| 1 | −14 | −6 | 1 |
| 2 | 9 | −9 | 2 |
| 3 | −3 | 1 | 4 |
| 4 | 14 | −15 | 3 |
| 5 | 21 | 4 | 1 |
| 6 | −2 | 24 | 2 |
| 7 | −14 | 0 | 1 |
| 8 | −5 | −4 | 3 |
| 9 | 4 | 1 | 2 |
| 10 | −10 | 4 | 1 |

**Tab. 6.9** Durch das Alter prognostizierte Werte und Residuen. (Quelle: fiktive Daten)

| ID | Trad. Orientierung | | | ISEI des Vaters | | |
|---|---|---|---|---|---|---|
| | Wert | Prognose | Residuum | Wert | Prognose | Residuum |
| 1 | 1 | 1,78 | −0,78 | −6 | 2,10 | −8,10 |
| 2 | 2 | 2,14 | −0,14 | −9 | −1,35 | −7,65 |
| 3 | 4 | 1,95 | 2,05 | 1 | 0,45 | 0,55 |
| 4 | 3 | 2,22 | 0,78 | −15 | −2,10 | −12,90 |
| 5 | 1 | 2,34 | −1,34 | 4 | −3,15 | 7,15 |
| 6 | 2 | 1,97 | 0,03 | 24 | 0,30 | 23,70 |
| 7 | 1 | 1,78 | −0,78 | 0 | 2,10 | −2,10 |
| 8 | 3 | 1,92 | 1,08 | −4 | 0,75 | −4,75 |
| 9 | 2 | 2,06 | −0,06 | 1 | −0,60 | 1,60 |
| 10 | 1 | 1,84 | −0,84 | 4 | 1,50 | 2,50 |

eingetragen.

Wenn man eine bivariate Regression zwischen den Residuen durchführt, erhält man folgendes Ergebnis:

$$\text{Trad. Orientierung}_{\text{kontrolliert für Alter}} = 0 - 0{,}017 \times \text{ISEI des Vaters}_{\text{kontrolliert für Alter}}$$

Um schließlich auch den Netto-Effekt des Alters zu erhalten, sind die für den ISEI kontrollierten Werte der Geschlechtsrollenorientierung und des Alters zu bestimmen und miteinander in Beziehung zu setzen.

## 6.4 Dummy-Variablen

Es ist nun natürlich möglich, noch weitere metrische Variablen in derartige Regressionsanalysen einzubeziehen und so den Erklärungsansatz zu erweitern. Hierbei können verschiedene Strategien verfolgt werden, um beispielsweise verdeckte Zusammenhänge zu finden oder Wirkmechanismen empirisch zu erklären. Diese Strategien werden in Kap. 7 ausführlicher diskutiert. An dieser Stelle sollen die Analysen in eine andere Richtung erweitert werden, denn häufig lassen sich theoretisch auch Einflussgrößen vermuten, die eben nicht metrisch zu messen sind, sondern sogenannte qualitative Variablen darstellen (Urban und Mayerl 2008, S. 275 ff.). So ist es in dem hier betrachteten Beispiel sicherlich denkbar, dass die Geschlechtsrollenorientierung etwa vom Geschlecht oder der Konfessionszugehörigkeit abhängt. Ein großer Vorteil multivariater Regressionsmodelle ist nun, dass sich auch diese Variablen in diese Modelle integrieren lassen. Hierzu werden sogenannte *Dummy-Variablen* in die Modelle eingeführt. Dummy-Variablen geben an, ob eine bestimmte Eigenschaft vorliegt oder nicht, wobei hier die Werte 1 – bei Vorliegen dieser Eigenschaft – beziehungsweise eben 0 – wenn diese Eigenschaft nicht vorliegt – vergeben werden. Bei Variablen, die ohnehin dichotom erhoben wurden, wie dies zumeist beim Geschlecht der Fall ist, ist dies problemlos. Es wird dann der Effekt der Ausprägung 1 im Vergleich zur Ausprägung 0 dieser Variablen untersucht. Ob nun die Ausprägung „Mann" oder „Frau" der Wert 1 zugewiesen wird, ist gleichgültig. Bei qualitativen Daten mit mehreren Ausprägungen wie etwa der Konfessionszugehörigkeit (oder auch dem Geschlecht, wenn mehr als zwei Antwortmöglichkeiten vorgegeben werden) müssen verschiedene Dummy-Variablen gebildet werden. Es muss dann allerdings eine sogenannte *Referenz- oder Bezugskategorie* festgelegt werden. Auf diese Weise können übrigens auch problemlos Variablen mit einem ordinalen Messniveau in den Analysen berücksichtigt werden.

In unseren Daten bilden wir für die Konfessionszugehörigkeit vier Ausprägungen: „evangelisch", „katholisch", „andere Konfessionszugehörigkeit" sowie

## 6.4 Dummy-Variablen

**Tab. 6.10** Determinanten der traditionellen Geschlechtsrollenorientierung. (Quelle: ALLBUS 2016, $n = 1.458$)

|  | Koeffizient | S.E | $t$-Wert |
|---|---|---|---|
| Konstante | 1,962 | 0,035 | 56,17 |
| Einfluss des Alters | 0,007 | 0,001 | 7,03 |
| Einfluss des ISEI des Vaters | −0,005 | 0,001 | −6,01 |
| Geschlecht: Frau | −0,228 | 0,034 | −6,68 |
| Katholische Konfessionszugehörigkeit | 0,083 | 0,045 | 1,82 |
| Andere Konfessionszugehörigkeit | 0,555 | 0,084 | 6,61 |
| Keine Konfessionszugehörigkeit | −0,203 | 0,041 | −4,96 |

„keine Konfessionszugehörigkeit". Es genügt in diesem Fall drei Dummy-Variablen zu bilden und die dann übrig bleibende vierte Ausprägung als Referenzkategorie zu betrachten.[11] In dem folgenden Beispiel (siehe Tab. 6.10) soll die Ausprägung „evangelisch" als Bezugsgröße dienen. In der Analyse werden dann die drei Dummy-Variablen „katholisch", „andere Konfessionszugehörigkeit" sowie „keine Konfessionszugehörigkeit" sowie die Variable Geschlecht durch die Dummy-Variable „Frau" und schließlich noch die bereits oben diskutierten metrischen Variablen Alter sowie der ISEI des Vaters berücksichtigt.

Wie ist eine solche Tabelle nun zu interpretieren? Zunächst einmal ist festzuhalten, dass alle in diesem Modell berücksichtigen Variablen offensichtlich einen eigenständigen Einfluss auf die traditionelle Geschlechtsrollenorientierung haben. Alle Effekte sind signifikant ($p < 0,001$), bis auf jener der katholischen Konfessionszugehörigkeit, der einen $p$-Wert von $p = 0,069$ aufweist und lediglich auf einem vorab gewählten Signifikanzniveau von 10 % signifikant wäre.[12] Es sei noch einmal darauf hingewiesen, dass es sich hier um ein multivariates Modell handelt. Inhaltlich bedeutet dies, dass der Einfluss einer bestimmten Variable

---

[11] Während die Wahl der Referenzkategorie bei dichotomen Variablen letztlich willkürlich ist und keine Effekte auf die Ergebnisse und ihre Interpretation hat, ist dies bei qualitativen Variablen mit mehreren Ausprägungen durchaus nicht immer einfach: Nimmt man beispielsweise die Ausprägung „keine Konfessionszugehörigkeit" als Bezugsgröße heran, so sind bei einfachen Analysen die Unterschiede zwischen den einzelnen Konfessionen nicht zu prüfen (hierfür existieren jedoch Tests). Die jeweilige Referenzkategorie sollte auch nicht die am geringsten besetzte Kategorie darstellen, da sonst Probleme hinsichtlich der Güte der Schätzung, genauer der Multikollinearität (vgl. dazu unten) auftreten können.

[12] Die Signifikanz kann aus Tab. 6.10 anhand der Daumenregel $|t| > 2$ abgeschätzt werden; exakte $p$-Werte müssen dem Output eines Datenanalyseprogramms entnommen werden.

*unter der Kontrolle* aller anderen Variablen in dem Modell bestimmt wird. Frauen haben also nicht deshalb eine modernere Geschlechtsrollenorientierung als Männer – das tun sie, wie der negative Effekt belegt – weil sie eher konfessionslos sind, sondern: Unter Kontrolle der Konfessionszugehörigkeit (und der anderen im Modell berücksichtigen Faktoren) ist die traditionelle Geschlechtsrollenorientierung von Frauen auf einer Skala von 1 bis 4 um 0,228 Einheiten geringer als die traditionelle Geschlechtsrollenorientierung von Männern. Des Weiteren: Angehörige anderer Konfessionen weisen eine um den Wert 0,555 höhere traditionelle Geschlechtsrollenorientierung auf als Protestanten, während die traditionelle Geschlechtsrollenorientierung von Personen ohne Konfession um 0,203 niedriger ist als jene der Protestanten. Mit einem Schritt auf der Skala des Alters steigt auch die traditionelle Geschlechtsrollenorientierung um 0,007, mit einer stärkeren Ausprägung des ISEI des Vaters sinkt sie um 0,005 Punkte – abermals unter Kontrolle der jeweils anderen Variablen. Die (korrigierte) Varianzaufklärung beträgt mit dem Modell $R^2 = 0{,}1423$, d. h. die unabhängigen Variablen erklären gemeinsam 14,23 % der Varianz der traditionellen Geschlechtsrollenorientierung.

Häufig findet sich auch eine alternative Darstellung der gerade geschilderten Ergebnisse, bei der anstelle der *b*-Koeffizienten und der Standardfehler einfach die standardisierten Werte und deren Signifikanzniveau angegeben werden, wobei die Unterschiede des Signifikanzniveaus durch eine unterschiedliche Anzahl von Sternen gekennzeichnet werden. In Tab. 6.11 finden sich die entsprechenden Ergebnisse, wobei selbstverständlich die Konstante wegfällt.

Wenn man die Tab. 6.11 nun betrachtet und die $\beta$-Koeffizienten miteinander vergleicht, wird man schlussfolgern, dass das Alter den größten Einfluss auf die traditionelle Geschlechtsrollenorientierung besitzt und dass der Einfluss des Geschlechts und der anderen Konfessionszugehörigkeit ähnlich stark sind.

**Tab. 6.11** Determinanten der traditionellen Geschlechtsrollenorientierung ($\beta$-Koeffizienten). (Quelle: ALLBUS 2016, $n = 1.458$)

|  | $\beta$-Koeffizienten |
|---|---|
| Einfluss des Alters | 0,175*** |
| Einfluss des ISEI des Vaters | −0,149*** |
| Geschlecht: Frau | −0,163*** |
| Katholische Konfessionszugehörigkeit | 0,052# |
| Andere Konfessionszugehörigkeit | 0,170*** |
| Keine Konfessionszugehörigkeit | −0,142*** |

# $p < 0{,}10$; * $p < 0{,}05$; ** $p < 0{,}01$; *** $p < 0{,}001$

## 6.4 Dummy-Variablen

Ein derartiger Vergleich der $\beta$-Koeffizienten in multivariaten Analysen ist durchaus üblich, dennoch sollte auf ein Problem hingewiesen werden. Die $\beta$-Koeffizienten berechnen sich aus den $b$-Werten und den Standardabweichungen der unabhängigen und der abhängigen Variablen und lassen sich als standardisierte Veränderungen der abhängigen Variablen bei der Veränderung der unabhängigen Variablen um eine Standardabweichung interpretieren. Wenn man sich nun vor Augen führt, wie die Standardabweichung bestimmt wird (vgl. dazu oben Kap. 4), wird schnell deutlich, dass die unabhängigen Dummy-Variablen immer kleiner als 1 sein müssen, die Werte der Dummy-Variablen aber immer nur die Ausprägungen 0 oder 1 annehmen können. Bei Dummy-Variablen sollte man also mit der Interpretation der standardisierten Koeffizienten vorsichtig sein und ab und an wird in diesem Falle auch die Ausgabe der nicht-standardisierten Koeffizienten empfohlen.

**IKB – Sind die Voraussetzungen für eine multivariate Regression überhaupt erfüllt? Ein etwas längerer Exkurs** Häufig findet sich – gerade bei älteren Lehrbüchern zu Fragen der sozialwissenschaftlichen Datenanalyse – ganz zu Beginn der Darstellungen mehr oder weniger ausführliche Abhandlungen über die korrekten Voraussetzungen, um die entsprechenden Verfahren anzuwenden. Dieses Vorgehen hat seine guten Gründe, denn die bislang geschilderten Verfahren der multivariaten Regressionsanalyse liefern nur dann verlässliche und sinnvoll zu interpretierende Ergebnisse, wenn eine Reihe von Voraussetzungen erfüllt ist. Diese Annahmen werden häufig auch als BLUE-Annahmen bezeichnet, wobei BLUE als Akronym für **B**est **L**inear **U**nbiased **E**stimator zu verstehen ist. Nur wenn ganz bestimmte Annahmen erfüllt sind, kann man davon ausgehen, dass die erhaltenen Ergebnisse sinnhaft interpretierbar und nicht systematisch verzerrt sind (vgl. im Folgenden Urban und Mayerl 2008, S. 177 ff.; Ohr 2010). Insgesamt handelt es sich dabei um fünf unterschiedliche Bedingungen:

- Die Beziehung zwischen den unabhängigen Variablen und der abhängigen Variablen ist linear und nicht beispielsweise u-förmig oder glockenförmig.
- Das gesamte Modell ist nicht fehlspezifiziert.
- Die unabhängigen und die abhängige Variable sind korrekt gemessen.
- Die Fehlerterme der Regression folgen bestimmten Regeln: Sie weisen kein bestimmbares Muster auf, sind also homoskedastisch (Abschn. 4.1). Die Residuen sind unabhängig voneinander zustande gekommen, sie hängen nicht vom Fehlerterm der benachbarten Fälle ab (Abschn. 4.2).

- In multivariaten Modellen weisen die unabhängigen Variablen untereinander keine zu große Abhängigkeit auf, die Multikollinearität muss also relativ gering sein.

Im Folgenden sollen diese einzelnen Bedingungen kurz ein wenig näher betrachtet werden, ohne auf die statistischen Grundlagen einzugehen (vgl. dazu beispielsweise Urban und Mayerl 2008).

(ad 1): Hierbei soll mit der Linearitätsvermutung begonnen werden. Gerade in den Sozialwissenschaften erscheint es eine gewagte Vermutung, dass lineare Zusammenhänge zwischen Variablen vorliegen. Zwar mag beispielsweise mit dem Alter bei der Eheschließung das Matching der Partner besser werden, da mehr Zeit für eine Suche auf dem Heiratsmarkt verwendet wurde (vgl. Hill und Kopp 2013). Ab einem gewissen Punkt kann man jedoch vermuten, dass die Chancen auf dem Heiratsmarkt und somit das Anspruchsniveau und damit schließlich das Matching sinken. In der Literatur wird deshalb ein umgekehrt u-förmiger Verlauf zwischen dem Heiratsalter und der Matchingqualität vermutet. Auch hinsichtlich der oben untersuchten Einflussgrößen auf die traditionelle Geschlechtsrollenorientierung wäre beispielsweise statt eines linearen Alterseffekts denkbar, dass der Alterseffekt in höherem Alter mehr als linear ansteigt.

Um die Annahme zu überprüfen, werden die Zusammenhänge zwischen den Variablen in einfachen Streudiagrammen dargestellt. Da gerade bei multivariaten Modellen jedoch bestimmte Zusammenhänge verdeckt oder überbetont werden können (vgl. Diaz-Bone 2006, S. 200 ff. sowie Kap. 7), sollten die auspartialisieren Streudiagramme betrachtet werden. In SPSS lassen sich diese Diagramme zum Beispiel durch den einfachen Subbefehl „/partialplot all" erzeugen. Gerade in großen Datensätzen sind die dabei entstehenden Grafiken nicht immer aussagekräftig. Es ist dann sicherlich sinnvoll, die Analysen für kleinere Subsamples durchzuführen. Ob nun in den (auspartialisierten) Streudiagrammen lineare Zusammenhänge zu finden sind, ist häufig eine Interpretationsfrage. Grobe Verstöße gegen die Linearitätsregel sollten jedoch so zu erkennen sein (vgl. für weitere Kriterien Urban und Mayerl 2008, S. 202 ff.).

Natürlich stellt sich dann in einem zweiten Schritt die Frage, wie mit eventuellen Verletzungen dieser Annahme umzugehen ist. Hierfür bieten sich verschiedene Möglichkeiten an: Erstens können beispielsweise weitere Terme in die Regressionsgleichung aufgenommen werden, wie etwa eine Variable, die als Alter zum Quadrat gebildet wurde, um diese nichtlinearen Beziehungen abzubilden. Zweitens besteht selbstverständlich die Möglichkeit, verschiedene Dummy-Variablen aufzunehmen, um so die unterschiedlichen Effekte der einzelnen Altersklassen zu erfassen.

## 6.4 Dummy-Variablen

(ad 2): Es wurde oben formuliert, dass das gesamte Modell nicht fehlspezifiziert sein darf. Im Einzelnen kann dies vor allem durch die „Nichtberücksichtigung einer oder mehrerer wichtiger unabhängiger Variablen" oder „durch Berücksichtigung einer oder mehrerer irrelevanter unabhängiger Variablen" (Urban und Mayerl 2008, S. 218) erfolgen. Diese Voraussetzung ist allerdings nur sehr schwer zu überprüfen, da es um inhaltliche und theoretische Fragen geht. In einem ersten Schritt sind die Gütekriterien des Gesamtmodells, wie etwa der $F$-Test oder der $R^2$-Koeffizient zu betrachten. Ein nichtsignifikantes Gesamtmodell kann nicht richtig spezifiziert sein. Schwieriger sind allerdings Aussagen zur Höhe des Determinationskoeffizienten: Gerade in soziologischen Untersuchungen lassen nur schwer konkrete Grenzwerte angeben. Es kann nur noch einmal betont werden, wie wichtig theoretische Vorüberlegungen und die konkrete Ausarbeitung empirisch testbarer Hypothesen in diesem Bereich sind. Ohne konkrete Vorstellungen über soziale Wirkmechanismen erscheinen empirische Analysen schlicht und einfach sinnlos!

(ad 3) In diesem Bereich ist auch nochmals auf die konkrete Messung der einzelnen Variablen hinzuweisen. Die entsprechenden Operationalisierungen und Skalen sollten klar und nachvollziehbar sein. Bei der Betrachtung empirischer Studien sollte man kritisch werden, wenn hier keinerlei Hinweise zu finden sind.[13] Wenn bereits bei der Messung der einzelnen Variablen und Konstrukte Probleme auftreten, können die Ergebnisse nur noch aus zufälligen Gründen aussagekräftig sein (vgl. als Einführung zu dieser Thematik Schnell et al. 2011 oder auch Latcheva und Davidov 2014).

(ad 4.1) Bei Regressionsmodellen werden nicht alle Fälle perfekt vorhergesagt. Wir beobachten (nahezu) immer bestimmte Fehler oder sogenannte Residuen. Eine Voraussetzung für die Gültigkeit der entsprechenden Ergebnisse ist nun, dass diese Fehlerterme bestimmten Regeln folgen. Die erste Regel ist dabei die Forderung der *Homoskedastizität*. Inhaltlich bedeutet dies, dass die Varianz der Fehlerterme über alle Werte der abhängigen Variablen konstant sein soll. Eine Abweichung von dieser Forderung liegt dann vor, wenn es deutliche Unterschiede der Fehlerterme für bestimmte Bereiche der abhängigen Variable geben sollte. Diese Situation wird auch als *Heteroskedastizität* bezeichnet. Um diese Annahme zu testen, verlässt man sich in aller Regel auf grafische Verfahren. Hierzu wird ein Plot erstellt, der die Verteilung der Fehlerterme in Abhängigkeit von den vorhergesagten Werten darstellt. Um ein übersichtliches Bild zu erhalten, werden in aller Regel beide

---

[13] Ab und an findet man Hinweise darauf, dass entsprechende Analysen aus Platzgründen nicht dokumentiert sind. Mag dies vor einigen Jahren in Anbetracht der Publikationsstrategie vieler Zeitschriften noch ein gültiges Argument gewesen sein, so besteht heute für alle problemlos die Möglichkeit, entsprechende Analysen für interessierte Leserinnen und Leser zugänglich zu machen, zumal einige Zeitschriften sogar entsprechende Foren anbieten.

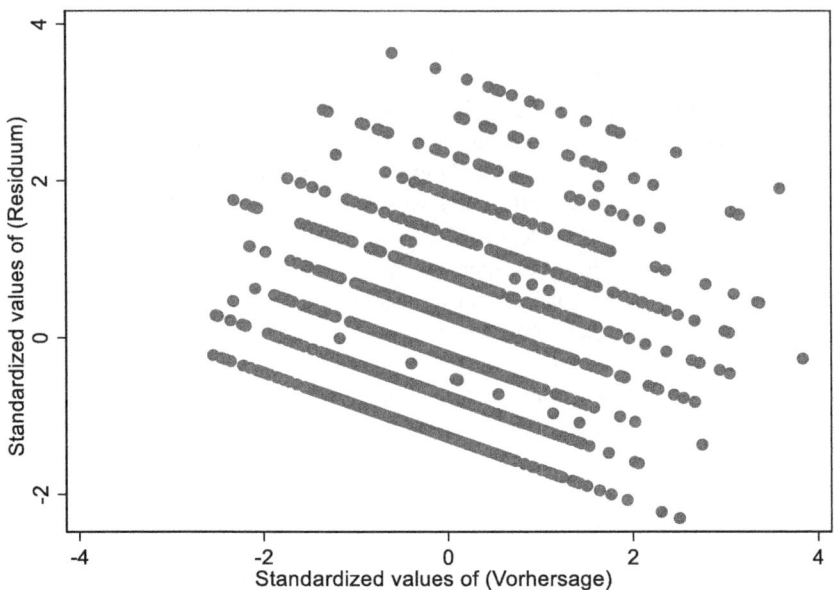

**Abb. 6.2** Überprüfung der Homoskedastizitätsannahme. (Quelle: ALLBUS 2016)

Größen standardisiert.[14] Der Plot dieser standardisierten Größen lässt sich in Datenanalyseprogrammen problemlos anfordern. In unserem Beispiel der Analyse der traditionellen Geschlechtsrollenorientierung ergibt sich folgendes Bild (Abb. 6.2):

Auf den ersten Blick ist dieses Streudiagramm (Abb. 6.2) nur schwer zu interpretieren, da einerseits der Wertebereich der abhängigen Variablen nach oben und unten begrenzt ist und andererseits die Zahl der Punkte fast zu groß ist, um eventuelle Muster zu sehen. Alternativ ist es möglich, die Variablen zu speichern und für zusammengefasste Wertebereiche der vorhergesagten Werte Boxplots der Residuen zu betrachten. In Abb. 6.3 findet sich eine entsprechende Darstellung, bei der vier Gruppen unterschieden wurden.

Auch bei der Auslegung solcher Abbildungen herrscht ein gewisser Interpretationsspielraum. In diesem Falle wäre noch am ehesten hinsichtlich der vierten Gruppe Vorsicht angebracht. Um dieses eventuell vorhandene Problem der Heteroskedastizität zu lösen, könnte in einem nächsten Schritt die abhängige Variable

---

[14] Es wird eine sogenannte $z$-Transformation vorgenommen, die dazu führt, dass die einzelnen Variablen einen Mittelwert von 0 und eine Standardabweichung von 1 aufweisen.

## 6.4 Dummy-Variablen

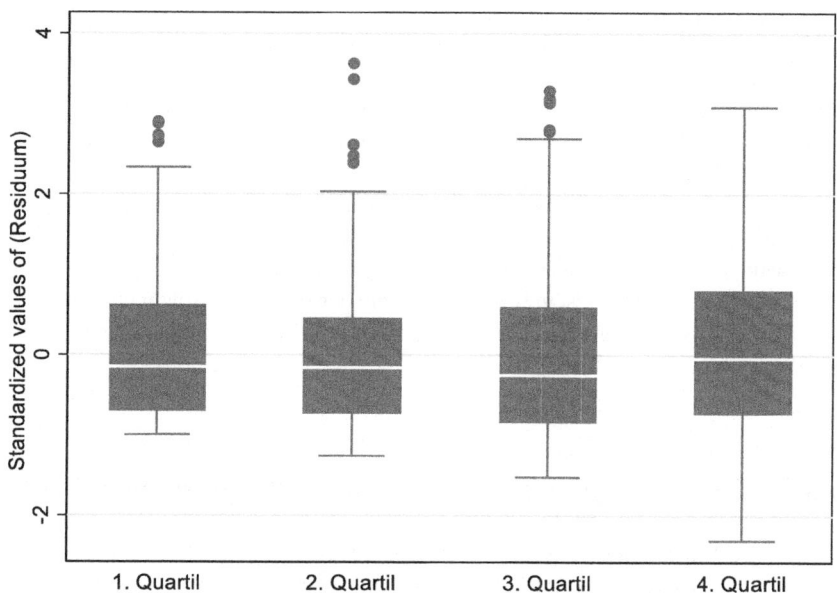

**Abb. 6.3** Boxplots der standardisierten Residuen in Abhängigkeit der Vorhersagewerte. (Quelle: ALLBUS 2016)

transformiert werden, sodass sie möglichst symmetrisch verteilt ist (vgl. Kohler und Kreuter 2008).

(ad 4.2) Als weitere Voraussetzung wurde oben formuliert, dass die Fehlerterme unabhängig voneinander zustande gekommen sind, sie also nicht vom Fehlerterm der benachbarten Fälle abhängen. Wenn dies nicht gegeben ist, spricht man von Autokorrelation. Derartige Verknüpfungen entstehen meistens bei Zeitreihen und können mit einem einfach zu interpretierenden Test, dem Durbin-Watson-Test, kontrolliert werden. Der Wertebereich dieses Tests liegt zwischen 0 und 4, Werte in der Nähe von 2 weisen auf ein geringes Maß an Autokorrelation hin. Ein entsprechender Test macht jedoch in aller Regel nur bei Zeitreihendaten Sinn, in allen anderen Fällen muss man ein gehöriges Maß an Phantasie aufbringen, um Reihenfolgeeffekte zu vermuten.

(ad 5) Als letzte Bedingung wurde darauf hingewiesen, dass die unabhängigen Variablen untereinander keine zu große Abhängigkeit aufweisen sollen. Um dies zu testen, wird der Einfluss der einzelnen Variablen untereinander untersucht. Hierzu wird jeweils eine der unabhängigen Variablen herangezogen und getestet, inweiweit sie sich durch die anderen unabhängigen Variablen in einem Regressionsmodell erklären lässt. Der Determinationskoeffizient dieser Analyse dient dazu, die sogenannte Toleranz zu berechnen. Je besser sich eine Variable durch die anderen Variablen erklären lässt, umso weniger eigenständige Information liefert sie in dem Ursprungsmodell und umso problematischer wird die Interpretation. Die Toleranz bestimmt sich dabei als $1 - R^2$. Toleranzwerte unter 0,1 gelten als kritisch, da hier ja immerhin mehr als 90 % der Variation durch die anderen erklärenden Variablen des ursprünglichen Modells erklärbar ist. Anstelle der Toleranz wird häufig der VIF-Wert, wobei VIF für variance inflation factor steht und sehr gut die Problematik hoher Multikollinearität beschreibt, ausgegeben, der sich als Kehrwert der Toleranz bestimmt. Kritische Werte der Toleranz liegen unter 0,1 beziehungsweise bei dem VIF-Wert über 10.

## 6.5 Gleiche Ergebnisse – verschiedene Darstellungen

Ziel dieser Einführung in die sozialwissenschaftliche Datenanalyse ist es, das Verständnis sozialwissenschaftlicher Forschungsarbeiten zu erleichtern und die Möglichkeit zu eröffnen, die entsprechenden empirischen Analysen kritisch zu hinterfragen.[15] Wenn man nun in die wichtigsten Zeitschriften in den Sozialwissenschaften schaut, so kann man darüber erstaunt sein, wie vielfältig und dadurch manchmal auch verwirrend die Darstellung der empirischen Analysen sein kann. Dieser Abschnitt soll dazu dienen, die Interpretation dieser unterschiedlichen Darstellungen ein wenig zu erleichtern (vgl. insgesamt noch einmal Allison 1999).

Bereits auf den vorherigen Seiten finden sich die unterschiedlichsten Möglichkeiten, empirische Ergebnisse darzustellen. So werden in Tab. 6.10 die Determinanten der Geschlechtsrollenorientierung vorgestellt, indem die unstandardisierten Koeffizienten, deren Standardfehler und die sich daraus ergebenden $t$-Werte berichtet werden. In Tab. 6.11 findet sich eine alternative Darstellung, die nur die standardisierten $\beta$-Koeffizienten sowie deren Signifikanz in vier Abstufungen beinhaltet. Beide Darstellungsformen sind durchaus gebräuchlich, jedoch

---

[15] Den kritischen Leserinnen und Lesern wird nicht entgangen sein, dass die implizite Annahme lautet, dass Forschung empirisch vorgehen soll – und zwar in einer nachvollziehbaren und überprüfbaren Art und Weise. Reine theoretische Betrachtungen oder auch auf Einzelfälle rekurrierende Beiträge haben sicherlich ihre Bedeutung in den Sozialwissenschaften – es sollte unbestritten sein, dass alle wie auch immer gewonnenen Hypothesen und Vermutungen empirisch zu testen sind. Genau diese Tests stehen hier im Mittelpunkt.

nicht direkt ineinander überführbar. Anstelle der Angabe der Signifikanz mit Hilfe einer unterschiedlichen Anzahl von Sternchen sind häufig auch die genauen Angaben des Signifikanzniveaus zu finden.

Nun kann man sich natürlich die Frage stellen, warum nicht einfach alle sinnvoller Weise verfügbaren Angaben – unstandardisierter Regressionskoeffizient, Standardfehler, standardisierter Regressionskoeffizient und das Signifikanzniveau – angegeben werden. Auf diese Frage lassen sich mindestens zwei Antworten finden: Erstens ist eine derartige Darstellung in aller Regel relativ platzraubend. (Nicht nur) In Zeitschriften ist Platz jedoch eine knappe Ressource. Zweitens kann man in empirischen Analysen recht unterschiedliche Analysestrategien verfolgen (vgl. hierzu vor allem Kap. 7): Häufig wird beispielsweise versucht, den bivariat zu findenden Einfluss einer Variablen auf eine andere Größe durch den weiteren Einbezug von Einflussfaktoren zu erklären. Um dies vernünftig darzustellen, wird in aller Regel zuerst ein sogenanntes Brutto-Modell berechnet, in dem der Einfluss der Größe $x_1$ auf $y$ dargestellt wird, um danach schrittweise weitere Erklärungsfaktoren $x_i$ bis $x_j$ hinzuzunehmen und die Veränderungen in dem jeweiligen Regressionsgewicht $b_1$ zu betrachten. Wenn man nun für jedes berechnete Modell alle oben genannten Größen angeben möchte, stößt man relativ schnell an die Grenze der Darstellbarkeit.

Auch wenn sich in diesem Bereich sicherlich keine ganz klaren Regeln aufstellen lassen, so ist doch zu bedenken, dass bei den leider viel zu selten durchgeführten Replikationen empirischer Studien, vor allem aber bei Metaanalysen (vgl. Rosenthal und DiMatteo 2001) die Einschätzung der Ergebnisse deutlich erschwert wird, wenn gänzlich auf die Angabe von Standardfehlern verzichtet wird. Standardisierte Effekte *allein* lassen sich – gerade bei Dummy-Variablen – ab und an nur schwer interpretieren. In Tab. 6.12 findet sich ein Vorschlag, die schon oben präsentierten Ergebnisse zusammenfassend darzustellen.

## 6.6 Nachbemerkung: eine kleine to-do-Liste

Wir hoffen zwar, dass unsere Leserinnen und Leser dieses Buch aufmerksam studieren, es kann jedoch nie schaden, die wichtigsten Schritte noch einmal kurz aufzuzählen, wobei diese Aufzählung auch als Check-Liste verwendet werden kann.

- Gibt es ein klares theoretisches Modell, dessen Annahmen zu empirisch testbaren Hypothesen führen? Falls dies nicht der Fall ist und man sich mehr oder weniger routiniert in den Pfaden der Variablen-Soziologie bewegt, ist

**Tab. 6.12** Determinanten der traditionellen Geschlechtsrollenorientierung. (Quelle: ALLBUS 2016, $n = 1.458$)

| | Koeffizient (Standardfehler) | $\beta$-Koeffizienten |
|---|---|---|
| Konstante | 1,962 (0,035) | |
| Einfluss des Alters | 0,007 (0,001) | 0,175*** |
| Einfluss des ISEI des Vaters | −0,005 (0,001) | −0,149*** |
| Geschlecht: Frau | −0,228 (0,034) | −0,163*** |
| Katholische Konfessionszugehörigkeit | 0,082 (0,045) | 0,052# |
| Andere Konfessionszugehörigkeit | 0,555 (0,084) | 0,170*** |
| Keine Konfessionszugehörigkeit | −0,203 (0,041) | −0,142*** |

$R^2 = 0,14$
# $p < 0,10$; * $p < 0,05$; ** $p < 0,01$; *** $p < 0,001$

große Vorsicht angeraten. Die gesamte Logik empirischer Tests ist nicht darauf angelegt, so vorzugehen und öffnet bei einem derartigen empiristischen Vorgehen der Gefahr Tür und Tor, letztlich Zufallsmuster zu betrachten (vgl. dazu die sehr unterhaltsamen Darstellungen von Taleb 2004).

- Ebenso notwendig ist es, klare kausale Strukturen zu unterstellen – wir brauchen eine abhängige Variable. Die unterstellten Prozesse müssen sich im Rahmen der linearen Regression in linearen Beziehungen darstellen lassen oder zumindest entsprechend transformiert werden.
- Das primäre Ziel ist die bestmöglichste Anpassung einer Regressionsgeraden in vorhandene Daten. Aus dem Verhältnis von dadurch erklärbaren Variationen zu den Gesamtvariationen lässt sich ein Test der Modellgüte bestimmen. Ist dieser Test nicht signifikant, macht das gesamte weitere Vorgehen in aller Regel keinen Sinn.
- Durch den Einbezug verschiedener unabhängiger Variablen kann man den Einfluss einer bestimmten Größe unter (statistischer) Kontrolle anderer Variablen erfassen.

- Der Einfluss einzelner Variablen kann in den Regressionsgewichten, den unstandardisierten Koeffizienten und in den standardisierten bzw. $\beta$-Koeffizienten gesehen werden, wobei bei Dummy-Variablen letztere nicht immer sinnvoll zu interpretieren sind.
- Für die Einflussstärke einzelner Variablen lassen sich Signifikanztests bestimmen. Die Ergebnisse dieser Signifikanztests sollten ernst genommen werden, wenn man begonnen hat, sich auf diese Logik einzulassen.
- Auch bei Regressionsanalysen sollte man kritisch mit seinen Analysen umgehen. Regressionen beruhen auf einer Reihe von Annahmen, die man testen kann.

## Literatur

Allison, Paul D. 1999. *Multiple regression. A primer.* Thousand Oaks: Pine Forge.
Brüderl, Josef. 2010. Kausalanalyse mit Paneldaten. In *Handbuch der sozialwissenschaftlichen Datenanalyse*, Hrsg. Christof Wolf, und Henning Best, 963–994. Wiesbaden: VS Verlag. doi: https://doi.org/10.1007/978-3-531-92038-2_36.
Bunge, Mario. 2010. Soziale Mechanismen und mechanistische Erklärungen. *Berliner Journal für Soziologie* 20:371–381. https://doi.org/10.1007/s11609-010-0130-z.
Diaz-Bone, Rainer. 2006. *Statistik für Soziologen.* Konstanz: UVK.
Esser, Hartmut. 1987. Warum die Routine nicht weiterhilft. Überlegungen zur Kritik an der „Variablen-Soziologie". In *Problemlösungsoperator Sozialwissenschaften*, Hrsg. Norbert Müller, 230–245. Stuttgart: Enke.
Gangl, Markus. 2010. Causal inference in sociological research. *Annual Review of Sociology* 36:21–48. https://doi.org/10.1146/annurev.soc.012809.102702.
Hedström, Peter, und Petri Yikoski. 2010. Causal mechanisms in the social sciences. *Annual Review of Sociology* 36:49–68. https://doi.org/10.1146/annurev.soc.012809.102632.
Hill, Paul B. 2002. *Rational-choice-theorie.* Bielefeld: Transscript. doi: https://doi.org/10.14361/9783839400302.
Hill, Paul B., und Johannes Kopp. 2013. *Familiensoziologie. Grundlagen und theoretische Perspektiven.* Wiesbaden: Springer VS. https://doi.org/10.1007/978-3-531-94269-8_2.
Kohler, Ulrich, und Frauke Kreuter. 2008. *Datenanalyse mit Stata: Allgemeine Konzepte der Datenanalyse und ihre praktische Anwendung.* Wien: Oldenbourg. https://doi.org/10.1515/9783110469509.
Latcheva, Rossalina, und Eldad Davidov. 2014. Skalen und Indizes. In *Handbuch Methoden der empirischen Sozialforschung*, Hrsg. Nina Baur, und Jörg Blasius, 745–756. Wiesbaden: VS Verlag für Sozialwissenschaften. doi: https://doi.org/10.1007/978-3-531-18939-0_55.
Ohr, Dieter. 2010. Lineare Regression: Modellannahmen und Regressionsdiagnostik. In *Handbuch der sozialwissenschaftlichen Datenanalyse*, Hrsg. Christof Wolf, und Henning

Best, 639–675. Wiesbaden: VS Verlag. doi: https://doi.org/10.1007/978-3-531-92038-2_25.

Opp, Karl-Dieter. 2010. Kausalität als Gegenstand der Sozialwissenschaften und der multivariaten Statistik. In *Handbuch der sozialwissenschaftlichen Datenanalyse*, Hrsg. Christof Wolf, und Henning Best, 9–38. Wiesbaden: VS Verlag. https://doi.org/10.1007/978-3-531-92038-2_2.

Rosenthal, Robert, und M. Robin DiMatteo. 2001. Meta-analysis: Recent developments in quantitative methods for literature reviews. *Annual Review of Psychology* 52:59–82. doi: https://doi.org/10.1146/annurev.psych.52.1.59

Schnell, Rainer, B. Hill. Paul, und Elke Esser. 2011. *Methoden der empirischen Sozialforschung*. München: Oldenbourg-Verlag.

Taleb, Nassim Nicholas. 2004. *Fooled by randomness. The hidden role of chance in life and in the markets*. New York: Random House.

Urban, Dieter, und Jochen Mayerl. 2008. *Regressionsanalyse: Theorie, Technik und Anwendung*. Wiesbaden: VS Verlag.

# 7 Zur Logik der Datenanalyse: Welche Auswertungsstrategie passt am besten zu meiner Fragestellung?

Vor der Durchführung einer empirischen Forschungsarbeit sollten verschiedene konzeptuelle Vorüberlegungen stattfinden. Zunächst ist natürlich zu klären, welche abhängige Variable in den Analysen ausgewertet werden soll und welcher Datensatz hierfür zur Verfügung steht. Vom Charakter der Daten, zum Beispiel ob es sich um einen Quer- oder Längsschnitt handelt, und auch vom Messniveau der Variablen hängt es darüber hinaus ab, welche Analyseverfahren geeignet sind.

Eine weitere Entscheidung, der oft zu wenig Aufmerksamkeit gewidmet wird, ist in Hinblick auf die Auswertungsstrategie zu treffen. Wie geht man also bei der Berechnung eines Regressionsmodells am besten vor? Sollten zum Beispiel die einzelnen unabhängigen Variablen schrittweise in das Modell aufgenommen werden oder doch besser alle in einem Schritt? Wann ist es sinnvoll, Interaktionseffekte in einem multiplen Regressionsmodell zu berücksichtigen? Diese Fragen zur ‚Logik' der Datenanalyse sind insofern von grundsätzlicher Bedeutung, da sie *alle* multivariaten Regressionsverfahren betreffen, das heißt nicht nur einfache Regressionsmodelle im Querschnitt, sondern auch komplexere Verfahren wie etwa die Ereignisdaten- oder Panelanalyse.

Die Wahl einer Auswertungsstrategie orientiert sich grundsätzlich an der theoretischen Ausrichtung der Forschungsarbeit, wobei sich verschiedene idealtypische Konstellationen unterscheiden lassen:

- Eine Form zeichnet sich dadurch aus, dass die unabhängigen Variablen eher gleichgewichtig nebeneinander stehen. D. h. dass keiner der Erklärungsfaktoren theoretisch wie empirisch besonders hervorgehoben wird. Lassen sich z. B. Unterschiede im Einkommen zwischen Teilnehmern und Nichtteilnehmern an beruflicher Weiterbildung auch dann noch feststellen, wenn soziodemografische Variablen wie Alter, Geschlecht und Bildungsniveau kontrolliert werden?

- Andere Fragestellungen zielen darauf ab, dass der Effekt einer bestimmten unabhängigen Variablen, die im Mittelpunkt des Interesses steht, durch Drittvariablen erklärt werden soll. Typische Beispiele hierfür sind international vergleichende Studien oder allgemein Arbeiten zu Gruppenunterschieden, etwa zwischen Männern und Frauen oder West- und Ostdeutschen. Inwieweit lassen sich z. B. Ost-West-Unterschiede in der Einstellung gegenüber Zuwanderern durch die Häufigkeit des Kontaktes erklären, die der Befragte zu Personen mit Migrationshintergrund hat?
- Bei einem dritten Fragestellungs-Typ ist von Interesse, inwiefern die Stärke des Zusammenhangs zwischen einer unabhängigen Variablen und einer zu erklärenden Variablen in Abhängigkeit von einer Drittvariablen variiert. Ist z. B. der positive Zusammenhang zwischen der sozialen Unterstützung und dem Gesundheitszustand in Entwicklungsländern stärker als in westlichen Industrienationen?

Im folgenden Kapitel werden drei Auswertungsstrategien besprochen und jeweils anhand eines Beispiels vorgestellt. Der Zweck besteht dabei für den Anwender darin abzuwägen, welche Vorgehensweise zu seiner Fragestellung am besten passt. Auch für den Rezipienten kann die Kenntnis verschiedener Auswertungsstrategien nützlich sein, um ein tieferes Verständnis von empirischen Analysen zu entwickeln.

## 7.1 Das empirische Beispiel

Bevor die verschiedenen Auswertungsstrategien vorgestellt werden, folgt zunächst eine kurze Vorstellung des empirischen Beispiels zum Thema Geschlechtsrollenorientierungen. Diese können allgemein als Normen eines Individuums über geschlechtsspezifisch angemessenes Verhalten definiert werden (Krampen 1979). Wenn diese Normen einen ungleichen Status von Männern und Frauen zur Folge haben, kann auch von Sexismus gesprochen werden (Mays 2012). Eine klassische Form des Sexismus, die hier näher untersucht werden soll, sind traditionelle Vorstellungen, die der Frau die Rolle der Ehefrau, Mutter und Karrierehelferin für den Mann zuordnen.

Der genaue Wortlaut der insgesamt drei verwendeten Items, die durch Mittelwertbildung zu einer Skala kombiniert werden, ist nochmals in Tab. 7.1 dargestellt. Hier finden sich auch Erläuterungen zur Operationalisierung der unabhängigen Variablen, sofern diese nicht selbsterklärend sind. Alle Datentransformationen und Analysen sind zudem in der Begleitsyntax zum Buch

**Tab. 7.1** Operationalisierungen bei der Analyse von Geschlechtsrollenorientierungen. (Quelle: ALLBUS 2016; Mays 2012)

| Konstrukt | Operationalisierung |
|---|---|
| Traditionelle Geschlechtsrollenorientierung (Skala mit Wertebereich 1–4, höher = traditioneller) | „Es ist für alle Beteiligten viel besser, wenn der Mann voll im Berufsleben steht und die Frau zu Hause bleibt und sich um den Haushalt und die Kinder kümmert." |
| | „Für eine Frau ist es wichtiger, ihrem Mann bei seiner Karriere zu helfen, als selbst Karriere zu machen." |
| | „Eine verheiratete Frau sollte auf eine Berufstätigkeit verzichten, wenn es nur eine begrenzte Anzahl von Arbeitsplätzen gibt, und wenn ihr Mann in der Lage ist, für den Unterhalt der Familie zu sorgen." (Antwortformat jeweils von 1 = *stimme überhaupt nicht zu* bis 4 = *stimme voll und ganz zu*) |
| Bildungsniveau | Gemessen in Bildungsjahren mit Wertebereich zwischen 8 Jahren (ohne Abschluss) und 18 Jahren (Universitätsabschluss) |
| Kirchgangshäufigkeit | Umgerechnet in (z. T. geschätzte) Kirchgänge im Jahr mit den Ausprägungen *nie* = 0, *selten* = 1, *mehrmals im Jahr* = 3, *1–3× pro Monat* = 24, *1× pro Woche oder häufiger* = 52 |
| Sozialisation in ehemaliger DDR | Basierend auf dem Bundesland, in dem der Befragte in seiner Jugend lebte |
| Anomia (Skala mit Wertebereich 0–1 als Mittelwert aus beiden Items) | „So wie die Zukunft aussieht, kann man es kaum noch verantworten Kinder auf die Welt zu bringen." |
| | „Die meisten Politiker interessieren sich in Wirklichkeit gar nicht für die Probleme der einfachen Leute." (Antwortformat jeweils 0 = *bin anderer Meinung*, 1 = *bin derselben Meinung*) |
| Subjektive ökonomische Deprivation (Skala als Mittelwert aus beiden z-standardisierten Items) | „Und Ihre eigene wirtschaftliche Lage heute?" (Antwortformat 1 = *sehr gut*, 2 = *gut*, 3 = *teils gut/teils schlecht*, 4 = *schlecht*, 5 = *sehr schlecht*) |
| | „Im Vergleich dazu, wie andere hier in Deutschland leben: Glauben Sie, dass Sie Ihren gerechten Anteil erhalten, mehr als Ihren gerechten Anteil, etwas weniger oder sehr viel weniger?" |

dokumentiert. Um das Beispiel überschaubar zu halten, beschränken sich die Auswertungen in diesem Kapitel auf den ALLBUS 2016. Eine aktuelle Trendanalyse zur Entwicklung don Geschlechtsrollenorientierungen in Deutschland im Zeitraum 1982–2016 findet sich in Lois (2020).

Bevor wir nun in die verschiedenen Auswertungsstrategien einsteigen, wollen wir vorab theoretisch klären, welche Zusammenhänge die verschiedenen unabhängigen Variablen und die Geschlechtsrollenorientierung einer Person aufweisen sollten. Die folgende Darstellung basiert dabei weitgehend auf der Studie von Mays (2012).

Es ist zu erwarten, dass Personen, die in ihrer Jugend in der ehemaligen DDR aufgewachsen sind und sozialisiert wurden, eine liberalere Geschlechtsrollenorientierung aufweisen als Befragte mit Sozialisationsort alte BRD *(Sozialisationsort-Hypothese)*. Dies kann mit der Annahme begründet werden, dass die egalitäre Staatsideologie der DDR zu liberaleren Einstellungen beigetragen hat. Ein weiterer Faktor ist die hohe Frauen- und insbesondere Müttererwerbsquote der DDR, welche durch die damalige Arbeitsmarkt- und Familienpolitik stark gefördert wurde. Zudem könnte die stark vorangeschrittene Säkularisierung in den neuen Bundesländern zu vergleichsweise liberalen Geschlechtsrollenorientierungen beigetragen haben.

Im Hinblick auf das Bildungsniveau einer Person ist anzunehmen, dass hoch gebildete Personen eher liberal eingestellt sind *(Bildungs-Hypothese)*. So nimmt man z. B. allgemein an, dass Menschen mit hohen kognitiven Fähigkeiten und Wissensbeständen eher dazu neigen, stereotype Geschlechtsrollen kritisch zu hinterfragen. Insbesondere für Frauen sollte zudem gelten, dass mit steigender Bildung und damit einhergehenden Berufsaspirationen das Interesse an egalitären Geschlechtsrollen steigt. Einfach gesagt: Wer als Frau Karriere machen will, will dabei nicht aufgrund des Geschlechts benachteiligt werden.

Weiterhin kann die Wahrnehmung einer ökonomischen Benachteiligung (ökonomische Deprivation) sowie eine gesellschaftliche Desintegration im Zusammenspiel mit einer als unsicher und bedrohlich empfundenen Welt (Anomia) zu Verunsicherung führen (vgl. Mays 2012). Wenn Menschen sich verunsichert fühlen, so die weitere Argumentation, haben sie verstärkt ein Bedürfnis nach Sicherheit und Ordnung. Dieses Sicherheitsbedürfnis könnte nun den Wunsch nach einer klaren gesellschaftlichen Rollenzuteilung nach traditionellem Muster fördern *(Deprivations-Hypothese* und *Anomie-Hypothese)*.

Ideologisch werden Ungleichheiten zwischen Mann und Frau in traditionellen Religionen oft im Namen Gottes legitimiert. Im Schrifttum äußert sich dies z. B. durch eine hierarchische Darstellung des Verhältnisses zwischen Mann und Frau. Ein praktisch-institutionelles Beispiel ist das Weiheverbot von Frauen in der katholischen Kirche (vgl. Mays 2012). Daher ist zu erwarten, dass religiöse Personen traditioneller eingestellt sind als säkulare *(Religiositäts-Hypothese)*.

## 7.2 Das Brutto-Netto-Modell

Bei der multivariaten Datenanalyse ist nicht nur von Interesse, wie die einzelnen unabhängigen mit der abhängigen Variablen zusammenhängen. Zusätzlich sind auch die Korrelationen zwischen den unabhängigen Variablen zu beachten. Zwar ist es theoretisch denkbar, dass die Effekte der unabhängigen Variablen *unabhängig* sind. Dies bedeutet, dass jeder Erklärungsfaktor die abhängige Variable eigenständig beeinflusst, ohne – im Extremfall – mit den anderen Variablen im Modell zusammenzuhängen. In der Praxis kommen solche eigenständigen Effekte jedoch eher selten vor, da selbst einfache soziodemografische Indikatoren wie Geschlecht, Alter, Bildung und Erwerbsstatus miteinander korrelieren.

Nun stellt sich die Frage, welche Auswertungsstrategien dazu geeignet sind, um (auch) die Beziehungen zwischen den unabhängigen Variablen aufzudecken. Wenn der Forscher aus theoretischen Gründen keine der unabhängigen Variablen besonders hervorheben will, bietet sich das sogenannte *Brutto-Netto-Modell* an, das in soziologischen Fachzeitschriften gelegentlich anzutreffen ist. Die Auswertungsstrategie besteht hier darin, für jede unabhängige Variable zunächst den bivariaten Effekt, das heißt ohne Kontrolle von Drittvariablen, auf die abhängige Variable zu bestimmen (Brutto-Effekt) und zusätzlich ein einzelnes multiples Regressionsmodell zu berechnen, in das alle relevanten unabhängigen Variablen gemeinsam eingehen (Netto-Effekt). Ein Vergleich von Brutto- und Netto-Effekten erlaubt eine erste Einschätzung, inwieweit die jeweilige unabhängige Variable mit den anderen Modellvariablen korreliert.

Wir demonstrieren das Brutto-Netto-Modell nun an unserem Beispiel. Bei der abhängigen Variablen handelt es sich, wie in Abschn. 7.1 besprochen, um eine Skala zu traditionellen Geschlechtsrollenorientierungen. Gemäß den im vorangehenden Abschnitt formulierten Hypothesen lässt sich erwarten, dass folgende Personengruppen wenig traditionelle, d. h. eher liberale, Geschlechtsrollenorientierungen aufweisen: hoch Gebildete, Befragte, die in der ehemaligen DDR aufgewachsen sind, wenig religiöse Personen sowie Befragte, die sich weder anomisch noch ökonomisch depriviert fühlen.

Grundsätzlich ist zunächst zu beachten, dass sich die Fallzahl der bivariaten linearen Regressionsmodelle, in denen wir die Brutto-Effekte der einzelnen Variablen auf die Geschlechtsrollenorientierung bestimmen, nicht vom multivariaten Modell, in das alle unabhängigen Variablen gemeinsam eingehen, unterscheidet. Wenn Abweichungen zwischen den Brutto- und den Netto-Effekten festzustellen wären, die bivariaten Modelle gleichzeitig aber auf einer größeren Fallzahl beruhen würden als das multivariate Modell, kommt es zu Interpretationsproblemen. Es gibt in diesem Fall zwei Erklärungen für die beobachteten Unterschiede:

**Tab. 7.2** Brutto-Netto-Modell zur Überprüfung des Zusammenhangs zwischen soziodemografischen Merkmalen und einer traditionellen Geschlechtsrollenorientierung (lineare Regression, unstandardisierte *b*-Koeffizienten). (Quelle: ALLBUS 2016)

|  | Männer | | Frauen | |
| --- | --- | --- | --- | --- |
|  | Brutto | Netto | Brutto | Netto |
| Sozialisation in ehemaliger DDR | −0,14** | −0,18** | −0,13** | −0,06 |
| Ökonomische Deprivation | 0,09** | 0,02 | 0,10** | 0,06* |
| Bildungsniveau | −0,08** | −0,06** | −0,09** | −0,07** |
| Kirchgangshäufigkeit | 0,008** | 0,009** | 0,013** | 0,013** |
| Anomia | 0,38** | 0,29** | 0,22** | 0,07 |
| Korrigiertes $r^2$ | – | 0,12 | – | 0,18 |
| n | 759 | | 748 | |

+ $p < 0{,}10$; * $p < 0{,}05$; ** $p < 0{,}01$

Erstens können sie auf Zusammenhänge zurückzuführen sein, welche die unabhängigen Variablen untereinander aufweisen und zweitens auf durch fehlende Werte bedingte Differenzen in den Fallzahlen. Derartige Unklarheiten sollten von Anfang an vermieden werden. Alle Modelle sollten auf dem gleichen *n* beruhen.[1]

In Tab. 7.2 ist das vollständige Brutto-Netto-Modell dargestellt. Da sich die Effekte der verschiedenen unabhängigen Variablen möglicherweise geschlechtsspezifisch unterscheiden (siehe hierzu Abschn. 7.3), werden getrennte Modelle für Männer und Frauen berechnet.

Ein inhaltlicher Blick auf die Brutto-Effekte zeigt, dass unsere Vermutungen weitgehend bestätigt werden. Sowohl Männer als auch Frauen, die in der ehemaligen DDR sozialisiert wurden, weisen liberalere Geschlechtsrollenorientierungen auf. Gleiches gilt für höher gebildete Personen. Ebenfalls den Erwartungen entspricht, dass Personen mit höherer Kirchgangshäufigkeit sowie Befragte, die

---

[1] Um Brutto- und Netto-Effekte vergleichen zu können, kann für beide Modelle ein sogenannter listenweiser Fallausschluss erfolgen. Dies bedeutet, dass ein Fall aus der Berechnung der Regressionsmodelle ausgeschlossen wird, sobald bei der abhängigen oder einer der unabhängigen Variablen ein fehlender oder ungültiger Wert vorliegt. Der listenweise Fallausschluss kann in multivariaten Modellen unter Umständen mit einer starken Reduzierung der Ausgangsstichprobe verbunden sein, wodurch sich die Chance verringert, tatsächlich existierende Zusammenhänge empirisch auch zu finden. Außerdem kann der listenweise Fallausschluss zu verzerrten Schätzergebnissen führen, wenn nicht allein der Zufall über das Fehlen eines Wertes entscheidet. Aus diesen Gründen sind sog. Imputationsverfahren entwickelt worden, mit denen sich fehlende Werte ersetzen lassen. Ein Überblick zu diesen Verfahren findet sich z. B. bei Allison (2005).

## 7.2 Das Brutto-Netto-Modell

eine verstärkte Anomie bzw. ökonomische Deprivation empfinden, traditioneller eingestellt sind.

Das Brutto-Netto-Modell ist zunächst einmal gut dazu geeignet, um uns einen allgemeinen Überblick zu verschaffen. Wenn die Brutto-Effekte und die Netto-Effekte relativ ähnlich ausfallen, üben die jeweiligen unabhängigen Variablen eher *eigenständige* Effekte auf die abhängige Variable aus, hängen also mit den anderen unabhängigen Variablen nicht oder nur wenig zusammen. Im Beispiel trifft dies für die Kirchgangshäufigkeit zu. Die Eigenständigkeit von Effekten nachzuweisen, ist in vielen Forschungssituationen sehr wichtig. Man möchte zeigen, dass es sich bei dem Einfluss, den eine oder mehrere unabhängige Variablen auf eine abhängige Variable haben, nicht um Scheinzusammenhänge handelt, die von anderen Drittvariablen verursacht werden.

An anderen Stellen ist der Netto-Effekt deutlich kleiner als der Brutto-Effekt. Dies ist ein Hinweis darauf, dass es *Korrelationen zwischen den unabhängigen Variablen* geben muss. Während beispielsweise der Brutto-Effekt der Anomia bei Frauen 0,22 beträgt und hochsignifikant ist, ist der Netto-Effekt mit 0,07 deutlich kleiner und insignifikant. Insofern kann man zu dem Schluss kommen, dass es sich beim Brutto-Effekt der Anomia um einen Scheinzusammenhang handelt. Wie dieser zustande kommt, zeigt Abb. 7.1:

Eine Korrelationsmatrix zwischen allen in Tab. 7.2 dargestellten Variablen (nicht dargestellt) verrät, dass Anomia jeweils im mittleren Bereich mit Bildung und ökonomischer Deprivation korreliert. Zudem haben Bildung und Deprivation

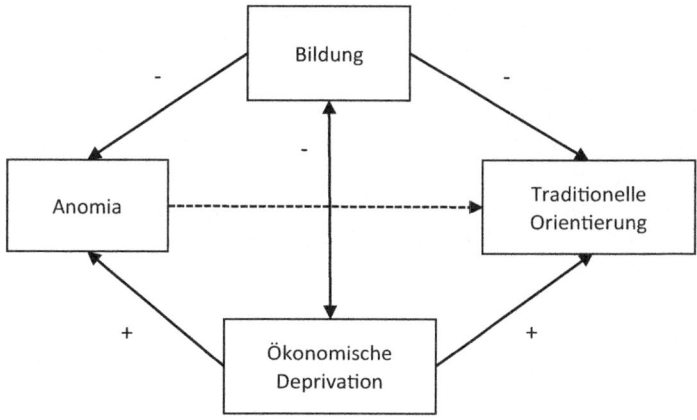

**Abb. 7.1** Scheinzusammenhang der Anomia. (Eigene Darstellung)

auch im Netto-Modell eigenständige Effekte auf die abhängige Variable. Diese beiden Merkmale sind insofern Drittvariablen, die den Scheinzusammenhang der Anomia verursachen. Bildung korreliert negativ mit Anomia und *gleichzeitig* negativ mit traditionellen Orientierungen, der abhängigen Variable. Ökonomische Deprivation korreliert positiv mit Anomia und gleichzeitig positiv mit traditionellen Geschlechtsrollenorientierungen.[2] Werden die Merkmale Bildung und Deprivation im Brutto-Modell nicht statistisch kontrolliert, zeigt sich, bedingt durch dieses Korrelationsmuster, der Scheineffekt der Anomia auf die traditionellen Orientierungen (0,22). Bei Konstanthaltung von Bildung und Deprivation im Netto-Modell wird der Anomia-Effekt insignifikant. Er ist daher in Abb. 7.1 gestrichelt eingezeichnet. *Unabhängig* von Bildung und Deprivation hat Anomia also keinen eigenständigen Effekt.

Wenn wir zu Tab. 7.2 zurückkehren, fällt uns noch eine weitere Konstellation auf: Es ist möglich, dass sich der Netto-Effekt einer Variable gegenüber dem Brutto-Effekt *verstärkt*. Dies zeigt sich deutlich beim Sozialisationsort der Männer. Auf diese vermeintlich überraschende Konstellation, die ebenfalls auf Zusammenhänge zwischen dem Sozialisationsort und anderen Modellvariablen hindeutet, werden wir in Abschn. 7.2 im Detail eingehen.

Auch wenn das Brutto-Netto-Modell, im oben beschriebenen Sinne, einen guten allgemeinen Überblick liefert, darf es bei der Interpretation nicht überstrapaziert werden. So könnte man sich z. B. auf die Frage konzentrieren, warum in Ostdeutschland sozialisierte Frauen liberaler eingestellt sind als westdeutsch sozialisierte Frauen. Ist dies tatsächlich auf die egalitäre Staatsideologie der DDR zurückzuführen? Alternativerklärungen wären, dass ostdeutsch sozialisierte Frauen höher gebildet und weniger religiös sind.

Ein Vergleich des entsprechenden Brutto-Effekts für den Sozialisationsort ostdeutscher Frauen ($b = -0{,}13$) mit dem Nettoeffekt ($b = -0{,}06$) zeigt, dass sich der Brutto-Effekt deutlich abgeschwächt hat und zudem insignifikant geworden ist. Es lassen sich folglich keine eigenständigen Sozialisationseffekte mehr nachweisen, wenn Bildung, Religiosität, Deprivation und Anomia konstant gehalten werden. Folglich hängt der Ort des Aufwachsens mit anderen Modellvariablen zusammen. Zum Beispiel wäre zu erwarten, dass sich eine DDR-Sozialisation in einer geringen Religiosität *äußert* und wir insofern beginnen, mit Erklärungsketten (DDR-Sozialiation → geringe Religiosität → liberale Einstellung) zu argumentieren.

---

[2] Zudem korrelieren Bildung und Deprivation untereinander negativ.

## 7.2 Das Brutto-Netto-Modell

An dieser Stelle zeigt sich jedoch ein Problem des Brutto-Netto-Modells. Liegt unser Fokus tatsächlich auf Erklärungsketten, greifen wir also eine Variable wie die DDR-Sozialisation heraus, die wir an den Anfang einer solchen Kette stellen, deren Einfluss wir also durch weitere Merkmale erklären wollen, stoßen wir schnell an Grenzen. So bleibt vollkommen unklar, *welche Merkmale in welchem Ausmaß* dazu beitragen, dass sich der Brutto-Effekt des Sozialisationortes bei Frauen (−0,13) netto auf −0,06 reduziert hat. Ist dafür die Bildung verantwortlich, die Religiosität, ökonomische Deprivation oder Anomia? Zugespitzt formuliert lässt das Brutto-Netto-Modell hier lediglich darauf schließen, dass der Sozialisationsort mit irgendwelchen anderen im Modell enthaltenen Variablen irgendwie zusammenhängen muss – eine in diesem Kontext sicher unbefriedigende Antwort.

Man kann sich nun einerseits mit dieser Ungenauigkeit abfinden und einfach allgemein feststellen, dass sich der Einfluss des Sozialisationsortes bei Kontrolle der anderen Modellvariablen reduziert. Derartige Aussagen finden sich durchaus häufig in soziologischen Fachartikeln. Andererseits kann man Aussagen dieser Art als unbefriedigend empfinden und die Frage stellen, mit welchen unabhängigen Variablen der Ort des Aufwachsens nun genau zusammenhängt, welche Vorzeichen diese Korrelationen aufweisen und wie es dadurch im Einzelnen erklärbar ist, dass sich der Netto-Effekt gegenüber dem Brutto-Effekt abgeschwächt hat. Diese *spezielle* Fragestellung lässt sich mit dem Brutto-Netto-Modell nicht befriedigend beantworten und wir werden deshalb mit der Mediationsanalyse im nächsten Kapitel eine alternative Auswertungsstrategie vorstellen.

Fassen wir zusammen: Besteht das Ziel darin, eine einzelne abhängige Variable daraufhin zu überprüfen, wie sie mit mehreren unabhängigen Variablen zusammenhängt, soll also eine multivariate Datenanalyse vorgenommen werden, stellt das Brutto-Netto-Modell eine erste Auswertungsstrategie dar. Es ist vor allem dann sinnvoll anwendbar, wenn die einzelnen Erklärungsfaktoren *gleichgewichtig* nebeneinander stehen, das Forschungsinteresse sich also nicht auf eine spezielle unabhängige Variable konzentriert.

Die Strategie besteht darin, zunächst für jede unabhängige Variable den bivariaten (Brutto-)Effekt zu bestimmen, indem man eine Reihe von bivariaten Regressionsmodellen berechnet, in die jeweils nur eine unabhängige Variable einfließt. Anschließend wird zur Bestimmung der Netto-Effekte ein multiples Regressionsmodell spezifiziert, in das alle unabhängigen Variablen gemeinsam eingehen. Ein Brutto-Netto-Vergleich kann nun erste Hinweise darauf geben, ob die Einflüsse der unabhängigen Variablen eher eigenständig sind oder ob sie untereinander starke Zusammenhänge aufweisen und sich insofern bei der Erklärung der abhängigen Variablen überlagern.

Ein Nachteil des Brutto-Netto-Modells besteht darin, dass es weniger gut dazu geeignet ist, den Einfluss einer unabhängigen Variable, die am Anfang einer Erklärungskette steht, durch mehrere andere Faktoren, mit denen diese unabhängige Variable korreliert, statistisch aufzuklären. Für Fragestellungen dieser Art ist die Mediationsanalyse besser geeignet, die im nun folgenden Kapitel vorgestellt wird.

## 7.3 Die Mediationsanalyse

In der Soziologie werden häufig Fragestellungen behandelt, die eine sogenannte Mediationsanalyse erfordern. Allgemein ist in diesen Arbeiten eine unabhängige Variable von besonderem Interesse und die Analyse zielt darauf ab, den Effekt dieses Merkmals durch andere Variable zu erklären. Typische Beispiele hierfür sind international vergleichende Studien, in denen zunächst länderspezifische Unterschiede im Hinblick auf eine abhängige Variable festgestellt werden und anschließend versucht wird, diese Unterschiede statistisch aufzuklären, indem etwa für sozialstrukturelle Indikatoren kontrolliert wird.

Die sogenannte Mediationsanalyse zielt allgemein darauf ab, den Effekt einer unabhängigen Variablen X dadurch zu erklären, dass X eine zweite, intervenierende unabhängige Variable Z (den sogenannten Mediator) beeinflusst, und Z wiederum selbst mit der abhängigen Variablen Y zusammenhängt (siehe Abb. 7.2): X kann Y also sowohl direkt beeinflussen als auch indirekt über Z. Eine Auswertungsstrategie kann darin bestehen zu beobachten, wie sich der bivariate Effekt von X auf Y bei Einführung von Z in das multiple Regressionsmodell verändert. Wird er *kleiner*, bleibt jedoch signifikant, spricht man von einer *partiellen Mediation,* wird er insignifikant, handelt es sich um eine *vollständige*

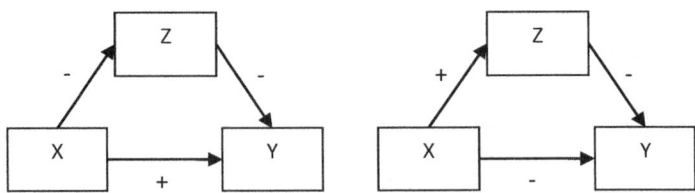

**Abb. 7.2** Beispiele für Mediation. (Eigene Darstellung)

## 7.3 Die Mediationsanalyse

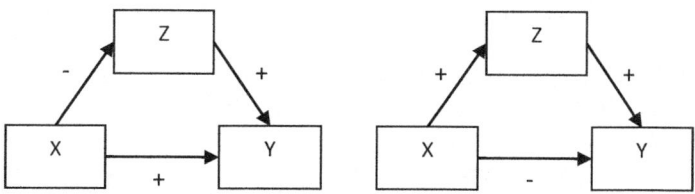

**Abb. 7.3** Beispiele für Suppression. (Eigene Darstellung)

*Mediation.* Im letzten Fall ist der direkte Effekt von X auf Y nicht kausal, da er zumindest statistisch vollständig durch die sogenannte intervenierende Variable Z, den Mediator, erklärt werden kann.[3]

Im linken Beispiel in Abb. 7.2 hat X einen positiven direkten Effekt auf die abhängige Variable Y. Die Mediation besteht nun darin, dass X über Z indirekt auf Y wirkt. Wichtig ist nun, wie das Vorzeichnen dieses indirekten Effektes (X → Z × Z → Y) insgesamt ausfällt. Hier gelten die bekannten Rechenregeln: Minus mal plus (oder plus mal minus) ergibt minus, minus mal minus ergibt plus und plus mal plus ergibt ebenfalls plus. Der indirekte Effekt ist im linken Beispiel also positiv (minus mal minus = plus) und hat damit das gleiche Vorzeichen wie der direkte Effekt von X auf Y. An dieser Stelle sind wir bereits an der zentralen Regel angelangt: Es handelt sich dann um Mediation, wenn der direkte Effekt von X auf Y *das gleiche Vorzeichen* hat wie der indirekte Effekt X → Z → Y.

Auch das rechte Beispiel in Abb. 7.2 stellt entsprechend eine Mediation dar. Der direkte Effekt von X auf Y ist negativ und der indirekte Effekt über Z ebenfalls (plus mal minus = minus).

Wenn der direkte und der indirekte Effekt *umgekehrte* Vorzeichen aufweisen, handelt es sich um eine *Suppression*. In Abb. 7.3 sind hierzu zwei Beispiele dargestellt.

Links ist der direkte Effekt von X auf Y positiv, der indirekte Effekt X → Z → Y ist dagegen negativ (minus mal plus = minus). Empirisch äußert sich Suppression darin, dass der bivariate Effekt von X auf Y bei Kontrolle von Z (dem sogenannten Suppressor) nicht wie bei der Mediation schwächer, sondern

---

[3] Ein in diesem Zusammenhang verwandter Begriff ist der Scheinzusammenhang. Der Unterschied zwischen einem Scheinzusammenhang und einer vollständigen Mediation besteht darin, dass beim Scheinzusammenhang Z auf X und Y wirkt, während bei der Mediation X auf Z wirkt. Mit Querschnittdaten, die unserem Beispiel zugrundeliegen, lässt sich die tatsächliche Kausalrichtung nicht klären. Von welchen Effektrichtungen ausgegangen wird, bleibt somit der theoretischen Argumentation überlassen.

*stärker* wird.[4] Dies hatten wir im Zusammenhang mit dem Brutto-Netto-Modell für den Sozialisationsort des Mannes beobachtet (siehe Tab. 7.2). Der Nettoeffekt von X bei Kontrolle von Z weist also einen stärkeren Zusammenhang mit Y auf als der Brutto-Effekt von X, das heißt ohne Kontrolle von Z.

Suppressionen werden in empirischen Analysen manchmal als ‚störend' empfunden, weil man in der Regel darauf aus ist, einen bivariat gefundenen Effekt von X durch die Drittvariable Z zu erklären, sodass der X-Effekt immer weiter in Richtung Null tendiert, bis er schließlich insignifikant wird. Grundsätzlich können Suppressionen jedoch genau so häufig vorkommen wie Mediationen und sind auch inhaltlich nicht weniger interessant.

Wir wollen diese besprochenen Phänomene nun an unserem empirischen Beispiel verdeutlichen. Wir greifen hierzu eine Variable heraus, bei der sich größere Abweichungen zwischen dem Brutto- und dem Netto-Effekt finden. Dies ist beim Sozialisationsort der Frau der Fall, dessen Effekt sich bekanntlich von −0,13 auf −0,06 reduziert (siehe Abschn. 7.2 und Tab. 7.2). Offenbar liegen hier also Mediationsbeziehungen mit Drittvariablen Z vor, die wir nun im Detail analysieren wollen.

Wir interessierten uns folglich für diese Frage: Warum sind Frauen, die in der ehemaligen DDR sozialisiert wurden, liberaler eingestellt als westdeutsche sozialisierte Frauen? Um in der Terminologie der Pfaddiagramme zu bleiben, ist die DDR-Sozialisation (mit der Referenzkategorie BRD-Sozialisation) also unser X.

Nun ist zunächst inhaltlich zu klären, welche intervenierenden Variablen Z zu berücksichtigen sind. Dazu sollten wir unsere allgemeinen Hypothesen aus Abschn. 7.1 um spezifische Mediationshypothesen ergänzen. Im Hinblick auf das Bildungsniveau wird regelmäßig festgestellt, dass insbesondere die ältere Bevölkerung in den neuen Bundesländern höher qualifiziert ist, d. h. z. B. mehr Hochschulabschlüsse aufweist, als entsprechende Vergleichsgruppen im Westen (Statistisches Bundesamt 2020). Dies wird darauf zurückgeführt, dass viele der heute Älteren hochwertige Bildungsabschlüsse in der ehemaligen DDR, etwa im Fachschulwesen, erwerben konnten. Setzt man zudem voraus, dass höhere Bildung zu liberaleren Geschlechtsrollenorientierungen führt, resultiert daraus die *Bildungs-Mediationshypothese:* Ostdeutsch sozialisierte Frauen weisen deshalb liberalere Geschlechtsrollenorientierungen auf als westdeutsche, weil sie höher gebildet sind.

---

[4] ‚Kleiner werden' beziehungsweise ‚schwächer werden' meint dabei immer, dass der jeweilige Effekt sich näher in Richtung Null bewegt. ‚Größer werden' beziehungsweise ‚stärker werden' bedeutet entsprechend, dass sich der Effekt absolut von Null weg bewegt.

## 7.3 Die Mediationsanalyse

**Tab. 7.3** Deskriptive Statistiken und *t*-Tests für unabhängige Stichproben zu sozialstrukturellen Unterschieden zwischen Frauen mit und ohne Sozialisation in der ehemaligen DDR. (Quelle: ALLBUS 2016)

|  | Sozialisation in ehemaliger DDR | | |
|---|---|---|---|
|  | Ja | Nein | *t*-Werte |
| Bildungsniveau | 13,94 | 13,49 | −2,53* |
| Ökonomische Deprivation | 0,16 | −0,07 | −3,56** |
| Anomia | 0,55 | 0,49 | −2,21* |
| Kirchgangshäufigkeit | 2,76 | 6,91 | 5,01** |
| *n* | 262 | 486 | |

$+ p < 0{,}10$; $*p < 0{,}05$; $**p < 0{,}01$

Bedingt durch langfristige kulturelle Unterschiede und die erzwungene Säkularisierung in der ehemaligen DDR sind die neuen Bundesländer zudem deutlich säkularer als die alten. Es wird daher erwartet: Ostdeutsch sozialisierte Frauen weisen deshalb liberalere Geschlechtsrollenorientierungen auf als westdeutsche, weil sie weniger religiös sind *(Religiositäts-Mediationshypothese)*.

Bei den letzten beiden zu betrachtenden Indikatoren, Anomia und ökonomische Deprivation, ist theoretisch eher von einer Suppression auszugehen. Bedingt durch die Transformationsfolgen und größere strukturelle Probleme in den ostdeutschen Bundesländern ist zu erwarten, dass sich ostdeutsch sozialisierte Personen in stärkerem Maße politisch machtlos und ökonomisch benachteiligt fühlen. Beide Faktoren – Anomie und Deprivation – sollten, wie in Abschn. 7.1 dargestellt, mit traditionellen Geschlechtsrollenorientierungen zusammenhängen. Daraus können die folgenden beiden Hypothesen abgeleitet werden: Ostdeutsch sozialisierte Frauen weisen deshalb *traditionellere* Geschlechtsrollenorientierungen auf als westdeutsche, weil sie sich stärker anomisch *(Anomia-Suppressionhypothese)* bzw. ökonomisch depriviert fühlen *(Depreviations-Suppressionshypothese)*.

Bevor wir multiple Regressionsmodelle berechnen, wollen wir einige deskriptive Analysen durchführen (Tab. 7.3). Wir schauen uns an, wie X (Sozialisationsort) mit den einzelnen Z-Variablen (Bildung, Religiosität, usw.) zusammenhängt. Dies ist im Rahmen einer Mediationsanalyse grundsätzlich zu empfehlen. Es zeigt sich, dass Frauen, die in der ehemaligen DDR aufgewachsen sind, verglichen mit in der alten BRD sozialisierten Frauen, ein im Durchschnitt höheres Bildungsniveau aufweisen, im Sinne aktiver Partizipation deutlich weniger religiös sind und sich stärker anomisch sowie ökonomisch depriviert fühlen. Alle zuletzt genannten Unterschiede sind nach Maßgabe von *t*-Tests für unabhängige Stichproben signifikant.

**Tab. 7.4** Hierarchisches lineares Regressionsmodell zur Erklärung des Effektes einer Sozialisation in der ehemaligen DDR auf die traditionelle Geschlechtsrollenorientierung (unstandardisierte b-Koeffizienten). (Quelle: ALLBUS 2016, weibliche Befragte, $n = 790$)

|  | Modell |  |  |  |  |
| --- | --- | --- | --- | --- | --- |
|  | 1 | 2 | 3 | 4 | 5 |
| Sozialisation ehemalige DDR | −0,13*** | −0,09+ | −0,10* | −0,10* | −0,06 |
| Bildungsniveau |  | −0,09** | −0,08** | −0,08** | −0,07** |
| Ökonomische Deprivation |  |  | 0,05+ | 0,05 | 0,06* |
| Anomia |  |  |  | 0,01 | 0,07 |
| Kirchgangshäufigkeit |  |  |  |  | 0,013** |
| Konstante | 1,73** | 2,88** | 2,82** | 2,81** | 2,61** |
| Korrigiertes $r^2$ | 0,01 | 0,12 | 0,12 | 0,12 | 0,18 |

$+ p < 0{,}10$; $*p < 0{,}05$; $**p < 0{,}01$

Die desriptiven Analysen in Tab. 7.3 stehen somit ausnahmslos im Einklang mit unseren Mediations- und Suppressionhypothesen, stellen aber noch keinen vollständigen Hypothesentest dar. Im Sinne unserer Pfaddiagramme (z. B. Abb. 7.1) haben wir bisher lediglich getestet, ob es einen Zusammenhang zwischen X (Sozialisationsort) und Z (intervenierende Variable, z. B. Bildung) gibt. Zusätzlich müssen wir nun klären, ob das jeweilige Z auf Y (Geschlechtsrollenorientierung) wirkt.

Dies geschieht im Rahmen eines hierarchischen (auch: geschachtelten oder schrittweisen) Regressionsmodells (siehe Tab. 7.4). In einem ersten Schritt (Modell 1) fließt zur Bestimmung des Brutto-Effektes nur X ein, das heißt eine Dummy-Variable zum Sozialisationsort (1 = ehemalige DDR, 0 = alte BRD). Im Unterschied zum Brutto-Netto-Modell nehmen wir anschließend aber nicht alle weiteren unabhängigen Variablen gemeinsam, sondern schrittweise *jeweils nur eine* unabhängige Variable in das Regressionsmodell auf. Auf diese Weise lässt sich testen, ob im jeweiligen Fall eine Mediation oder Suppression vorliegt.

Als Ausgangspunkt finden wir in Modell 1 den bereits bekannten Brutto-Effekt des Sozialisationsortes in Höhe von b = −0,13. Ostdeutsch sozialisierte Frauen sind liberaler eingestellt. Die Reihenfolge, in der wir nun die intervenierenden Variablen Z aufnehmen, ist letztlich willkürlich festlegbar und folgt somit eher theoretischen Überlegungen. Der hier bestehende Spielraum für den Anwender ist nicht ganz unproblematisch. Es kann zum Beispiel vorkommen, dass die Veränderung von X bei Kontrolle von Z davon beeinflusst wird, dass vor Einführung von

## 7.3 Die Mediationsanalyse

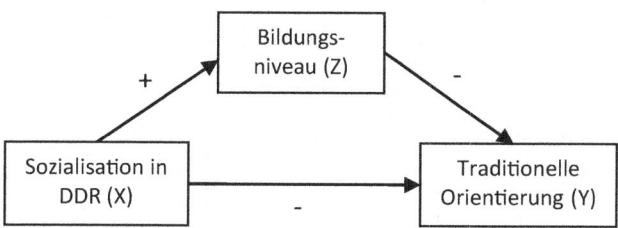

**Abb. 7.4** Mediation des Sozialisations-Effektes durch das Bildungsniveau. (Eigene Darstellung)

Z bereits andere unabhängige Variable im Modell sind. Es ist daher zu empfehlen, verschiedene ‚Schrittfolgen' zu berechnen, um die Stabilität der Ergebnisse zu überprüfen.[5]

In Modell 2 wird die Bildungs-Mediationshypothese getestet. Das Bildungsniveau hat den erwarteten negativen Effekt: Je höher gebildet eine Frau ist, desto liberaler ist ihre Geschlechtsrollenorientierung. Gleichzeitig – und das ist hier der zentrale Aspekt – reduziert sich der Ost-West-Unterschied von −0,13 auf −0,09. Da der Einfluss des Sozialisationsortes in Modell 2 noch tendenziell signifikant ist, handelt es sich somit, in Übereinstimmung mit unserer Hypothese, um eine partielle Mediation. Machen wir uns mithilfe einer Grafik klar, was diese Ergebnisse bedeuten (Abb. 7.4)[6]:

Wir können im Regressionsoutput (Tab. 7.4, Modelle 1 & 2) ablesen, dass der Effekt der DDR-Sozialisation auf die traditionelle Geschlechtsrollenorientierung negativ ist. Außerdem sehen wir, dass das Bildungsniveau ebenso einen negativen Einfluss auf diese Orientierung hat. Nun kommt es auf das Vorzeichen des indirekten Effektes $(X \to Z) \times (Z \to Y)$ an. Für Mediationen gilt bekanntlich: Dieser indirekte Effekt muss das gleiche Vorzeichen haben wie der direkte Effekt $X \to Y$. Der direkte Effekt ist negativ. Außerdem wissen wir bereits, dass es sich um eine Mediation handelt, da sich der Effekt des Sozialisationsortes ja abgeschwächt hat, als wir das Bildungsniveau aufgenommen haben. Somit *muss* der

---

[5] Alternativ zu der hier dargestellten Vorgehensweise besteht die Möglichkeit, die erste intervenierende Variable $z_1$ (im Beispiel: Bildung) wieder aus dem Modell zu entfernen, bevor die nächste intervenierende Variable $z_2$ (im Beispiel: Deprivation) aufgenommen wird usw. Hierbei empfiehlt es sich dennoch, zumindest ein vollständiges Modell mit allen unabhängigen Variablen (entsprechend Modell 5 in Tab. 7.4) zu berechnen.

[6] Bei Mediationsanalysen empfiehlt es sich tatsächlich, im Zweifel ein Blatt Papier herzunehmen und ein Pfaddiagramm wie in Abb. 7.3 mit den entsprechenden Vorzeichen der Effekte aufzuzeichnen.

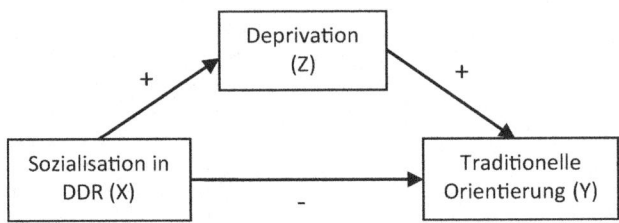

**Abb. 7.5** Suppression des Sozialisationsortes durch die ökonomische Deprivation. (Eigene Darstellung)

Zusammenhang zwischen der DDR-Sozialisation und dem Bildungsniveau *positiv* sein. Nur in diesem Fall rechnen wir für den indirekten Effekt ‚plus mal minus = minus' und erhalten das gleiche Vorzeichen wie beim direkten Effekt.[7]

In Modell 3 wird die ökonomische Deprivation als intervenierende Variable zusätzlich aufgenommen. Wir sehen, dass sich der Effekt der Ost-Sozialisation von −0,09 auf −0,10 leicht *verstärkt*. Es handelt sich somit, wie theoretisch erwartet, um eine *Suppression*. Greifen wir erneut auf eine grafische Veranschaulichung zurück, siehe Abb. 7.5.

Wiederum können wir im Regressionsoutput (Tab. 7.4, Modelle 1 & 3) ablesen, dass die DDR-Sozialisation einen negativen und die ökonomische Deprivation (zumindest tendenziell) einen positiven Effekt auf traditionelle Orientierungen hat. Außerdem wissen wir, dass es sich um eine Suppression handelt, da sich der Sozialisations-Effekt bei Einführung der Deprivation *verstärkt* hat. Für Suppressionen gilt: Der indirekte Effekt hat das umgekehrte Vorzeichen zum direkten Effekt. Der direkte Effekt ist negativ. Somit muss das Vorzeichen des indirekten Effektes (DDR-Sozialisation → Deprivation → Traditionelle Orientierung) positiv sein. Der Effekt ‚Deprivation → Traditionelle Orientierung' ist positiv. Somit *muss* der Effekt ‚DDR-Sozialisation → Deprivation' auch positiv sein. Nur in diesem Fall rechnen wir ‚plus mal plus = plus'.

Wie ist diese Suppression nun zu interpretieren bzw. zu beschreiben? Technisch gesehen hängt der „Teil" der DDR-Sozialisation (X), der um Z (ökonomische Deprivation) bereinigt wird, stärker mit der Geschlechtsrollenorientierung (Y) zusammen als zuvor, das heißt ohne Kontrolle von Z. Man kann sich auch folgende Situation vorstellen: Wenn sich die ökonomische Deprivation zwischen Frauen mit und ohne DDR-Sozialisation nicht unterscheiden würde, wären in der

---

[7] Außerdem wissen wir bereits aus der deskriptiven Analyse (Tab. 7.3), dass ostdeutsch sozialisierte Frauen höher gebildet sind.

## 7.3 Die Mediationsanalyse

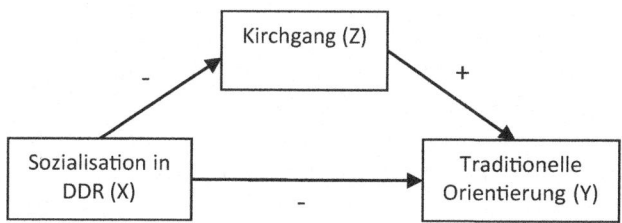

**Abb. 7.6** Mediation des Sozialisationsortes durch die Kirchgangshäufigkeit. (Eigene Darstellung)

DDR sozialisierte Frauen noch liberaler eingestellt als sie es ohnehin schon sind. Und nochmal anders formuliert: *Obwohl* ostdeutsch sozialisierte Frauen stärker ökonomisch depriviert sind und diese Deprivation ihre Geschlechtsrollenorientierung traditioneller macht, sind sie *davon abgesehen* liberaler eingestellt als westdeutsch sozialisierte Frauen.

In Modell 4 kontrollieren wir anomische Einstellungen und stellen fest, dass sich der Soziailsationseffekt nicht verändert. Dies liegt wohl nicht darin begründet, dass es keinen Unterschied bei der Anomie zwischen ostdeutsch und westdeutsch sozialisierten Frauen gibt (Teileffekt X → Z). Wir haben in Tab. 7.3 gezeigt, dass die wahrgenommene Anomie bei ostdeutsch sozialisierten Frauen signifikant größer ist. Allerdings hat die Anomie in Modell 4 keinen Effekt auf die Geschlechtsrollenorientierung. D. h., der Teileffekt Z → Y ist nicht signifikant und wir lehnen unsere Deprivations-Suppressionshypothese folglich ab.[8]

Abschließend wird in Modell 5 die Kirchgangshäufigkeit aufgenommen. Der Sozialisationseffekt reduziert sich daraufhin relativ stark (von −0,10 auf −0,06) und wird insignifikant. Es handelt sich somit, wie erwartet, um eine Mediation. Diese ist, in Kombination mit dem Mediator Bildungsniveau, der nach wie vor im Modell ist, nun vollständig. Betrachten wir auch diese Mediation nochmals grafisch (Abb. 7.6).

Der indirekte Effekt ‚DDR-Sozialisation → Kirchgang → Traditionelle Orientierung' ist negativ (minus mal plus = minus) und hat damit das gleiche Vorzeichen wie der direkte Effekt (DDR-Sozialiation → Traditionelle Orientierung).

---

[8] Zu beachten bleibt, dass Anomie in der Spezifikation von Modell 4, d. h. unter Kontrolle von Deprivation und Bildungsniveau, keinen Effekt auf Y hat. Die Situation wäre unter Umständen anders, wenn Anomie z. B. gleich in Modell 2, d. h. ohne Kontrolle von weiteren Variablen, aufgenommen würde.

Diskutieren wir nun kurz, welche Vorteile die dargestellte Mediationsanalyse hat. Gegenüber dem Brutto-Netto-Modell konnte durch die schrittweise Vorgehensweise im Detail gezeigt werden, wie der Effekt des Sozialisationsortes auf die Geschlechtsrollenorientierung durch die anderen Modellvariablen entweder erklärt (Mediation) oder verdeckt wird (Suppression). Während die Ergebnisse im Brutto-Netto-Modell in diesem Zusammenhang nicht eindeutig sind, kann durch die Mediationsanalyse somit ein detailliertes Bild über die Korrelationen zwischen den unabhängigen Variablen gewonnen werden. Dabei ist deutlich geworden, dass pro Regressionsschritt nur *eine* neue unabhängige Variable aufgenommen werden sollte, um unzweifelhaft auf Mediation, Suppression oder eigenständige Effekte schließen zu können.[9]

Ein nicht zu unterschätzendes Problem bei der Interpretation von Mediationen und Suppressionen in konventionellen schrittweisen Regressionsanalysen besteht darin, dass die Signifikanz der indirekten Effekte nicht ohne zusätzliche Auswertungen beurteilt werden kann. So reduziert sich zum Beispiel der Effekt des Sozialisationsortes bei Kontrolle der Kirchgangshäufigkeit recht deutlich (von $b = 0{,}10$ auf $b = 0{,}06$, siehe Tab. 7.4, Modelle 4 & 5). Dennoch lässt sich aus diesem Ergebnis allein nicht schließen, dass der entsprechende indirekte Effekt ‚DDR-Sozialisation → Kirchgang → Traditionelle Orientierung' tatsächlich mindestens auf dem 5 %-Niveau signifikant ist. Es besteht allerdings die Möglichkeit, diese Frage mit Hilfe des sogenannten Sobel-Tests (Sobel 1982) zu beantworten. Die entsprechende Prozedur ist, am Beispiel des Mediators Kirchgang, im unten stehenden kurzen Exkurs dargestellt.

Fassen wir zusammen: Um die Beziehungsmuster zwischen den unabhängigen Variablen eines multiplen Regressionsmodells detaillierter bestimmen zu können, bietet sich eine einfache Auswertungsstrategie an: Zunächst wird der Brutto-Effekt der inhaltlich im Mittelpunkt stehenden unabhängigen Variablen X auf die abhängige Variable Y bestimmt. Anschließend werden die Drittvariablen Z schrittweise in das Regressionsmodell eingeführt, und zwar jeweils eine pro Schritt. Aus der Veränderung des X-Koeffizienten bei Einführung eines Z

---

[9] Hier könnte entgegnet werden, dass es aufwendig und in der Darstellung platzintensiv ist, jede unabhängige Variable einzeln in das Regressionsmodell aufzunehmen. Hier sind jedoch zwei Dinge auseinanderzuhalten: Erstens die Analysen, die der Forscher durchführt und zweitens die Darstellung der Ergebnisse. Es ist zum Beispiel unter Umständen durchaus ausreichend, nur ein Brutto-Netto-Modell tabellarisch darzustellen. In diesem Fall sollte jedoch zumindest im Text erläutert werden, wodurch größere Abweichungen zwischen den Brutto- und Netto-Effekten im Einzelnen erklärbar sind, an welchen Stellen also Mediations- und Suppressionsbeziehungen vorliegen. Eine detaillierte Auswertung der Daten, bei der die unabhängigen schrittweise aufgenommen werden, ist also in jedem Fall zu empfehlen.

## 7.3 Die Mediationsanalyse

kann man nun schließen, wie X, Z und Y zusammenhängen. Wenn sich der X-Koeffizient nicht verändert, hängen X und Z nicht bedeutsam zusammen und haben eigenständige Effekte auf Y. Reduziert sich der X-Koeffizient bei Konstanthaltung eines Z, handelt es sich um eine Mediation. In diesem Fall erklären wir durch Z, warum X auf Y wirkt. Wird der X-Effekt bei Kontrolle von Z dagegen *stärker*, handelt es um eine Suppression. Der Einfluss, den X auf Y hat, wird also nicht durch Z erklärt, sondern im Gegenteil: Er wird verdeckt.

Eine Beschränkung dieser schrittweisen Regressionsmodelle besteht darin, dass aus der Veränderung des X-Koeffizienten allein nicht auf die Signifikanz der jeweiligen indirekten Effekte geschlossen werden kann. Hier müssen ggf. zusätzliche Analysen durchgeführt werden, zum Beispiel unter Verwendung des Sobel-Tests oder spezialisierter Analysesoftware.[10]

**Exkurs zum Sobel-Test** Die Berechnung des Sobel-Tests kann ‚von Hand' in drei Schritten erfolgen. Als Beispiel greifen wir den indirekten Effekt ‚Sozialiationsort DDR → Kirchgangshäufigkeit → Traditionelle Orientierung' heraus. In einem ersten Schritt sind zwei jeweils bivariate[11] Regressionsmodelle zu berechnen, die den Einfluss der Kirchgangshäufigkeit auf die traditionelle Geschlechtsrollenorientierung beziehungsweise den Einfluss der DDR-Sozialisation auf die Kirchgangshäufigkeit erfassen. Dabei ergeben sich die in Tab. 7.5 dargestellten Ergebnisse.

In einem zweiten Schritt kann der indirekte Effekt als Produkt der beiden direkten Effekte berechnet werden:

$$b_{\text{ind}} = 0{,}0134 * -4{,}146 = -0{,}055$$

Mit Hilfe des Sobel-Tests kann nun die Signifikanz dieses indirekten Effektes bestimmt werden. Dabei wird ein *z*-Wert nach der folgenden Formel bestimmt:

---

[10] Im Folgenden wird Literatur zum Thema Mediation und Suppression genannt, mit deren Hilfe die Leserin oder der Leser sich weiterführend informieren kann: Klassische Arbeiten zum Thema Mediationsanalyse stammen von Baron und Kenny (1986) sowie James und Brett (1984). Eine weitere anwendungsorientierte Einführung findet sich, am Beispiel linearer Regressionen, in Urban und Mayerl (2018, Kap. 6). Die pfadanalytische Bestimmung indirekter Effekte erläutert Bollen (1987). Ausführliche technische Details und Erweiterungen zur Mediationsanalyse können in MacKinnon (2008) nachgelesen werden.

[11] Aus Vereinfachungsgründen ist das Modell hier sparsamer spezifiziert als in Tab. 7.4 (Modell 5) wo zusätzlich Bildung, Anomie und Deprivation kontrolliert sind.

**Tab. 7.5** Berechnung der Teileffekte für die Mediation „Sozialisation ehemalige DDR → Kirchgangshäufigkeit → Traditionelle Geschlechtsrollenorientierung" (lineare Regression, $n = 748$). (Quelle: ALLBUS 2016)

| Kirchgangshäufigkeit → Geschlechtsrollenorientierung | | |
|---|---|---|
| $b_1$ | $SE_{b1}$ | $t$-Wert |
| 0,0134 | 0,0018 | 7,37 |
| Sozialisation ehemalige DDR → Kirchgangshäufigkeit | | |
| $b_2$ | $SE_{b2}$ | $t$-Wert |
| −4,146 | 0,926 | −4,48 |

$$z = \frac{b_1 \cdot b_2}{\sqrt{\left(b_1^2 \cdot SE_{b2}^2\right) + \left(b_2^2 \cdot SE_{b1}^2\right)}} = \frac{-0,055}{\sqrt{\left(0,0134^2 \cdot 0,926^2\right) + \left(-4,146^2 \cdot 0,0018^2\right)}} = -3,84$$

Auf dieser Basis lassen sich im vorliegenden Fall folgende Schlussfolgerungen treffen:

- Der indirekte Effekt ‚Sozialisation ehemalige DDR → Kirchgangshäufigkeit → Geschlechtsrollenorientierung' ist wie der direkte Effekt ‚Sozialisation ehemalige DDR → Geschlechtsrollenorientierung' negativ. Da der direkte und indirekte Effekt somit das gleiche Vorzeichen haben, handelt es sich um eine Mediation.
- Der indirekte Effekt ist mit einem $z$-Wert von −3,8 bei einem Freiheitsgrad hochsignifikant.[12]

Der Sobel-Test kann in seiner einfachen Form jedoch nur unter den Bedingungen angewendet werden, dass die abhängige Variable ebenso wie der Mediator (Z) metrisch sind und außer X und Z keine weiteren Drittvariablen im Modell sind. Falls diese Voraussetzungen nicht gegeben sind, kann zur Bestimmung der Signifikanz der indirekten Effekte zum Beispiel auf Programme zur Analyse von Strukturgleichungsmodellen zurückgegriffen werden. So weist beispielsweise die Software Mplus (Geiser 2011) einen entsprechenden Funktionsumfang zum inferenzstatistischen Test indirekter Effekte auf.[13]

---

[12] Dem $z$-Wert −3,84 entspricht in der Standardnormalverteilung das empirische Signifikanzniveau $p = 0,00012$ bei einer zweiseitigen Alternativhypothese. Die Wahrscheinlichkeit für einen Alpha-Fehler – der indirekte Effekt ist in der Grundgesamtheit = 0 – ist hier also kleiner als 0,001 %.

[13] Wer Spezialsoftware wie Mplus nicht zur Verfügung hat, kann wie im Exkurs von Hand rechnen oder sich mit der Installation von Zusatzmodulen behelfen. Für Stata sei auf das

## 7.4 Die Moderationsanalyse

Bei den bisher besprochenen Auswertungsstrategien bestand die Ausgangssituation immer darin, dass wir bivariat einen Einfluss von zumindest einer unabhängigen Variablen X auf die abhängige Variable Y gefunden haben (zum Beispiel einen Effekt des Sozialisationsortes auf die Geschlechtsrollenorientierung). Anschließend wurde überprüft, ob dieser bivariate Effekt eigenständig ist, oder ob es sich um einen durch Drittvariable Z bedingten Scheinzusammenhang handelt. Den Drittvariablen kann jedoch, wie wir im Folgenden sehen werden, eine weitere wichtige Funktion zukommen: Sie können die *Bedingungen* angeben, unter welchen der Einfluss einer unabhängigen Variablen X auf eine abhängige Variablen Y stärker oder schwächer ist.

Verdeutlichen wir dies kurz anhand eines alltäglichen Beispiels: Wie wir aus leidvoller Erfahrung wissen, sind wir im Winter häufiger erkältet (und möglicherweise auch an COVID-19 erkrankt) als im Sommer. In diesem Beispiel sind die Erkältungsviren unser X, das kausal die abhängige Variable Y (krank sein oder gesund sein) beeinflusst. Im Winter haben die Viren jedoch bessere Chancen uns anzustecken als im Sommer, da wir uns zum Beispiel häufiger mit anderen Menschen in geschlossenen und beheizten Räumen aufhalten. Die Jahreszeit *moderiert* also den Zusammenhang zwischen Erkältungsviren und dem Risiko, krank zu werden.

Veranschaulichen wir die Moderation[14] etwas formeller anhand eines Schaubildes (Abb. 7.7). Der Moderator Z zeigt hier auf den Pfeil, der von X auf Y wirkt. Z gibt also die Bedingungen an, unter welchen die Stärke des Zusammenhangs zwischen X und Y variiert. Dabei ist es im Unterschied zur Mediation *nicht*

---

Zusatzmodul *mediation* verwiesen (siehe https://econpapers.repec.org/software/bocbocode/ s457294.htm) und für SPSS auf das Makro PROCESS (siehe http://www.processmacro.org/ download.html, beides zuletzt aufgerufen am 06.02.2021). Wer lieber von Hand rechnet, sich hier jedoch Arbeit ersparen will, kann z. B. den Internetrechner zum Sobel-Test von Kristopher J. Preacher benutzen (http://quantpsy.org/sobel/sobel.htm; zuletzt aufgerufen am 13.12.2020).

[14] Im Verlauf dieses Kapitels wurden die Begriffe Mediation, Suppression und Moderation eingeführt. Diese Terminologie stammt aus der englischsprachigen Fachliteratur und wird dort relativ einheitlich verwendet. In deutschsprachigen soziologischen Methodenbüchern sind die Begrifflichkeiten dagegen zum Teil uneinheitlich. Mediation wird zum Beispiel von Diekmann (2010, S. 726) und Schnell et al. (2011, S. 227) als „Erklärung" beziehungsweise „Interpretation" bezeichnet und von Kühnel und Krebs (2001, S. 473) als „Konfundierung". Moderation bezeichnen Schnell et al. (2011, S. 227) als „Vorhersage", während Diekmann (2010, S. 730) von „Spezifizierung" spricht.

**Abb. 7.7** Schematische Darstellung einer Moderation. (Eigene Darstellung)

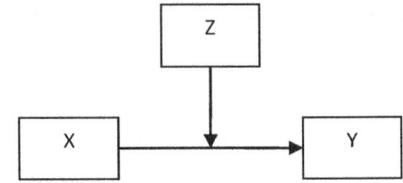

notwendig, dass der Moderator Z mit X oder mit Y korreliert. Bei einer Moderationsanalyse handelt es sich insofern, wie manchmal übersehen wird, um eine völlig eigenständige Auswertungsstrategie, die nichts mit den zuvor besprochenen Phänomenen wie Mediation und Suppression zu tun hat.

Moderationsanalysen werden häufig in einem fortgeschrittenen Stadium der Forschung durchgeführt. Nehmen wir zum Beispiel an, dass wir bereits mit Hilfe einer Mediationsanalyse im Detail untersucht haben, inwieweit eine Sozialisation in der ehemaligen DDR mit der Geschlechtsrollenorientierung zusammenhängt. In diesem Fall kann in einem nächsten Schritt geklärt werden, ob die Stärke des Sozialisationseffektes zwischen verschiedenen Gruppen variiert, z. B. zwischen Männern und Frauen oder zwischen verschiedenen Geburtskohorten. Auf Moderationsanalysen kann darüber hinaus auch dann zurückgegriffen werden, wenn sich, bezogen auf *alle Personen* im Datensatz, kein Zusammenhang zwischen X und Y zeigt. Das Ziel besteht dann in der Überprüfung der Frage, ob dieser Effekt möglicherweise nur in speziellen Bevölkerungsgruppen, z. B. in bestimmten sozialen Lagen oder Milieus, auftritt.

Verdeutlichen wir nun auch die Moderationsanalyse anhand unseres Beispiels zu Geschlechtsrollenorientierungen. Auch hier gilt es zunächst, Theoriearbeit zu leisten und einige Moderationshypothesen zu formulieren. In Anlehnung an die Argumentation von Mays (2012) ist zu erwarten, dass voll erwerbstätige Frauen ein starkes Interesse an egalitären Geschlechtsrollen haben. Grundlegend ist die Annahme, dass Akteure bestimmte Einstellungen eher aufweisen, wenn sie selbst vom angenommenen Einstellungsgegenstand profitieren. So könnten erwerbstätige Frauen deshalb egalitärer eingestellt sein, da sie Gehaltsdiskriminierungen vermeiden wollen. Diese Argumentation lässt sich nicht ohne weiteres auf Männer übertragen. Berufstätige Männer könnten ein stärkeres Interesse an einer traditionellen Rollenverteilung haben, die ihnen z. B. eine stärkere Konzentration auf ihren Beruf ermöglicht und berufliche Konkurrenz durch Frauen vermeidet. Das Geschlecht kann also als Merkmal aufgefasst werden, das den Zusammenhang zwischen einer Vollzeiterwerbstätigkeit und der traditionellen

## 7.4 Die Moderationsanalyse

Geschlechtsrollenorientierung *moderiert*. Wir erwarten für Frauen einen negativen Zusammenhang zwischen Erwerbstätigkeit und traditionellen Einstellungen und für Männer keinen oder einen positiven Zusammenhang *(Erwerbsstatus-Moderationshypothese)*.

Für die Erwerbstätigkeit der Mutter kann weiterhin angenommen werden, dass Personen eher ein egalitäres Rollenverständnis entwickeln, wenn sie das Modell ‚erwerbstätige Mutter' in ihrer eigenen Familie erlebt haben. Auch hier erwartet Mays (2012) jedoch einen Geschlechtsunterschied: Sie vermutet, dass Jungen vor allem dann zur Hausarbeit in ihrer eigenen Familie herangezogen werden bzw. wurden, wenn ihre Mutter erwerbstätig ist. Im Zuge dessen entwickeln sie egalitärere Vorstellungen. Sie lernen, dass Hausarbeit nicht per se Frauen- und Berufstätigkeit Männersache ist. Für Mädchen könne dagegen häufiger angenommen werden, dass sie sich unabhängig von einer Erwerbstätigkeit der Mutter an der Hausarbeit beteiligen bzw. beteiligen müssen. Erneut ist somit das Geschlecht der Moderator. Es wird erwartet, dass der negative Zusammenhang zwischen einer Erwerbstätigkeit der Mutter und traditionellen Geschlechtsrollenorientierungen bei Männern stärker ausgeprägt ist als bei Frauen *(Mütterwerbstätigkeit-Moderationshypothese)*.

Ferner stellt Mays (2012) auf Basis von Daten des ALLBUS 2008 fest, dass die eigene Religiosität sowie die Religiosität der Eltern für Männer eine deutlich geringere Rolle für ihre Geschlechtsrollenorientierung spielt als für Frauen. Wir wollen überprüfen, ob wir diesen Moderationseffekt auch für den ALLBUS 2016 bestätigen können. Da wir für diesen Fall noch keine ausgereifte theoretische Argumentation haben, formulieren wir anstatt einer Hypothese eine Forschungsfrage: Wird der Zusammenhang zwischen der individuellen Religiosität (hier: Kirchgangshäufigkeit) und der Geschlechtsrollenorientierung durch das Geschlecht moderiert?

Der erste Schritt in unserer Moderationsanalyse besteht darin, nach Geschlecht *getrennte Regressionsmodelle* für die Variablen zu berechnen, die Gegenstand unsere Moderationshypothesen sind. Wir teilen die ALLBUS-Stichprobe nach Geschlecht also in etwa zwei gleich große Gruppen auf und rechnen in den Teilstichproben der Männer bzw. der Frauen bivariate Regressionsmodelle mit den unabhängigen Variablen eigene Erwerbstätigkeit, Erwerbstätigkeit der Mutter und Kirchgangshäufigkeit (siehe Tab. 7.6).

Die Ergebnisse stehen in Einklang mit den Moderationshypothesen: Der Einfluss der Erwerbstätigkeit der Mutter ist in der Tat bei Männern etwas stärker ausgeprägt als bei weiblichen Befragten. Für die eigene Erwerbstätigkeit zeigt sich dagegen, im Einklang mit der entsprechenden Hypothese, ein stärkerer Effekt bei Frauen. Zudem kommen wir auch mit dem ALLBUS 2016 zu dem Ergebnis,

**Tab. 7.6** Brutto-Effekte verschiedener soziodemografischer Merkmale auf die Geschlechtsrollenorientierung in Abhängigkeit vom Geschlecht (lineare Regression, unstandardisiertze b-Koeffizienten). (Quelle: ALLBUS 2016)

|  | Männer | Frauen |
|---|---|---|
| Erwerbstätigkeit der Mutter | −0,24** | −0,18** |
| Vollzeiterwerbstätigkeit (Befragter) | −0,19** | −0,33** |
| Kirchgangshäufigkeit | 0,008** | 0,013** |
| n | 759 | 748 |

+ $p < 0,10$; * $p < 0,05$; ** $p < 0,01$

dass der positive Effekt der Kirchgangshäufigkeit auf traditionelle Orientierungen bei Frauen stärker ausfällt als bei Männern.

Die Vorgehensweise, zunächst getrennte Modelle für die Ausprägungen eines Moderators zu berechnen, eignet sich besonders für kategoriale Moderatoren mit wenigen Ausprägungen. Getrennte Modelle sind sicher ein erster guter Schritt, um Moderation zu untersuchen, reichen jedoch alleine nicht aus. Auf den ersten Blick mag z. B. der Unterschied im Effekt der eigenen Erwerbstätigkeit zwischen Männern und Frauen (−0,19 versus −0,33) relativ groß erscheinen. Daraus kann aber noch nicht sicher geschlossen werden, dass sich der Effekt des Erwerbsstatus *statistisch signifikant* zwischen Männern und Frauen unterscheidet.

Um diesen Signifikanztest durchzuführen, ist die Berechnung von *Interaktionseffekten* notwendig. Diese werden technisch so gebildet, dass eine unabhängige Variable X mit einem Moderator Z multipliziert wird. Der multiplikative Term wird dann zusätzlich zu den Haupteffekten von X und Z in ein multiples Regressionsmodell aufgenommen. Wichtig ist zu beachten, dass sowohl die Haupteffekte in das Modell aufgenommen werden als auch der Interaktionseffekt aus diesen beiden Variablen. Sind die Haupteffekte nicht mit im Modell, ist der Interaktionseffekt nicht interpretierbar. Darüber hinaus ist es gelegentlich sinnvoll, metrische Moderatoren, z. B. das Lebensalter, vor der Berechnung des Interaktionseffektes zu zentrieren, weil dadurch die Interpretation der konditionalen Haupteffekte erleichtert wird. Zentrierung bedeutet, dass von einer metrischen Variablen ihr arithmetischer Mittelwert abgezogen wird. Wir werden auf dieses Thema in Kürze zurückkommen.

Werfen wir nun einen Blick auf Tab. 7.7, in der die Interaktionseffekte für unsere Fragestellung dargestellt sind. Zunächst muss man wissen, wie die konditionalen Haupteffekte zu interpretieren sind. Dies scheint in Moderationsanalysen häufig Schwierigkeiten zu bereiten, da sich selbst in führenden soziologischen

## 7.4 Die Moderationsanalyse

**Tab. 7.7** Moderation von Effekten soziodemografischer Variabler auf die traditionelle Geschlechtsrollenorientierung durch das Geschlecht (lineare Regression, unstandardisierte $b$-Koeffizienten). (Quelle: ALLBUS 2016, $n = 1507$)

| | Modell | | |
|---|---|---|---|
| | 1 | 2 | 3 |
| *Konditionale Haupteffekte* | | | |
| Frau | −0,22** | −0,19** | −0,23** |
| Erwerbstätigkeit der Mutter | −0,24** | | |
| Vollzeiterwerbstätigkeit (Befragter) | | −0,19** | |
| Kirchgangshäufigkeit | | | 0,008** |
| *Interaktionseffekte* | | | |
| Frau × Erwerbstätigkeit Mutter | 0,06 | | |
| Frau × Vollzeiterwerbstätigkeit | | −0,14* | |
| Frau × Kirchgangshäufigkeit | | | 0,005+ |
| Konstante | 2,01 | 1,98 | 1,84** |
| Korrigiertes $r^2$ | 0,04 | 0,06 | 0,06 |

$+ p < 0{,}10$; $*p < 0{,}05$; $**p < 0{,}01$

Fachzeitschriften regelmäßig Beispiele für ungenau beziehungsweise häufig sogar falsch interpretierte konditionale Haupteffekte finden lassen. Die Regel lautet wie folgt: Wenn man den Interaktionseffekt aus zwei unabhängigen Variablen X und Z in ein multiples Regressionsmodell aufgenommen hat, bezieht sich der konditionale Haupteffekt von X auf den Fall Z = 0 und der Haupteffekt von Z gilt entsprechend bei X = 0.

Gehen wir dies, zusammen mit den Interaktionseffekten, in Tab. 7.7 für die einzelnen Modelle durch. In Modell 1 wird die Müttererwerbstätigkeits-Moderationshypothese getestet. Im Modell enthalten sind die beiden Haupteffekte ‚Frau' (mit den Ausprägungen 1 = Frau, 0 = Mann) sowie ‚Erwerbstätigkeit der Mutter (1 = ja, 0 = nein) sowie der Interaktionseffekt ‚Erwerbstätigkeit der Mutter × Frau'. Der konditionale Haupteffekt von ‚Frau' beträgt −0,22. Er ist wie folgt zu interpretieren: Die traditionelle Geschlechtsrollenorientierung ist bei Frauen um 0,22 Punkte geringer als bei Männern, *wenn die Mutter des Befragten nicht erwerbstätig ist bzw. war.* Es ist wichtig, die kursiv geschriebene Bedingung bei der Interpretation unbedingt zu beachten. Da ein Interaktionseffekt im Modell enthalten ist, handelt es sich um einen konditionalen (bedingten) Haupteffekt. Entsprechend ist auch die Interpretation des Einflusses der Müttererwerbstätigkeit anders als gewohnt: *Männliche Befragte* (Frau = 0) sind um 0,24 Punkte weniger traditionell eingestellt, wenn ihre Mutter erwerbstätig ist bzw. war. Diesen konditionalen Haupteffekt finden wir auch in Tab. 7.6 (linke Spalte) wieder.

Wie ist nun der Interaktionseffekt zu interpretieren, auf den sich unser Hauptaugenmerk richtet? Er bringt zum Ausdruck, dass der Effekt der Erwerbstätigkeit der Mutter bei Frauen um 0,06 Punkte positiver ausfällt als bei Männern. Da der Effekt bei Männern ja negativ ist (−0,24), bedeutet dies: Der Einfluss der Muttererwerbstätigkeit ist bei Frauen um 0,06 Punkte schwächer. Der Interaktionseffekt sagt uns also, wie groß der *Unterschied* im Effekt der Müttererwerbstätigkeit zwischen Männern und Frauen ist. Bei Männern beträgt der Effekt −0,24. Bei Frauen beträgt er −0,24 + 0,06 = −0,18 (siehe auch Tab. 7.6). Der Unterschied zwischen −0,24 und −0,18 beträgt 0,06 (= Interaktionseffekt).

Interaktionseffekte sind symmetrisch und können immer aus zwei Perspektiven interpretiert werden. Wir können ihn auch so lesen: Der Unterschied in der traditionellen Geschlechtsrollenorientierung zwischen Männern und Frauen verkleinert sich um 0,06 Punkte, wenn die Mutter der Befragte erwerbstätig ist bzw. war. Der Geschlechtsunterschied beträgt −0,22, wenn die Mutter nicht erwerbstätig ist (konditionaler Haupteffekt). Ist sie erwerbstätig, beträgt der Unterschied zwischen Männern und Frauen −0,22 + 0,06 = −0,16. Diese Lesart ist zwar im Lichte unserer Hypothese betrachtet weniger nützlich, grundsätzlich aber genauso möglich.

Der wohl wichtigste Punkt im Zusammenhang mit Modell 1 wurde noch gar nicht erwähnt: Der Interaktionseffekt ist nicht signifikant. Daher lehnen wir die Müttererwerbstätigkeits-Moderationshypothese ab. Wir können nicht mit hinreichender Sicherheit ausschließen, dass der Geschlechtsunterschied im Effekt der Müttererwerbstätigkeit rein zufällig zustande gekommen ist. Zu dieser Schlussfolgerung kommen wir jedoch erst, wenn wir das Signifikanzniveau des Interaktionseffektes kennen. Dies zeigt, dass die Berechnung dieser Interaktionen im Rahmen von Moderationen leztlich unverzichtbar ist, um eine definitive Entscheidung über die Annahme oder Ablehnung von Moderationshypothesen zu treffen.

In Modell 2 testen wir die Erwerbstätigkeits-Moderationshypothese und beginnen erneut mit den beiden konditionalen Haupteffekten. Frauen sind um 0,19 Punkte weniger traditionell eingestellt als Männer *wenn sie nicht Vollzeit erwerbstätig sind*. Und die Geschlechtsrollenorientierung Vollzeit erwerbstätiger *Männer* ist um 0,19 Punkte weniger traditionell als diejenige von nicht Vollzeit erwerbstätigen Männern. Der Interaktionseffekt besagt, aus der Perspektive unserer Hypothese betrachtet, Folgendes: Der Effekt der Vollzeiterwerbstätigkeit ist bei

## 7.4 Die Moderationsanalyse

Frauen um 0,14 Punkte negativer als bei Männern. Bei Männern hat dieses Merkmal also einen Effekt von −0,19 und bei Frauen von −0,19 − 0,14 = −0,33. Da der Interaktionseffekt zudem signifikant ist, nehmen wir die Erwerbstätigkeits-Moderations-Hypothese an.

In Modell 3 stellt sich die Situation insofern etwas anders dar, da wir nun mit der Kirchgangshäufigkeit ein ordinales Merkmal mit mehreren Ausprägungen betrachten. Auch hier stellt sich die Frage, ob der Einfluss dieses Merkmals durch das Geschlecht moderiert wird. Der konditionale Haupteffekt des Geschlechts − Frauen sind um 0,23 Punkte weniger traditionell − gilt *bei einer Kirchgangshäufigkeit von null*. Dieser Fall ist sinnvoll interpretierbar: der Befragte besucht nie die Kirche. Bei anderen Merkmalen, zum Beispiel dem Lebensalter, kann es an dieser Stelle jedoch zu Interpretationsproblemen kommen. Ersetzen wir für einen Moment in Modell 3 gedanklich die Kirchgangshäufigkeit durch das Alter. Dann würde sich der konditionale Haupteffekt von ‚Frau' auf ein Alter von null Jahren beziehen. In diesem Alter hat man jedoch noch keine Geschlechtsrollenorientierung. Insofern könnte ein solcher Haupteffekt als unbefriedigend empfunden werden, da er sich auf eine unplausible Konstellation bezieht. Die Lösung wäre hier, das Alter zu zentrieren. Dabei wird einfach eine neue Variable ‚zentriertes Alter' gebildet indem man von dem Alter seinen arithmetischen Mittelwert abzieht. Nach der Zentrierung entspräche dann der Wert null einem *mittleren* Alter, positive Werte wären überdurchschnittlich, negative unterdurchschnittlich. Auf diese Weise kann eine sinnvolle Interpretation des Haupteffektes sichergestellt werden.

Kehren wir zum Beispiel zurück. Der konditionale Haupteffekt der Kirchgangshäufigkeit bedeutet, dass *bei Männern* die Geschlechtsrollenorientierung mit jedem jährlichen Kirchgang um 0,008 Punkte traditioneller wird. Der Interaktionseffekt zeigt, dass der Einfluss der Kirchgangshäufigkeit bei Frauen um 0,006 Punkte positiver und damit stärker ist als bei Männern. Die Interaktion ist zumindest tendenziell signifikant. *Bei Frauen* beträgt der Effekt des Kirchgangs 0,008 + 0,005 = 0,013.

Kurz nachdenken sollten wir abschließend über folgende Frage: Ist es sinnvoll, Moderation zu ignorieren, d. h. einfach ein gemeinsames Modell für Männer und Frauen zu berechnen und sämtliche Interaktionseffekte wegzulassen? In diesem Fall würden wir durch unsere Modellierung implizit unterstellen, dass sich die Stärke des Einflusses der jeweiligen unabhängigen Variablen auf die Geschlechtsrollenorientierung nicht zwischen Männern und Frauen unterscheidet. Diese Annahme ist jedoch, wie wir mit Hilfe der obigen Moderationsanalyse gesehen haben, in einigen Fällen – Erwerbstätigkeit, Kirchgang – nicht zutreffend. Ein Modell ohne Interaktionseffekte wäre demnach streng genommen fehlspezifiziert, da es nicht ausreichend an die beobachteten Daten angepasst ist. Fassen wir zusammen: Im Gegensatz zur Mediation beziehungsweise Suppression fragen wir uns bei der Moderation nicht, ob eine Drittvariable Z den Effekt einer unabhängigen Variablen X auf eine abhängige Variable Y entweder erklärt oder verdeckt, da sie mit X und Y zusammenhängt. Z gibt bei der Moderation vielmehr an, unter welchen Bedingungen die Richtung beziehungsweise Stärke des Effektes von X auf Y variiert, *ohne* notwendigerweise mit X oder Y zusammenzuhängen. Eine einfache Auswertungsstrategie zur Analyse von Moderationen besteht darin, den Effekt von X auf Y getrennt für die verschiedenen Ausprägungen von Z, dem Moderator, zu bestimmen. Ob der Zusammenhang zwischen X und Y signifikant durch Z moderiert wird, geht jedoch nur aus der Berechnung eines Interaktionseffektes hervor. Hierbei handelt es sich um einen multiplikativen Term aus X und Z, der zusammen mit den Haupteffekten von X und Z in ein multiples Regressionsmodell eingeht.[15]

## 7.5 Nachbemerkung

Fassen wir zusammen, welchen Nutzen die Kenntnis der dargestellten Auswertungsstrategien hat. Der Anwender wird hierdurch in die Lage versetzt, die theoretische Ausrichtung der Arbeit auf den Punkt zu bringen und eine Auswertungsstrategie zu wählen, die auf diese Fragestellung zugeschnitten ist. Soll die Forschungsfrage zum Beispiel ‚Einflüsse soziodemografischer Merkmale auf die Geschlechtsrollenorientierung' heißen oder ‚Warum sind Personen mit DDR-Sozialisation weniger traditionell?' Im ersten Fall werden offensichtlich mehrere gleichrangige Erklärungsfaktoren diskutiert, während im zweiten Fall der Einfluss einer speziellen Variablen, des Sozialisationsortes, im Mittelpunkt steht, der unter Umständen durch weitere Drittvariable erklärt werden kann. Im ersten Fall wäre ein Brutto-Netto-Modell eine sinnvolle Option, im zweiten eine detaillierte Mediationsanalyse. Die Arbeit könnte jedoch auch folgenden Titel tragen: ‚Soziodemografische Merkmale und Geschlechtsrollenorientierung – Unterscheiden sich die Effekte zwischen Männern und Frauen?' In dieser Untersuchung würde ein

---

[15] Auch zur Moderation sei dem Leser weiterführende Literatur empfohlen. Neben der grundlegenden Arbeit von Baron und Kenny (1986) zu konzeptionellen Aspekten werden die technischen Details bei der Berechnung von Interaktionseffekten ausführlich in Aiken und West (1996), Fox (1997), Frazier et al. (2004) sowie Whisman und McClelland (2005) und einführend in Urban und Mayerl (2018, Kap. 6) sowie Lohmann (2010) behandelt.

ganz anderes Ziel verfolgt als in den beiden weiter oben genannten Arbeiten. Es könnte zum Beispiel im Rahmen einer Moderationsanalyse überprüft werden, inwiefern die Richtung und die Stärke des Kirchgangseffektes in Abhängigkeit vom Geschlecht variiert.

Einschränkend sei darauf hingewiesen, dass die diskutierten Auswertungsstrategien nicht unbedingt als ‚entweder – oder' verstanden werden sollten. Es kann durchaus sinnvoll sein, in einer Arbeit mehrere Analyseperspektiven, zum Beispiel eine Mediations- und Moderationsanalyse, zu kombinieren. Auch bei der kritischen Rezeption von Fachartikeln sollte die Logik der Datenanalyse im Hinterkopf behalten werden: Werden die Zusammenhänge zwischen den unabhängigen Variablen in der jeweiligen Arbeit diskutiert? Erwarten der oder die Autorinnen und Autoren theoretisch eigenständige Effekte der unabhängigen Variablen oder gehen sie von Mediator-, Suppressor- beziehungsweise Moderator-Konstellationen aus? Sind Mediations- oder Suppressionsbeziehungen in den empirischen Auswertungen eindeutig erkennbar, da die unabhängigen Variablen jeweils einzeln und schrittweise in ein Regressionsmodell aufgenommen werden oder entsprechende Erläuterungen im Text zu finden sind? Werden indirekte Effekte auf Signifikanz getestet, zum Beispiel mit Hilfe des Sobel-Tests? Wird Moderation nur auf der Basis von getrennt berechneten Modellen beurteilt oder zusätzlich durch die Berechnung von Interaktionseffekten? Die Berücksichtigung derartiger Aspekte kann durchaus dabei helfen, den kritischen Blick bei der Beurteilung empirischer Analysen zu schärfen.

## Literatur

Aiken, Leona S., und Stephen G. West. 1996. *Multiple regression: Testing and interpreting interactions.* Newbury Park: Sage.

Allison, Paul D. 2005. *Missing data. Quantitative applications in the social sciences.* Thousand Oaks: Sage.

Baron, Reuben M., und David A. Kenny. 1986. The moderator-mediator distinction in social psychological research: Conceptual, strategic and statistical considerations. *Journal of Personality and Social Psychology* 51:1173–1182. https://doi.org/10.1037/0022-3514.51.6.1173.

Bollen, Kenneth A. 1987. Total, direct, and indirect effects in structural equation models. In *Sociological methodology,* Hrsg. Clifford C. Clogg, 37–69. Washington, D.C.: American Sociological Association. https://doi.org/10.2307/271028.

Diekmann, Andreas. 2010. *Empirische Sozialforschung. Grundlagen, Methoden, Anwendungen.* Reinbek: Rowohlt.

Fox, John. 1997. *Applied regression analysis, linear models, and related methods.* Thousand Oaks: Sage.

Frazier, Patricia A., Andrew P. Tix, und Kenneth E. Barron. 2004. Testing moderator and mediator effects in counseling psychology research. *Journal of Counseling Psychology* 51:115–134. https://doi.org/10.1037/0022-0167.51.1.115.

Geiser, Christian. 2011. *Datenanalyse mit Mplus. Eine anwendungsorientierte Einführung.* Wiesbaden: Springer VS. https://doi.org/10.1007/978-3-531-93192-0.

James, Lawrence R., und Jeanne M. Brett. 1984. Mediators, moderators, and tests for mediation. *Journal of Applied Psychology* 69:307–321. https://doi.org/10.1037/0021-9010.69.2.307.

Kühnel, Steffen-M., und Dagmar Krebs. 2001. *Statistik für die Sozialwissenschaften. Grundlagen, Methoden, Anwendungen.* Reinbek: Rowohlt. https://doi.org/10.1007/s11615-003-0126-9.

Krampen, Günter. 1979. Eine Skala zur Messung der normativen Geschlechtsrollen-Orientierung (GRO-Skala). *Zeitschrift für Soziologie* 8:254–266. https://doi.org/10.1515/zfsoz-1979-0304.

Lohmann, Henning. 2010. Nicht-Linearität und Nicht-Additivität in der multiplen Regression: Interaktionseffekte, Polynome und Splines. In *Handbuch der sozialwissenschaftlichen Datenanalyse*, Hrsg. Christoph Wolf und Henning Best, 677–707. Wiesbaden: VS Verlag. https://doi.org/10.1007/978-3-531-92038-2_26.

Lois, Daniel. 2020. Gender role attitudes in Germany, 1982–2016: An age-period-cohort (APC) analysis. *Comparative Population Studies* 45:35–64. https://doi.org/10.12765/CPoS-2020-02.

MacKinnon, David P. 2008. *Introduction to statistical mediation analysis.* Milton Park: Routledge. https://doi.org/10.4324/9780203809556.

Mays, Anja. 2012. Determinanten traditionell-sexistischer Einstellungen in Deutschland – Eine Analyse mit Allbus-Daten. *Kölner Zeitschrift für Soziologie und Sozialpsychologie* 64:277–302. https://doi.org/10.1007/s11577-012-0165-6.

Schnell, Rainer, Paul B. Hill, und Elke Esser. 2011. *Methoden der empirischen Sozialforschung.* München: Oldenbourg.

Sobel, Michael E. 1982. Asymptotic confidence intervals for indirect effects in structural equation models. In *Sociological methodology*, Hrsg. Samuel Leinhardt, 290–312. Washington, D.C.: American Sociological Association. https://doi.org/10.2307/270723.

Statistisches Bundesamt. 2020. *Internationale Bildungsindikatoren im Ländervergleich.* Ausgabe 2020 – Tabellenband. Wiesbaden.

Urban, Dieter, und Jochen Mayerl. 2018. *Angewandte Regressionsanalyse: Theorie, Technik und Praxis.* Wiesbaden: Springer VS. https://doi.org/10.1007/978-3-658-01915-0.

Whisman, Mark A., und Gary H. McClelland. 2005. Designing, testing, and interpreting interactions and moderator effects in family research. *Journal of Family Psychology* 19:111–120. https://doi.org/10.1037/0893-3200.19.1.111.

# Logistische Regressionen

8

Im folgenden Kapitel werden die Grundzüge der logistischen Regression erläutert, die wie die lineare Regression zu den Standardverfahren der sozialwissenschaftlichen Datenanalyse gehört. Allgemein lässt sich sagen, dass logistische Regressionen zur Analyse von *nominal* skalierten abhängigen Variablen geeignet sind. Hierbei ist zwischen *dichotomen* und *mehrfach abgestuften* nominalen Variablen zu unterscheiden. Hat die abhängige Variable nur zwei Ausprägungen (ist also dichotom), wird die *binäre* logistische Regression angewendet, die in diesem Kapitel im Mittelpunkt steht. Wirft man einen Blick in soziologische Fachzeitschriften, finden sich hierfür verschiedene Beispielfragestellungen: Welche Determinanten der ledigen Mutterschaft gibt es (Konietzka und Kreyenfeld 2005)? Wovon hängt es ab, dass Personen an Umfragen teilnehmen (Koch 1994)? Welche Merkmale hängen mit der Wahrscheinlichkeit einer Erbschaft zusammen (Szydlik und Schupp 2004)? Hat die abhängige Variable mehrere (mindestens drei) Ausprägungen, die sich aber nicht sinnvoll aufsteigend beziehungsweise absteigend ordnen lassen, kommt die *multinomiale* logistische Regression zum Einsatz, die eine Erweiterung der binären logistischen Regression darstellt (Backhaus et al. 2018, S. 267 ff.).

Im Folgenden wird zunächst kurz erläutert, warum es nicht angemessen ist, im Falle von nominalen abhängigen Variablen auf die lineare Regression zurückzugreifen. Anschließend werden zwei Grundkonzepte besprochen, die für das Verständnis logistischer Regressionen zentral sind: Chance und Wahrscheinlichkeit. In den darauf folgenden Abschnitten wird dann detailliert besprochen, wie diese Grundkonzepte in der logistischen Regression technisch umgesetzt werden und wie man die verschiedenen Elemente des Modell-Outputs interpretiert.

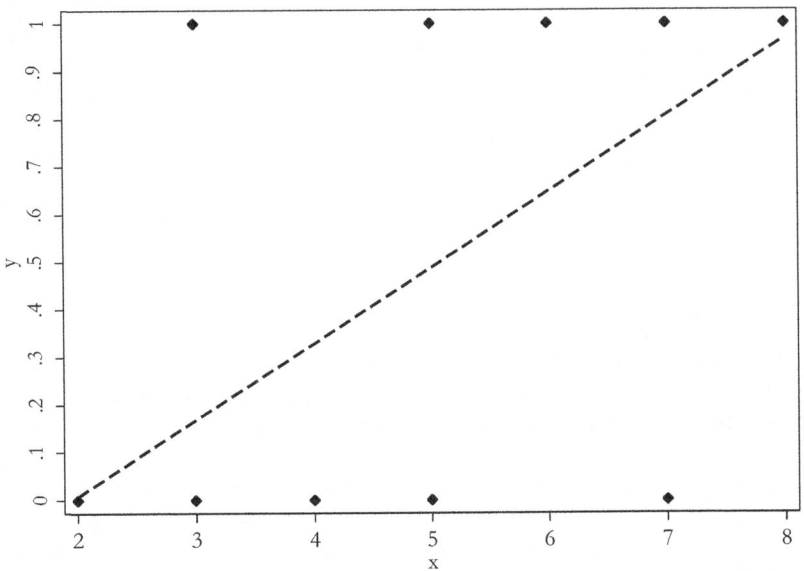

**Abb. 8.1** Streudiagramm für eine dichotome abhängige Variable Y und eine metrische unabhängige Variable X inklusive Regressionsgerade. (Eigene Darstellung)

**Warum ist die lineare Regression bei nominalen abhängigen Variablen nicht geeignet?** In Kap. 6 wurde besprochen, dass verschiedene Voraussetzungen erfüllt sein müssen, damit die lineare Regression zu unverzerrten Schätzungen führt; hier war von den sogenannten BLUE-Annahmen („best linear unbiased estimator") die Rede. Eine dieser Bedingungen ist die Homokedastizität der Residuen. Dies bedeutet für eine Regression mit der abhängigen Variablen Y und der unabhängigen Variablen X Folgendes: Die Varianz der Fehler, das heißt der Abweichungen zwischen Vorhersage- und Beobachtungswerten von Y, darf nicht systematisch mit den X-Werten zusammenhängen.

Um zu überprüfen, ob diese Voraussetzung in logistischen Regressionen gilt, werfen wir einen Blick auf ein Streudiagramm (Abb. 8.1). Auf der Y-Achse ist die abhängige Variable dargestellt, die zwei Ausprägungen (1 und 0) hat. Entsprechend gibt es auch nur zwei Beobachtungswerte (1 oder 0), die durch die Punkte dargestellt sind.

Der zwischen 0 und 1 liegende Bereich lässt sich als *Wahrscheinlichkeit* interpretieren, dass die abhängige Variable Y den Wert 1 annimmt. Nun könnte man einfach eine lineare Regression auf Y rechnen die entsprechende Regressionsgerade ist in dem Diagramm eingezeichnet. Es ist zu erkennen, dass sich die Wahrscheinlichkeit für Y = 1 mit steigenden X-Werten erhöht, X hat also einen positiven Effekt auf Y. Die auf der Regressionsgerade liegenden Werte sind die Vorhersagewerte für Y = 1. Da es sich hierbei um Wahrscheinlichkeiten handelt, wird diese Regression als *lineares Wahrscheinlichkeitsmodell* bezeichnet.

Auch hier sind die Residuen als Abweichungen zwischen den Vorhersagewerten (das heißt der Regressionsgeraden) und den Beobachtungswerten (den Punkten) definiert. Es ist unmittelbar ersichtlich, dass bei sehr kleinen X-Werten (zum Beispiel X = 2) beziehungsweise sehr großen Werten (zum Beispiel X = 8) nur geringfügige Abweichungen zwischen Linie und Punkten auftreten. Im mittleren Wertebereich (zum Beispiel bei X = 5) werden dagegen größere Fehler gemacht. Da die Varianz der Residuen des linearen Wahrscheinlichkeitsmodells insofern systematisch mit den X-Werten zusammenhängt, sind die Residuen *heteroskedatisch*. Damit ist eine der BLUE-Annahmen nicht erfüllt.

Ein zweites Problem, das im Rahmen eines linearen Wahrscheinlichkeitsmodells auftreten kann, geht aus Abb. 8.2 hervor. Hier werden zwei Funktionen für den (jeweils positiven) Zusammenhang zwischen einer dichotomen abhängigen Variablen Y und einer metrischen unabhängigen Variablen X dargestellt. Bei der gestrichelten Linie handelt es sich wiederum um das lineare Wahrscheinlichkeitsmodell und bei der durchgezogenen Linie um die sogenannte *Logit-Funktion,* also um ein logistisches Regressionsmodel, das im Folgenden näher erklärt wird.

Der Verlauf der linearen Regressionsfunktion offenbart folgendes Problem: Ist der X-Wert kleiner als etwa −8 oder größer als 8, sagt das lineare Modell Wahrscheinlichkeiten kleiner als null beziehungsweise größer als 1 voraus. Diese Werte sind aber nicht definiert, da Wahrscheinlichkeiten per Definition zwischen 0 und 1 liegen. Die Logit-Funktion verläuft dagegen nicht linear, sondern langgestreckt *s*-förmig. Im mittleren Wertebereich von X (etwa zwischen −3 und 3) erhöhen sich die Wahrscheinlichkeiten relativ stark. Je mehr sich die Logit-Funktion dagegen den Extremwerten eins beziehungsweise 0 annähert, desto mehr flacht sich die Steigung ab. Man spricht davon, dass sich die Logit-Funktion asymptotisch den Grenzwerten, in diesem Fall 0 und 1, annähert, ohne diese Grenzen jedoch jemals zu überschreiten.

Dieser nichtlineare Verlauf lässt sich auch – und vor allem – inhaltlich rechtfertigen. Gehen wir zum Beispiel davon aus, dass unsere abhängige Variable (Y) messen soll, ob eine Person ein Eigenheim besitzt oder nicht und wir dies über das Einkommen dieser Person (X) vorhersagen wollen. In diesem Fall ist es nicht unplausibel, dass ein gewisses Mindesteinkommen notwendig ist, um an einen Immobilien-Kauf überhaupt denken zu können. Beginnend mit diesem Schwellenwert steigt die Wahrscheinlichkeit, ein Eigenheim zu besitzen, deutlich an. Dieser Anstieg flacht sich

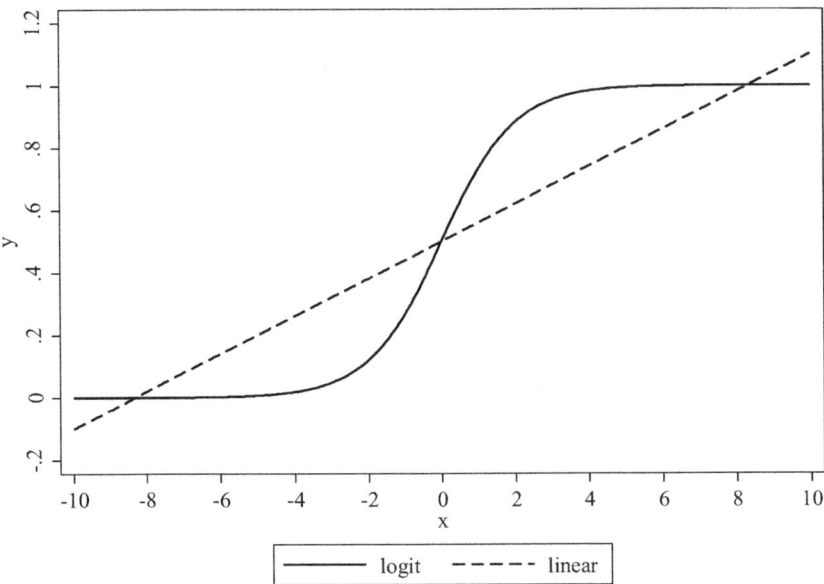

**Abb. 8.2** Lineares Wahrscheinlichkeitsmodell und logistisches Regressionsmodell im Vergleich. (Eigene Darstellung)

dann in höheren Einkommensbereichen jedoch wieder ab, weil es für den Eingenheimkauf nicht mehr ganz so entscheidend ist, ob ein hohes oder ein sehr hohes Einkommen verfügbar ist. Viele Zusammenhänge in empirischen Analysen folgen einer ähnlichen funktionalen Logik und rechtfertigen daher den Einsatz des logistischen anstelle eines linearen Regressionsmodells; hierbei handelt es sich wohl um das gewichtigste Argument für den Einsatz des logistischen Modells.

## 8.1 Zwei Grundkonzepte der logistischen Regression: Chance und Wahrscheinlichkeit

Um die Konzepte der Wahrscheinlichkeit und der Chance zu verdeutlichen, greifen wir wieder auf ALLBUS-Daten zurück und untersuchen zunächst den bivariaten Zusammenhang zwischen der abhängigen Variablen Konfessionslosigkeit

## 8.1 Zwei Grundkonzepte der logistischen Regression ...

**Tab. 8.1** Zusammenhang von Konfessionslosigkeit und Wohnort (beobachtete Häufigkeiten mit Zeilenprozentwerten in Klammern). (Quelle: ALLBUS 2018)

|  | Mit Konfession | Konfessionslos | Insgesamt |
|---|---|---|---|
| Westdeutschland | 1782 | 598 | 2380 |
|  | (74,9) | (25,1) | (100,0) |
| Ostdeutschland | 297 | 793 | 1090 |
|  | (27,3) | (72,8) | (100,0) |
| Insgesamt | 2079 | 1391 | 3470 |
|  | (59,9) | (40,1) | (100,0) |

(0 = nein, 1 = ja) und dem aktuellen Wohnort in Ost- versus Westdeutschland. In Tab. 8.1 ist eine entsprechende Kreuztabelle dargestellt.

Nun kann zunächst die *Wahrscheinlichkeit* berechnet werden, dass Personen in Deutschland insgesamt konfessionslos sind. Dazu teilt man die Anzahl der Konfessionslosen (1391 Personen) durch die Gesamtzahl der Personen in der Stichprobe (3470) und erhält eine Wahrscheinlichkeit von 1391/3470 = 40,1 % (vgl. den Zeilenprozentwert). Im nächsten Schritt kann nun die Wahrscheinlichkeit, konfessionslos zu sein, getrennt für Ost- und Westdeutschland bestimmt werden. In Ostdeutschland ist diese mit 72,8 % deutlich größer als in Westdeutschland (25,1 %).

Neben den Wahrscheinlichkeiten kann alternativ die *Chance (englisch: odds)*, konfessionslos zu sein, bestimmt werden. Diese Chance ist definiert als das *Verhältnis von zwei Wahrscheinlichkeiten:* Erstens der Wahrscheinlichkeit, dass die abhängige Variable Y den Wert 1 annimmt (eine Person also konfessionslos ist) und zweitens der Gegenwahrscheinlichkeit, dass die abhängige Variable den Wert 0 annimmt, eine Person also nicht konfessionslos ist. Allgemein lässt sich dies wie folgt ausdrücken:

$$\text{odds} = \frac{P(y=1)}{1 - P(y=1)}$$

Wie werden diese Chancen in Tab. 8.1 berechnet? Bezogen auf alle Personen beträgt die Chance, keine Konfession zu haben, die Zahl der Konfessionslosen (1391), dividiert durch die Zahl der Personen mit Konfession (2079), also 1391/2079 = 0,67. Die Wahrscheinlichkeit, konfessionslos zu sein (40,1 %) ist entsprechend nur etwa 0,67-mal so groß wie die Gegenwahrscheinlichkeit, eine

Konfession zu haben (59,9 %). Man spricht auch von einer Chance von „0,67 zu 1".

Äquivalent zur Vorgehensweise bei den Wahrscheinlichkeiten können wir diese Chance nun getrennt für Ost- und Westdeutschland bestimmen: Die Chance einer Konfessionslosigkeit beträgt in Ostdeutschland 793/297 = 2,67 und in Westdeutschland 598/1782 = 0,34. Wir stellen fest, dass es in Ostdeutschland wesentlich mehr Personen gibt, die nicht konfessionell gebunden sind. Die Wahrscheinlichkeit, keine Konfession zu haben, ist hier etwa 2,7-mal so groß wie die Wahrscheinlichkeit, einer Kirche anzugehören. In Westdeutschland ist das Verhältnis dieser Wahrscheinlichkeiten dagegen etwa 0,34 zu 1.

Im Rahmen der logistischen Regression wird nun eine Maßzahl verwendet, die das Verhältnis von Chancen, die getrennt für verschiedene Gruppen oder allgemein Ausprägungen einer unabhängigen Variablen berechnet wurden, zum Ausdruck bringt. Hierbei handelt es sich um das sogenannte *Odds-Ratio*. Wie der Name (Chancenverhältnis) schon sagt, werden hier jeweils zwei Chancen ins Verhältnis gesetzt. Zum Beispiel beträgt das Odds-Ratio einer Konfessionslosigkeit für Ost- versus Westdeutschland 2,67/0,34 = 7,9. Die Chance, konfessionslos zu sein, ist also in Ostdeutschland 7,9-mal größer als in Westdeutschland. Wir können das Odds-Ratio auch ‚umdrehen' und die West-Chance mit der Ost-Chance vergleichen. Hier erhalten wir ein Ergebnis von 0,34/2,67 = 0,13. Die Chance, nicht konfessionell gebunden zu sein, ist also in Westdeutschland nur etwa 0,13-mal so groß wie in Ostdeutschland.

## 8.2  Wie interpretiert man den Output der logistischen Regression?

Bisher haben wir uns nun anhand eines einfachen Beispiels klar gemacht, was im Zusammenhang mit einer dichotomen abhängigen Variablen unter einer Chance beziehungsweise Wahrscheinlichkeit zu verstehen ist. Nun stellt sich die Frage, wo sich diese Konzepte innerhalb des logistischen Regressionsmodells wiederfinden. Bevor wir dies klären, sei nochmal an das lineare Wahrscheinlichkeitsmodell erinnert. Hier wird eine lineare Regression auf Y berechnet; die Regressionsgewichte geben entsprechend an, wie sich die *Wahrscheinlichkeit* für Y = 1 verändert, wenn sich die unabhängige Variable um eine Einheit erhöht. Wir haben jedoch bereits festgestellt, dass das lineare Wahrscheinlichkeitsmodell bei nominal skalierten abhängigen Variablen verschiedene Probleme aufweist. Wie ist nun die Vorgehensweise in der logistischen Regression? Der Unterschied besteht im

## 8.2 Wie interpretiert man den Output der logistischen Regression?

**Tab. 8.2** Wahrscheinlichkeiten, Odds und Logits im Vergleich. (Eigene Darstellung)

| $P(y = 1)$ | Chance (odd) $= p(y = 1)/1 - p(y = 1)$ | Logit bzw. ln(odd) |
|---|---|---|
| 0,01 | 1/99 = 0,01 | −4,60 |
| 0,05 | 5/95 = 0,05 | −2,94 |
| 0,20 | 20/80 = 0,25 | −1,39 |
| 0,50 | 50/50 = 1,00 | 0,00 |
| 0,80 | 80/20 = 4,00 | 1,39 |
| 0,95 | 95/5 = 19,00 | 2,94 |
| 0,99 | 99/1 = 99,00 | 4,60 |

Wesentlichen darin, dass die primäre abhängige Variable der logistischen Regression nicht die Wahrscheinlichkeit für Y = 1 ist, sondern die *logarithmierte Chance*. Die Wahrscheinlichkeit kann zwar ebenfalls mit Hilfe dieses Verfahrens bestimmt werden, jedoch erst nach einem rechnerischen Zwischenschritt – dazu später mehr.

Warum wird in der logistischen Regression nun die *logarithmierte* Chance (das Logit) als abhängige Variable herangezogen und nicht etwa die einfache Chance oder die Wahrscheinlichkeit? Um dies nachvollziehen zu können, vergleichen wir einmal die Wertebereiche der drei bisher besprochenen Konzepte – Wahrscheinlichkeit, Chance, logarithmierte Chance – anhand von Tab. 8.2 (vgl. Kohler und Kreuter 2008, S. 265). Wahrscheinlichkeiten rangieren im Bereich zwischen 0 und 1. Chancen (odds) haben dagegen einen Wertebereich von 0 bis unendlich. Logarithmierte Chancen können Werte zwischen minus unendlich und plus unendlich annehmen. Bei einer Wahrscheinlichkeit von 0,5 ist die Chance genau 1:1 und die logarithmierte Chance nimmt den Wert 0 an. Bei Wahrscheinlichkeiten größer als 0,5 ist die Chance größer als 1 und die logarithmierte Chance ist positiv. Ist die Wahrscheinlichkeit kleiner als 0,5, ist die Chance kleiner als 1 und die logarithmierte Chance nimmt negative Werte an.

Wir haben bereits weiter oben diskutiert, dass ein lineares Wahrscheinlichkeitsmodell Vorhersagewerte außerhalb des zulässigen Bereichs [0,1] produzieren kann. Auch aus diesem Grund scheidet die Wahrscheinlichkeit als primäre abhängige Variable aus. Die einfachen Chancen sind aus zwei Gründen ebenfalls nur bedingt geeignet: Erstens kann es auch bei einer Regression auf die odds vorkommen, dass die Vorhersagewerte die untere Grenze (0) unterschreiten. Zweitens sind die odds nicht symmetrisch, da sie sich im Bereich unter 1 wegen der unteren Grenze bei 0 sehr viel langsamer verändern als im nach oben hin offenen

Bereich größer als 1. Diesbezüglich sind in Tab. 8.2 Wahrscheinlichkeiten, Odds und Logits im Vergleich dargestellt.

Das Logit (die logarithmierte Chance) eignet sich dagegen sehr gut für ein Regressionsmodell, da es nach oben und unten nicht begrenzt und zudem symmetrisch (um den Ursprung) ist. Aus diesem Grund wird das Logit als abhängige Variable in der logistischen Regression herangezogen:

$$\ln\left[\frac{P(y=1)}{1-P(y=1)}\right] = \text{Logit} = b_0 + b_1 x_1 \ldots + b_j x_j$$

Selbstverständlich ist das Ziel auch hier, den Einfluss interessierender Kovariaten zu schätzen.

Die rechte Seite dieses Ausdrucks kommt uns aus der linearen Regression bekannt vor, da es sich auch hier um eine Linearkombination aus einer Konstante ($b_0$) und $j$ Regressionsgewichte ($b_j$) für die unabhängigen Variablen $x_j$ handelt. Man kann also vereinfacht sagen, dass die logistische Regression etwas ähnliches ist wie eine lineare Regression auf die logarithmierte Chance für Y = 1.

Mit Hilfe des Logit kann nun in einem zweiten Schritt auch die Wahrscheinlichkeit für Y = 1 bestimmt werden. Dazu ist es lediglich notwendig, das Logit (L) in folgende Formel einzusetzen, wobei „$e$" für die sogenannte Eulersche Zahl steht, die ungefähr den Wert 2,718 annimmt:

$$P(y=1) = \frac{1}{1+e^{-L}}$$

Kehren wir zum Beispiel zurück, um das gerade Besprochene zu verdeutlichen. Wir interessieren uns nach wie vor dafür, wie stark die abhängige Variable Konfessionslosigkeit (0 = nein, 1 = ja) mit dem Wohnort in Ostdeutschland (codiert als 1) beziehungsweise Westdeutschland (0) zusammenhängt. In Tab. 8.3 ist der entsprechende Output einer logistischen Regression mit den wichtigsten Elementen dargestellt (Details zur Schätzung der Koeffizienten folgen weiter unten).

**Tab. 8.3** Output einer bivariaten logistischen Regression mit der abhängigen Variablen Konfessionslosigkeit (0 = nein, 1 = ja). (Quelle: ALLBUS 2018, $n = 3.470$)

|  | b | SE | z | p | $e^b$ |
|---|---|---|---|---|---|
| Ostdeutschland | 2,07 | 0,08 | 25,0 | 0,000 | 7,96 |
| Konstante | −1,09 |  |  |  | 0,34 |

## 8.2 Wie interpretiert man den Output der logistischen Regression?

Unter „*b*" wird der Logit-Koeffizient ausgewiesen, der das Äquivalent zum Regressionsgewicht in der linearen Regression darstellt. Allgemein gibt der *b*-Koeffizient an, wie sich die logarithmierte Chance für Y = 1 (hier: konfessionslos) verändert, wenn sich die unabhängige Variable um eine Einheit erhöht. Der Logit-Koeffizient von $b = 2{,}07$ bedeutet entsprechend, dass die logarithmierte Chance, konfessionslos zu sein, in Ostdeutschland (X = 1) 2,07 Einheiten höher liegt als in der Referenzkategorie Westdeutschland (X = 0).

Weiter oben hatten wir anhand der Kreuztabelle (Tab. 8.1) verschiedene Werte von Hand ausgerechnet: die Wahrscheinlichkeit und die Chance einer Konfessionslosigkeit (jeweils getrennt für Ost- und West) sowie das Verhältnis der Ost-Chance und der West-Chance, konfessionslos zu sein (Odds-Ratio). Diese Kennziffern können wir nun anhand des in Tab. 8.3 dargestellten Outputs reproduzieren.

Beginnen wir mit der Chance, konfessionell nicht gebunden zu sein in Ost und West. Um diese berechnen zu können, müssen zunächst die entsprechenden Vorhersagewerte des Regressionsmodells (Logit-Werte) bestimmt werden. Dies geschieht, wie bei der linearen Regression, durch die Verrechnung von Konstante und Regressionsgewicht. Der Logit-Wert für Ostdeutschland entspricht also $-1{,}09 + 2{,}07 = 0{,}98$. Die Konstante bezieht sich wie in der linearen Regression auf den Fall, dass die unabhängige Variable gleich 0 ist. Der Logit-Wert für Westdeutschland beträgt also $-1{,}09$. Nun können wir diese Logit-Werte entlogarithmieren ($e^b$) und erhalten dadurch jeweils die Chance, konfessionslos zu sein (für Ostdeutschland $e^{0{,}98} = 2{,}67$, für Westdeutschland $e^{-1{,}09} = 0{,}34$). Wer nun einige Seiten zurückblättert wird feststellen, dass es sich hierbei genau um die Chancen handelt, die wir anhand der Kreuztabelle (Tab. 8.1) von Hand ausgerechnet hatten.

Das ebenfalls bereits berechnete Odds-Ratio für den Ost-West-Vergleich wird im Output der logistischen Regression in der Spalte ganz rechts ausgewiesen ($e^b = 7{,}96$). Dieser Wert ergibt sich aus einer Entlogarithmierung des jeweiligen *b*-Koeffizienten. Für West- im Vergleich zu Ostdeutschland entspricht das Chancenverhältnis also $e^{2{,}07} = 7{,}96$. Die Chance, konfessionslos zu sein, ist demnach in Ostdeutschland etwa 8-mal so groß wie in Westdeutschland.

Schließlich ist noch zu klären, wie die Wahrscheinlichkeit berechnet wird, dass ostdeutsche beziehungsweise westdeutsche Personen konfessionslos sind. Wir setzen dazu den Logit-Wert für Ostdeutschland (0,98) in die oben genannte Formel zur Berechnung der Wahrscheinlichkeiten ein: $1/1 + e^{-0{,}98} = 0{,}728$. Für Westdeutschland rechnen wir entsprechend $1/1 + e^{1{,}09} = 0{,}251$. Die Wahrscheinlichkeit einer Konfessionslosigkeit beträgt also 72,8 % (Ost) beziehungsweise

25,1 % (West). Auch hier kommen wir auf die weiter oben bereits von Hand berechneten Werte.

Welche Bedeutung haben nun die weiteren Elemente im Output in Tab. 8.3? Bei der Interpretation des Standardfehlers ist zu bedenken, dass die meisten empirischen Analysen (wie auch unsere) auf Stichprobendaten beruhen. Dabei besteht das Problem, dass statistische Kennwerte, die auf Basis von Stichproben berechnet werden, aufgrund von zufälligen Schwankungen in der Regel um den ‚wahren' Wert in der Grundgesamtheit streuen (vgl. Kap. 5). Dies trifft auch für unser Regressionsgewicht $b$ zu. Mit Hilfe der Standardfehler kann die Zuverlässigkeit von Schätzungen beurteilt werden, die auf Stichprobendaten basieren. Allgemein tragen vor allem drei Faktoren zu kleinen Standardfehlern und damit zu zuverlässigen Schätzungen bei: eine große Stichprobe, ein starker Effekt der unabhängigen auf die abhängige Variable und eine große Varianz der unabhängigen Variablen.

Der Standardfehler wird allerdings selten für sich genommen interpretiert, sondern vielmehr in Kombination mit dem $b$-Koeffizienten zur Berechnung der $z$-Statistik (in STATA) beziehungsweise Wald-Statistik (in SPSS) herangezogen. Die $z$-Statistik, das Äquivalent zur $t$-Statistik in der linearen Regression, berechnet sich einfach als Quotient aus $b$-Koeffizient und Standardfehler. Bei der Wald-Statistik, die $\chi^2$-verteilt ist, wird dieser Quotient zusätzlich quadriert:

$$z = \frac{b}{\mathrm{SE}_b}$$

$$\mathrm{Wald} = \left(\frac{b}{\mathrm{SE}_b}\right)^2$$

Mit Hilfe der $z$- oder Wald-Statistik wird, ähnlich wie mit der $t$-Statistik in der linearen Regression, die Nullhypothese getestet, dass der jeweilige Regressionskoeffizient $b$ in der Grundgesamtheit gleich 0 ist (vgl. Kap. 6). In der Spalte „$p$" (beziehungsweise „Signifikanz" im SPSS-Output) wird die empirische Irrtumswahrscheinlichkeit ausgewiesen, die bei einer Ablehnung dieser Nullhypothese besteht. In unserem Fall ist der Ost-West-Unterschied im Hinblick auf die Wahrscheinlichkeit einer Konfessionslosigkeit überzufällig beziehungsweise signifikant. Die Wahrscheinlichkeit, die Nullhypothese fälschlicherweise abzulehnen, ist kleiner als 0,01 %.

## 8.3 Wahrscheinlichkeiten, Chancen, logarithmierte Chancen und Average Marginal Effects: Richtlinien für die Ergebnisinterpretation

Die logistische Regression wirkt insofern etwas unübersichtlich, da je nach Geschmack Logit-Koeffizienten ($b$), Odds-Ratios ($e^b$), vorhergesagte Wahrscheinlichkeiten und, wie wir sehen werden, noch weitere Kennziffern zur Ergebnisinterpretation herangezogen werden können. Dabei ist es nötig, sprachlich exakt darauf zu achten, was aus den jeweiligen Koeffizienten geschlossen werden kann und was nicht. Im folgenden Abschnitt werden daher nochmal verschiedene Interpretationsmöglichkeiten zusammengefasst. Zudem wird ein neues Konzept, „Average Marginal Effect", eingeführt.

In Tab. 8.4 ist eine Übersicht dazu dargestellt, welche Rückschlüsse aus dem $b$-Koeffizienten und dem Odds-Ratio im Hinblick auf die Chance, die logarithmierte Chance und die Wahrscheinlichkeit gezogen werden können, dass die abhängige Variable den Wert 1 annimmt. Wenn der $b$-Koeffizient positiv, das heißt größer als 0 ist, steigen die logarithmierten Chancen *exakt um $b$,* wenn sich die unabhängige Variable um eine Einheit erhöht beziehungsweise sinken sie exakt um $b$, wenn der $b$-Koeffizient negativ ist. Im Falle eines positiven $b$-Koeffizienten nimmt das Odds-Ratio ($e^b$) Werte größer als 1 an. Bei einem positiven Odds-Ratio steigt die Chance für $Y = 1$ *um* den Faktor $|1 - e^b|$ (*auf $e^b$*), wenn sich die unabhängige Variable um eine Einheit erhöht beziehungsweise sinkt um diesen Wert bei einem Odds-Ratio kleiner als eins. Zu der Wahrscheinlichkeit für $Y = 1$ lässt sich bei einem positiven $b$-Koeffizienten beziehungsweise einem Odds-Ratio größer als eins nur sagen, dass sie steigt. Ist der $b$-Koeffizient negativ und das Odds-Ratio kleiner als eins, sinkt die Wahrscheinlichkeit entsprechend. Wichtig ist aber, dass sie *nicht* um $b$ oder um $e^b$ steigt oder sinkt!

Um zu verstehen, warum das so ist, werfen wir einen Blick auf Abb. 8.3. Hier ist wiederum auf der Y-Achse die Wahrscheinlichkeit für $Y = 1$ dargestellt und auf der X-Achse eine metrische unabhängige Variable. Zusätzlich sind in das Diagramm zwei Logit-Funktionen eingezeichnet. Bei der durchgezogenen Linie

**Tab. 8.4** Auswirkungen positiver und negativer Regressionskoeffizienten auf die Wahrscheinlichkeit für $y = 1$. (Eigene Darstellung)

| $b$ | Odds-Ratio ($e^b$) | Logit/ln(odd) | Chance (odd) | Wahrscheinlichkeit |
|---|---|---|---|---|
| $b > 0$ | $e^b > 1$ | Steigt um $b$ | Steigt um $|1 - e^b|$ | Steigt |
| $b < 0$ | $e^b < 1$ | Sinkt um $b$ | Sinkt um $|1 - e^b|$ | Sinkt |

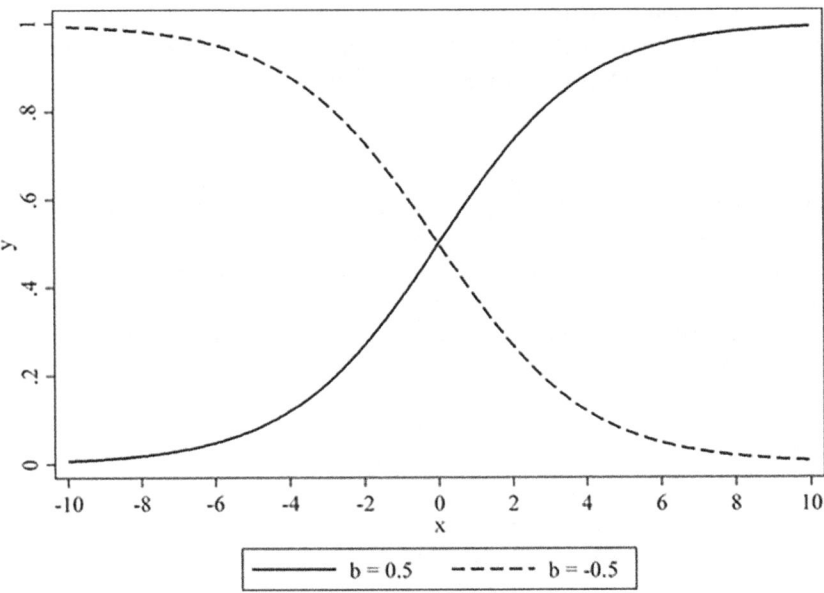

**Abb. 8.3** Auswirkungen positiver und negativer $b$-Koeffizienten auf den Verlauf der Logit-Funktion. (Eigene Darstellung)

ist der $b$-Koeffizient positiv ($b = 0{,}5$) und bei der gestrichelten Linie negativ ($b = -0{,}5$). Die Konstante ($b_0$) ist in beiden Fällen aus Vereinfachungsgründen gleich 0.

Es ist zu erkennen, dass die Regressionskurve im Falle eines negativen $b$-Koeffizienten von links oben nach rechts unten fällt und bei einem positiven $b$ von links unten nach rechts oben steigt. Wichtig ist zu beachten, dass diese Regressionskurven den vorhergesagten *Wahrscheinlichkeiten* entsprechen. Nun wird deutlich, warum sich die Wahrscheinlichkeit nicht exakt um $b$ erhöht beziehungsweise um $b$ sinkt. Dies liegt am nichtlinearen Verlauf der Logit-Funktion. Bei sehr kleinen und bei sehr großen X-Werten steigt die durchgezogene Kurve zum Beispiel nur schwach an, im mittleren Wertebereich von X (etwa zwischen $-4$ und 4) dagegen stark. Da die Steigung insofern über den Wertebereich von X nicht proportional ist, kann aus den $b$-Koeffizienten (und auch den Odds-Ratios) nicht geschlossen werden, um welchen Betrag sich die Wahrscheinlichkeit für Y = 1 *exakt* erhöht, wenn sich die unabhängige Variable X um eine Einheit erhöht.

Es ist aber nicht falsch etwas allgemeiner festzustellen, dass die Wahrscheinlichkeit bei einem positiven $b$ steigt beziehungsweise bei einem negativen $b$ sinkt. Bei $b = 0$ entspricht der Verlauf der Logit-Funktion übrigens, wie in der linearen Regression, einer horizontalen Linie parallel zur X-Achse.

Da Logit-Koeffizienten und Odds Ratios keine exakten Aussagen zur Veränderung der Wahrscheinlichkeit für $Y = 1$ erlauben, etabliert sich zunehmend das Konzept der sogenannten Average Marginal Effects (AME; z. B. Hanmer und Kalkan 2013).[1] Ein Marginal Effect kann zunächst allgemein wie folgt definiert werden: Wie verändert sich der erwartete Wert der abhängigen Variablen, d. h. hier die Wahrscheinlichkeit für $Y = 1$, wenn sich die unabhängige Variable X um eine Einheit erhöht und weitere unabhängige Variablen konstant gehalten werden (ceteris paribus)? In der linearen Regression entsprechen diese Marginal Effects einfach den Regressionsgewichten. Infolge der Nicht-Linearität der Logit-Funktion (Abb. 8.3) sind die Marginal Effects in der logistischen Regression jedoch nicht eindeutig bzw. konstant. D. h., dass sie sich von Untersuchungseinheit zu Untersuchungseinheit unterscheiden und somit von den spezifischen Ausprägungen der weiteren unabhängigen Variablen abhängen, die in einem Modell sind. Hier besteht die Idee nun in einer zweistufigen Vorgehensweise: Zunächst wird der Marginal Effect für jede Untersuchungseinheit mit ihren spezifischen Ausprägungen bei den unabhängigen Variablen separat berechnet. Anschließend wird der Mittelwert dieser verschiedenen Marginal Effects bestimmt. Dies ist dann der Average Marginal Effect. Er sagt aus, dass sich die Wahrscheinlichkeit für $Y = 1$ – im Mittel aller Beobachtungen der vorliegenden Stichprobe – um AME Prozentpunkte erhöht, wenn sich die unabhängige Variable X um eine Einheit (bzw. marginal) erhöht. AME geben also, verkürzt gesagt, den durchschnittlichen Effekt von X auf die Wahrscheinlichkeit an.

Fassen wir zusammen: In der linearen Regression gibt das Regressionsgewicht $b$ an, um welchen Betrag sich die abhängige Variable exakt verändert, wenn die unabhängige Variable um eine Einheit steigt. Es ist auch in der logistischen Regression möglich, derartig exakte Angaben zu machen, wenn man sich auf logarithmierte Chancen bezieht. Die $b$-Koeffizienten geben an, wie sich die logarithmierten Chancen für $Y = 1$ exakt verändern. Im Hinblick auf die Wahrscheinlichkeit für $Y = 1$ kann auf der Basis von $b$ oder $e^b$ lediglich allgemein festgestellt werden, ob sich diese erhöht oder reduziert, ohne aber den genauen

---

[1] AME können z. B. in Stata ab Version 12 mit Hilfe des Befehls *margins, dydx(varlist)* erzeugt werden (siehe *help margins*).

Wert angeben zu können. Um auch auf Wahrscheinlichkeitsebene exaktere Aussagen treffen zu können, kann zusätzlich auf sogenannte Average Marginal Effects zurückgegriffen werden.

**Exkurs: Wie wird der Modellfit in logistischen Regressionen bestimmt?** In der linearen Regression werden die Parameter der Regressionsgleichung, das heißt die Konstante und das Regressionsgewicht, mit Hilfe der Methode der kleinsten Quadrate bestimmt (siehe Kap. 6). Bei der logistischen Regression handelt es sich dagegen um eine Maximum-Likelihood-(ML)-Schätzung. Diese folgt, vereinfacht ausgedrückt, folgender Logik: Gegeben sind die Daten einer Stichprobe, das heißt für jede Person die Information, ob die abhängige Variable den Wert 0 oder 1 annimmt und zusätzlich die Ausprägungen der unabhängigen Variablen. In der ML-Schätzung sind nun diejenigen Regressionskoeffizienten gesucht, bei denen das Auftreten der Stichprobendaten am wahrscheinlichsten ist. Gesucht werden Regressionskoeffizienten, welche eine logarithmierte Likelihood-Funktion minimieren und damit die beste Trennung zwischen den Ausprägungen der abhängigen Variablen (1 und 0) ermöglichen. Bei der logistischen Regression handelt es sich hierbei um die logarithmierte Likelihood-Funktion (LL), die wie folgt definiert ist:

$$LL = \ln(L) = \sum_{y_i=1} \ln(P(y_i = 1)) + \sum_{y_i=0} \ln(1 - P(y_i = 1))$$

Die beiden Summen, die in dieser Funktion addiert werden, entsprechen den beiden Ausprägungen der abhängigen Variablen (1 und 0). Die Funktion kann Werte zwischen 0 (bestmögliches Modell) und minus unendlich annehmen. Der Wert 0 wird erreicht, wenn erstens für alle Personen beziehungsweise Fälle, bei denen die abhängige Variable den Wert 1 hat, eine Wahrscheinlichkeit von 1,0 vorhergesagt wird. In diesem Fall ist „$P(y = 1)$" immer 1,0 und der Logarithmus von 1 ist 0; die erste Summe ist also gleich 0. Damit die gesamte LL-Funktion den Wert 0 annimmt, muss durch das Regressionsmodell zweitens für alle Fälle, für die Y = 0 beobachtet wird, auch eine Wahrscheinlichkeit von 0 vorhergesagt werden. In diesem Fall ist auch der Ausdruck „$(1 - (P(y = 1)))$" in der zweiten Summe 0, da von 1 jeweils nichts abgezogen wird und der Logarithmus von 1 wiederum 0 ergibt. Insgesamt sind in diesem Fall beide Summen gleich 0 und damit auch die gesamte LL-Funktion.

Die LL-Funktion nimmt dagegen Werte kleiner als 0 an, sobald sich Abweichungen zwischen den beobachteten Y-Werten und den vorhergesagten Wahrscheinlichkeiten für Y = 1 ergeben. Wenn zum Beispiel für eine Person Y = 1 beobachtet wird und das Regressionsmodell eine Wahrscheinlichkeit von 0,8 vorhersagt, entspricht

## 8.3 Wahrscheinlichkeiten, Chancen, logarithmierte ...

**Tab. 8.5** Beispiel zur Berechnung des Log-Likelihood-Funktionswertes. (Eigene Darstellung)

| Y | X | $P(Y = 1)$ | $\ln(1 - P(y = 1))$ | $\ln(P(y = 1))$ |
|---|---|---|---|---|
| 0 | 2 | 0,23 | −0,26 | |
| 0 | 4 | 0,46 | −0,62 | |
| 0 | 1 | 0,15 | −0,16 | |
| 0 | 5 | 0,59 | −0,90 | |
| 0 | 7 | 0,81 | −1,65 | |
| 0 | 2 | 0,23 | −0,26 | |
| 0 | 1 | 0,15 | −0,16 | |
| 1 | 4 | 0,46 | | −0,77 |
| 1 | 5 | 0,59 | | −0,52 |
| 1 | 7 | 0,81 | | −0,21 |
| 1 | 8 | 0,88 | | −0,13 |
| 1 | 5 | 0,59 | | −0,52 |
| 1 | 8 | 0,88 | | −0,13 |
| 1 | 9 | 0,92 | | −0,08 |
| 1 | 2 | 0,23 | | −1,47 |
| | | | $\sum = -4{,}03$ | $\sum = -3{,}83$ |

das Residuum, der Fehler, dem Wert $1 - 0{,}8 = 0{,}2$. Wird bei einer vorhergesagten Wahrscheinlichkeit von 0,8 dagegen $Y = 0$ beobachtet, beträgt das Residuum $0 - 0{,}8 = -0{,}8$.

Um die Berechnung der LL-Funktion besser nachvollziehen zu können, ist in Tab. 8.5 ein Beispiel (mit frei erfundenen Daten) dargestellt.[2] Der Datensatz enthält für 15 Personen Informationen zur abhängigen Variablen Y (mit den Werten 0 und 1) sowie zu einer metrischen Variablen X. In der dritten Spalte von rechts sind die durch das Regressionsmodell vorhergesagten Wahrscheinlichkeiten für $Y = 1$ dargestellt.

In der vierten und fünften Spalte sind die Werte dargestellt, die in die beiden Summen der LL-Funktion einfließen. Für die Person in der ersten Zeile wird zum Beispiel bei der abhängigen Variablen der Wert 0 beobachtet. Das logistische Regressionsmodell, in das die unabhängige Variable X einfließt, sagt jedoch eine

---

[2] Basierend auf einer Regressionsgleichung mit der Konstanten −2,265 und dem b-Koeffizienten 0,530.

Wahrscheinlichkeit von 0,23 vorher (wir machen also einen Fehler in Höhe von −0,23). Laut der Formel für die LL-Funktion müssen wir in diesem Fall „ln(1 − $P(y = 1)$)" rechnen, also ln(1 − 0,23). Der Logarithmus von 0,77 ist −0,26, dieser Wert ist in der vierten Spalte von links eingetragen. Schauen wir uns die Person in der vorletzten Zeile der Tabelle an, die bei der abhängigen Variablen den Wert 1 hat. Die vorhergesagte Wahrscheinlichkeit beträgt in diesem Fall 0,92, wir machen also einen relativ kleinen Fehler in Höhe von 1 − 0,92 = 0,08. Laut Formel für die LL-Funktion lautet die Berechnung hier „ln($P(y = 1)$)", also ln(0,92) = − 0,08. Betrachtet man die weiteren Fälle in der Tabelle, wird Folgendes deutlich: Je größer die Abweichungen zwischen Beobachtungswerten und vorhergesagten Wahrscheinlichkeiten sind, desto größere negative Werte gehen in die LL-Funktion ein. Mit Hilfe der beiden Summen, die unten in der Tabelle angegeben sind, können wir nun den LL-Funktionswert ausrechnen:

$$LL = \sum_{y_i=1} ln(P(y_i = 1)) + \sum_{y_i=0} ln(1 - P(y_i = 1)) = -4,03 - 3,83 = -7,86$$

Wer dieses Ergebnis replizieren will, gebe die Daten aus Tab. 8.5 in einen Datensatz ein und berechne eine logistische Regression. In Stata wird oberhalb des Koeffizientenblocks unter „Log likelihood" die Zahl −7,86 ausgegeben, also genau der Wert, den wir gerade von Hand ausgerechnet haben. In SPSS findet man im Output „Modellzusammenfassung" einen „ −2 Log-Likelihood"-Wert in Höhe von 15,7 (Berechnung: −2 × −7,86 = 15,7). Bei der Interpretation der Likelihood-Werte in SPSS und Stata bestehen folgende Gemeinsamkeiten und Unterschiede: In beiden Programmen bedeutet der (theoretische) Wert 0, dass es sich um ein perfektes Modell ohne Vorhersagefehler handelt, die Vorhersage- und Beobachtungswerte also identisch sind. Je *kleiner* der LL-Wert in Stata ist, desto größer sind die Abweichungen zwischen Vorhersage- und Beobachtungswerten. In SPSS wird der −2LL-Wert dagegen umso *größer,* desto mehr beziehungsweise desto größere Residuen auftreten.

Die LL-Werte beziehungsweise −2LL-Werte, die eine ähnliche Bedeutung haben wie die Quadratsumme Residuen in der linearen Regression, sind allerdings für sich genommen nur schwer sinnvoll zu interpretieren, da diese Werte zum Beispiel direkt von der Fallzahl des Regressionsmodells abhängen und daher höchstens zwischen verschiedenen Regressionsmodellen mit identischer Fallzahl verglichen werden können. Der eigentliche Sinn dieser Funktionswerte besteht darin, mit ihrer Hilfe verschiedene Maße zur Beurteilung der Modellanpassung, die sogenannten Pseudo-$r^2$ Werte zu berechnen. Einfach in der Berechnung und intuitiv nachvollziehbar ist insbesondere das Pseudo-$r^2$ nach McFadden:

$$\text{Pseudo} - r^2(\text{McFadden}) = 1 - \frac{-2LL(\text{Endmodell})}{-2LL(\text{Modell nur mit Konstante})}$$

Für unser Regressionsmodell mit den Daten aus Tab. 8.5 ergibt sich:

$$\text{Pseudo} - r^2(\text{McFadden}) = 1 - \frac{15{,}714}{20{,}728} = 0{,}242$$

Es handelt sich beim Pseudo-$r^2$ nach McFadden um ein PRE („proportional reduction of error")-Maß. Der Minimalwert 0 bedeutet, dass die unabhängigen Variablen die Erklärungskraft des Modells nicht verbessern können. Der Maximalwert 1 wird erreicht, wenn der $-2LL$-Wert im Modell mit unabhängigen Variablen (Endmodell) gleich 0 ist und dementsprechend keine Vorhersagefehler gemacht werden würden. Aufgrund der PRE-Eigenschaft sagt der Koeffizient aus, um wie viel Prozent die Vorhersage der abhängigen Variablen durch die unabhängigen Variablen verbessert werden kann. Diese Vorhersage-Verbesserung beträgt in unserem Modell 24,2 %.

Im Gegensatz zur linearen Regression existieren bei der logistischen Regression verschiedene Pseudo-$r^2$-Varianten, die kontrovers diskutiert werden. Ein aktueller Überblick findet sich bei Hemmert et al. (2018). Zum Pseudo-$r^2$ nach McFadden ist zu sagen, dass dieser Koeffizient zwar eine eher konservative Schätzung für die Modellanpassung darstellt, also eher kleine Werte annimmt, dafür aber die vorteilhafte PRE-Eigenschaft besitzt.

Neben den $r^2$-Werten wird als weitere Kennziffer für die Güte des Gesamtmodells das Likelihood-Ratio-$\chi^2$ angegeben (in SPSS im Output „Omnibus-Test" der Modellkoeffizienten unter Chi-Quadrat und in Stata rechts über dem Koeffizientenblock unter „LR chi2"). Hierbei handelt es sich um das Äquivalent zum $F$-Test der linearen Regression. Diesem Test liegt folgende Nullhypothese zugrunde: Alle Koeffizienten des Regressionsmodells außer der Konstanten sind in der Grundgesamtheit gleich 0. Das LR-$\chi^2$ ist immer im Zusammenhang mit den Freiheitsgraden zu interpretieren. Diese entsprechen der Anzahl der Regressionsgewichte im Modell und werden in SPSS in der Spalte „*df*" beziehungsweise in Stata hinter „LR chi2" in Klammern angegeben. Aus dem LR-$\chi^2$-Wert und den Freiheitsgraden ergibt sich ein Signifikanzniveau, welches als Wahrscheinlichkeit zu interpretieren ist, dass die Nullhypothese fälschlicherweise abgelehnt wird, alle Regressionskoeffizienten in der Grundgesamtheit also tatsächlich gleich 0 sind. Die Ergebnisse zeigen, dass diese Nullhypothese mit hoher Wahrscheinlichkeit zurückgewiesen werden kann. Wie auch beim $F$-Test in der linearen Regression (siehe Kap. 6) handelt es sich hierbei allerdings um einen eher schwachen Test, der nur auf das Gesamtmodell bezogen ist und wenig über die Erklärungskraft der einzelnen Kovariaten aussagt.

## 8.4 Ein Beispiel: Welche Merkmale beeinflussen die Wahrscheinlichkeit, konfessionslos zu sein?

Nach all der Technik wollen wir nun an einem etwas ausführlicheren Beispiel die Interpretation der Modellergebnisse der logistischen Regression demonstrieren. Bei der abhängigen Variablen handelt es sich wiederum um die dichotome Erfassung der Konfessionslosigkeit. Als unabhängige Variablen werden die Merkmale Geschlecht, Alter, Bildung, Wohnort und Familienstand berücksichtigt. An dieser Stelle wird die Stärke der logistischen Regression deutlich. Um bivariate Zusammenhänge (zum Beispiel zwischen Konfessionslosigkeit und Ost/West) zu testen, reichen in der Regel die Werkzeuge aus, die uns im Rahmen der Analyse von Kreuztabellen zur Verfügung stehen (zum Beispiel stehen dazu die oben im Kap. 4 diskutierten Maße wie etwa $\chi^2$ oder Cramer's $V$). Das oben dargestellte Beispiel (Tab. 8.3) war aus didaktischen Gründen auf eine Kovariate beschränkt. Sobald jedoch der Effekt *mehrerer* unabhängiger Variablen auf eine nominale abhängige Variable bestimmt werden soll, ist ein Einsatz der logistischen Regression sinnvoll.

In Tab. 8.6 sind die Ergebnisse einer entsprechenden Analyse zu finden, die nun im Detail besprochen werden. Im Falle des Geschlechts (codiert als 0 = Mann, 1 = Frau) ist der $b$-Koeffizient ($-0{,}181$) negativ. Die logarithmierte Chance einer Konfessionslosigkeit ist somit bei Frauen um 0,181 geringer als bei Männern. Diese Aussage lässt uns etwas ratlos zurück, weil ‚logarithmierte Chance' ein abstrakter technischer Term ist. Alternativ kann daher das Odds-Ratio interpretiert werden: Die *Chance, konfessionslos zu sein*, ist bei Frauen nur 0,83 mal so groß wie bei Männern bzw. bei Frauen um 17 % kleiner als bei Männern. Der Average Marginal Effect ($-0{,}034$) erlaubt eine konkrete Aussage auf der Ebene der *Wahrscheinlichkeit*. Die Wahrscheinlichkeit einer Konfessionslosigkeit ist, bei Konstanthaltung aller anderen Merkmale, bei Frauen durchschnittlich um 3,4 Prozentpunkte geringer als bei Männern. Die Formulierung „durchschnittlich" ist hier bewusst gewählt, da die Marginal Effects in speziellen Subgruppen, z. B. bei älteren oder jüngeren, hoch oder niedrig gebildeten Befragten größer oder

## 8.4 Ein Beispiel: Welche Merkmale beeinflussen ...

**Tab. 8.6** Logistisches Regressionsmodell zur abhängigen Variablen Konfessionslosigkeit (0 = nein, 1 = ja; Logit-Koeffizienten inklusive Standardfehlern, $z$-Werten, Odds-Ratios und Average Marginal Effects). (Quelle: ALLBUS 2018, $n = 3.434$)

|  | $b$ | SE | $z$ | $e^b$ | AME |
|---|---|---|---|---|---|
| Frau | −0,181* | 0,079 | −2,3 | 0,83 | −0,034 |
| Wohnort: Ostdeutschland | 2,115** | 0,085 | 25,0 | 8,29 | 0,397 |
| Bildungsjahre | 0,085** | 0,016 | 5,5 | 1,09 | 0,016 |
| Familienstand | | | | | |
| Geschieden | 0,163 | 0,137 | 1,2 | 1,18 | 0,031 |
| Verwitwet | −0,489** | 0,178 | −2,8 | 0,61 | −0,092 |
| Verheiratet | −0,276** | 0,093 | −3,0 | 0,76 | −0,052 |
| Ledig (Referenz) | – | – | – | – | |
| LL (Nullmodell) | −2315,7 | | | | |
| LL (Endmodell) | −1930,7 | | | | |
| Pseudo $R^2$ (McFadden) | 0,166 | | | | |

#$p < 0,10$; *$p < 0,05$; **$p < 0,01$

kleiner sein können als 3,4 Prozentpunkte.[3] Es handelt sich deshalb um einen durchschnittlichen Marginal Effect.

Der Unterschied zwischen Männern und Frauen ist zudem auf dem 5 %-Niveau signifikant; entsprechend können wir die Nullhypothese, wonach in der Grundgesamtheit kein Geschlechtsunterschied besteht, mit einer hohen Wahrscheinlichkeit ablehnen. Die exakte Signifikanz wird in den jeweiligen Statistikprogrammen ausgewiesen.

Ostdeutsche sind gegenüber Westdeutschen häufiger konfessionslos. Exakt ausgedrückt haben sie eine 8,29-mal so große Chance, konfessionslos zu sein, wie westdeutsche Personen.[4] Durchschnittlich ist die Wahrscheinlichkeit einer Konfessionslosigkeit bei ostdeutschen Befragten – ceteris paribus – um 39,7 Prozentpunkte größer als bei westdeutschen Befragten.

---

[3] Marginal Effects in speziellen Subgruppen bzw. für spezielle Konstellationen können in Stata innerhalb des *margins*-Befehls mit der *at*-Option erzeugt werden.

[4] Werden Odds-Ratios größer als eins in Prozent interpretiert, kommt es häufig zu Fehlern. Der Wert 8,29 für den Vergleich zwischen Ost- und Westdeutschland bedeutet zum Beispiel nicht, dass die Chance einer Konfessionslosigkeit in Ostdeutschland um 829 % höher liegt, sondern um 729 %. Da Prozentangaben größer als 100 % intuitiv wenig sinnvoll erscheinen ist es hier empfehlenswert, von dem „8,3-fachen" oder von „8,3-mal so groß" zu sprechen.

Während es sich beim Geschlecht und beim Wohnort um dichotome unabhängige Variablen handelt, ist das Bildungsniveau metrisch. Die Chance, konfessionslos zu sein, erhöht sich pro Bildungsjahr etwa um das 0,09-fache bzw. um 9 % pro Bildungsjahr. Die Wahrscheinlichkeit einer Konfessionslosigkeit steigt durchschnittlich um 1,6 Prozentpunkte pro Bildungsjahr. Vergleicht man z. B. zwei Personen mit 10 und 18 Bildungsjahren, ist die Wahrscheinlichkeit, konfessionslos zu sein, bei der Person mit 18 Bildungsjahren durchschnittlich um 1,6 × 8 = 12,8 Prozentpunkte geringer als bei der Person mit 10 Bildungsjahren.

Hier kann man leicht den Fehler machen, den Einfluss der Bildung für relativ schwach zu halten, da $b$-Koeffizient und AME relativ klein sind und auch $e^b$ nur knapp größer als eins ist. Diese Interpretation wäre aber falsch, da es sich ausnahmslos um unstandardisierte Koeffizienten handelt. Logit-Koeffizient, Odds Ratio und AME geben jeweils an, wie sich logarithmierte Chance, Chance bzw. Wahrscheinlichkeit *pro Anstieg der unabhängigen Variablen um eine Einheit* verändern. Während also zum Beispiel beim Geschlecht nur eine Erhöhung möglich ist (von 0 = Mann auf 1 = Frau), kann sich das Bildungsniveau relativ oft erhöhen (im Wertebereich 8–18 Bildungsjahre); allein deshalb sind $b$-Koeffizient, $e^b$ und AME betragsmäßig klein. Es handelt sich somit um unstandardisierte Effekte. Welcher Erklärungsfaktor den stärksten Einfluss auf die Wahrscheinlichkeit einer Konfessionslosigkeit hat, lässt sich somit auf der Basis dieser Koeffizienten nicht zweifelsfrei einschätzen.[5]

Kehren wir zu den Ergebnissen zurück: Der Familienstand ist ein abschließendes Beispiel für eine mehrstufig kategoriale Variable. Gegenüber der Referenzkategorie ledig haben verwitwete Befragte eine 39 % geringere Chance konfessionslos zu sein ($e^b = 0,61$). Bei Verheirateten ist diese Chance um 24 % geringer als bei Ledigen ($e^b = 0,76$). Die Wahrscheinlichkeit einer Konfessionslosigkeit ist bei Verwitweten um 9,2 Prozentpunkte und bei Verheirateten um 5,2 Prozentpunkte geringer als bei Ledigen. Der Unterschied zwischen Geschiedenen und Ledigen ist statistisch nicht signifikant.

Das Pseudo-$r^2$ beträgt 0,17. Es kann leicht aus den Log likelihood-(LL)-Werten am Ende der Tabelle berechnet werden: $1 - (-1930,7 / -2315,7) = 0,166$. Im Hinblick auf das Pseudo-$r^2$ sollte man – insbesondere bei der eher konservativen Variante nach McFadden – nicht zu große Erwartungen haben. Es ist zwar wenig sinnvoll, Mindest- oder Richtwerte anzugeben, da $r^2$ stark von der Fragestellung und in unserem Fall auch von der Anzahl der im Modell

---

[5] Standardisierte Effekte lassen sich in Stata für das Logit-Modell mit dem *spost13*-Packet von Scott Long und Jeremy Freese erzeugen (siehe *help spost13*).

enthaltenen Kovariaten[6] abhängt. Pseudo-$r^2$-Werte in der Nähe von 1 werden jedoch in der Praxis so gut wie nie erreicht – und wenn, sind meist ernste Zweifel an der Modellspezifikation angebracht. Eine Verbesserung der Vorhersage der abhängigen Variablen um knapp 17 % durch vier einfache soziodemografische Merkmale lässt insofern durchaus bereits auf eine gute Erklärungskraft des Modells schließen.

**Ein Ergebnis, verschiedene Darstellungen** Der in Tab. 8.6 dargestellte Output ist insofern sehr ausführlich, da er neben den $b$-Koeffizienten auch die Odds-Ratios ($e^b$), Average Marginal Effects sowie Standardfehler und $z$-Werte enthält. In wissenschaftlichen Fachzeitschriften sind in der Regel sparsamere Darstellungsformen zu finden. Meistens entscheiden sich die Autoren dafür, entweder $b$-Koeffizienten, Odds-Ratios oder – zunehmend – Average Marginal Effects darzustellen. Je nach verfügbarem Platz, Geschmack oder Formatvorgaben in Zeitschriften können zusätzlich Standardfehler, $z$- beziehungsweise Wald-Werte oder nur „Sternchen" angegeben werden, die das Signifikanzniveau kennzeichnen. Der Leser sollte sich beim Studium der Fachliteratur nicht verwirren lassen und sich stets in Erinnerung rufen, dass die verschiedenen möglichen Darstellungsformen alle auf derselben Prozedur basieren. Selbst die Bezeichnung „logistische Regression" ist allerdings in der Literatur nicht in jedem Fall vorzufinden, wenn zum Beispiel von einem „Logit-Modell" oder einem „ökonometrischen Modell" die Rede ist.

## 8.5 Fallstricke der logistischen Regression

In jüngerer Zeit ist auf einige Fallstricke hingewiesen worden, die bei der Anwendung der logistischen Regression beachtet werden sollten. Es handelt sich um zwei Aspekte, die eng mit den verschiedenen Formen von Drittvariableneinflüssen zusammenhängen, die in Kap. 7 besprochen wurden: Die Veränderung der Logit-Koeffizienten in schrittweise (hierarchisch) aufgebauten Regressionsmodellen (Mood 2010; Best und Wolf 2012) und die Interpretation von Interaktionseffekten in der logistischen Regression (Ai und Norton 2003).

---

[6] In Analogie zum korrigierten $r^2$ in der linearen Regression besteht die Möglichkeit, das McFadden-$r^2$ um die Anzahl der Modellparameter (das heißt Anzahl der Regressionsgewichte) zu korrigieren. Dazu wird einfach vom Log Likelihood-Wert des Endmodells die Anzahl der Modellparameter abgezogen. Für unseren Fall ergibt sich: $1 - (-1936{,}7 / -2315{,}7) = 0{,}164$. Auf den Wert $-1936{,}7$ kommt man durch Subtraktion von 6 Modellparametern vom LL-Wert des Endmodells.

In Kap. 7 wurde am Beispiel der linearen Regression bereits ausführlich erläutert, wie hierarchische Regressionsmodelle darüber Auskunft geben können, welche Beziehungsmuster zwischen Drittvariablen auftreten (Mediation oder Suppression). Dabei galt folgende Regel: Wenn sich der Effekt einer unabhängigen Variablen X bei Einführung einer weiteren Drittvariablen Z verändert, ist dies ein sicherer Hinweis auf eine positive oder negative Korrelation von X und Z. Leider ist diese Logik auf logistische Regressionsmodelle nicht ohne weiteres übertragbar. Mood (2010) hat in einer Simulationsstudie gezeigt, dass sich der Effekt einer unabhängigen Variablen X bei Einführung von Z in der logistischen Regression auch dann verändern kann, wenn X und Z nicht miteinander korrelieren. Nach Best und Wolf (2012) treten hierdurch insbesondere dann Verzerrungen auf, wenn das $r^2$ des Modells relativ groß ist.

Eine erste Möglichkeit, dieses Problem zu vermeiden, besteht in der Verwendung der Average Marginal Effects. Ein wichtiger Vorteil der AME ist, dass die oben geschilderten Verzerrungen in hierarchischen logistischen Regressionen wesentlich seltener auftreten, d. h. nur unter Extrembedingungen wie sehr schief verteilten Variablen (Best und Wolf 2012).

Die zweite Lösungsmöglichkeit, die Karlson et al. (2012) vorgeschlagen haben, sieht wie folgt aus: Ziel ist es, zunächst ein reduziertes Regressionsmodell von X auf Y zu berechnen und anschließend in einem zweiten Schritt die Drittvariable Z in das Modell zu integrieren. Um nun verzerrungsfreie Ergebnisse zu erhalten, sollte man im reduzierten Regressionsmodell (X auf Y) zusätzlich die *Residuen einer Regression von X auf Z* kontrollieren. Diese Residuen lassen sich als neue Variable im Datensatz erzeugen, indem man Z zur abhängigen Variablen bestimmt, auf Z eine (lineare oder logistische) Regression mit der unabhängigen Variablen X rechnet und zusätzlich die in SPSS oder Stata verfügbare Option nutzt, die Residuen im Datensatz abzuspeichern. Diese Vorgehensweise ist insgesamt am effektivsten, da die oben beschriebenen Verzerrungen bei der Berechnung hierarchischer Regressionsmodelle vollständig behoben werden (Best und Wolf 2012).[7]

Das zweite Problem des logistischen Regressionsmodells hängt mit der Interpretation von Interaktionseffekten zusammen. Bezieht man sich hier auf Logits (logarithmierte Chancen) oder Odds-Ratios, gelten alle Regeln für Interaktionseffekte, die für die lineare Regression in Kap. 7 besprochen wurden, auch für das logistische Modell. Im Hinblick auf die Wahrscheinlichkeiten, auf die

---

[7] Eine weitere, noch deutlich elegantere Lösungsmöglichkeit besteht darin, ganz auf hierarchische Regressionsmodelle zu verzichten und Beziehungsmuster wie Mediation oder Suppression über indirekte Effekte in Pfadmodellen zu untersuchen (siehe hierzu Kap. 7 und 9 für erste Hinweise).

## 8.5 Fallstricke der logistischen Regression

**Tab. 8.7** Output einer logistischen Regression mit der abhängigen Variablen Konfessionslosigkeit (0 = nein, 1 = ja) und Interaktionseffekt. (Quelle: ALLBUS 2016 & 2018, $n = 6.914$)

|  | b | z | $e^b$ | AME |
|---|---|---|---|---|
| Wohnort Ostdeutschland | 2,30** | 35,8 | 10,00 | 0,408 |
| Bildungsjahre (zentriert um 13) | 0,11** | 8,5 | 1,12 | 0,020 |
| Bildungsjahre × Ostdeutschland | −0,10** | −4,0 | 0,90 | |
| Konstante | −1,28 | | | |

+ $p < 0,10$; * $p < 0,05$; ** $p < 0,01$

sich die Hypothesen in der Regel beziehen, können Interaktionen, aufgrund von Nicht-Additivität und Nicht-Linearität im Logit-Modell, jedoch ihre statistische Signifikanz verlieren und sogar ihr Vorzeichen wechseln!

Um dies zu demonstrieren, ist in Tab. 8.7 der Interaktionseffekt der Variablen Wohnort (1 = Ost, 0 = West) und Bildungsjahre (8 bis 18, zentriert um den Wert 13 Bildungsjahre) dargestellt. Die Interpretation der Logit-Koeffizienten ($b$) und Odds-Ratios ($e^b$) erfolgt so, wie in Kap. 7 erläutert: Zum Beispiel ist die Chance, konfessionslos zu sein, für Ostdeutsche mit 13 Bildungsjahren um das 10-fache höher als bei Westdeutschen. Bei Westdeutschen erhöht sich die Chance, konfessionslos zu sein, pro Bildungsjahr um 12 %. Der Interaktionseffekt zeigt, dass der Einfluss der Bildung bei Ostdeutschen um etwa 10 % geringer ist als bei Westdeutschen ($e^b = 0,9$). Beide konditionalen Haupteffekte und der Interaktionseffekt sind mindestens auf dem 5 %-Niveau signifikant.

Die in Tab. 8.7 dargestellten Ergebnisse beziehen sich auf (logarithmierte) Chancen. Kann die Interpretation nun unmittelbar auf Wahrscheinlichkeiten übertragen werden? Um dies zu testen, wird der Stata-Befehl *inteff* (Norton et al. 2004) genutzt. Dieser berechnet den Average Marginal Effect (AME) für den Interaktionseffekt[8] sowie das Minimum und Maximum des Interaktionseffektes. Äquivalente Ergebnisse erhält man auch für den entsprechenden $z$-Wert. Ein Teil des Outputs ist in Tab. 8.8 dargestellt. Hiernach beträgt der durchschnittliche Interaktionseffekt „Bildungsjahre × Ostdeutschland" auf die Wahrscheinlichkeit −1,78 Prozentpunkte (mit Minimum −2,2 Prozentpunkte und Maximum −1,2 Prozentpunkte). Der $z$-Wert beträgt im Durchschnitt hochsignifikante −3,26 und bewegt sich im Intervall −1,67 bis −3,82.

---

[8] Der weiter oben genannte Befehl *margins, dydx(varlist)* ist nicht für Interaktionseffekte geeignet. Die entsprechende Zelle für den AME wurde daher in Tab. 8.7 bewusst zunächst leer gelassen.

**Tab. 8.8** Output des Stata-Befehls „inteff" zum Interaktionseffekt „Bildungsjahre × Ostdeutschland" aus Tab. 8.7. (Quelle: ALLBUS 2016 & 2018)

|  | Mittelwert | Minimum | Maximum |
| --- | --- | --- | --- |
| Average Marginal Effect | −0,0178 | −0,022 | −0,012 |
| z-Wert | −3,26 | −3,82 | −1,67 |

Der Interaktionseffekt kann – aus der Perspektive des Bildungseffektes – wie folgt interpretiert werden: Entsprechend dem konditionalen Haupteffekt in Tab. 8.7 erhöht sich die Wahrscheinlichkeit, konfessionslos zu sein, *bei Westdeutschen* mit jedem Bildungsjahr durchschnittlich um 2 Prozentpunkte (AME). Laut Tab. 8.8 ist dieser Anstieg der Wahrscheinlichkeit für eine Konfessionslosigkeit pro Bildungsjahr bei ostdeutschen Befragten um durchschnittlich 1,78 Prozentpunkte schwächer (AME für den Interaktionseffekt).

Die Ergebnisse in Tab. 8.8 erscheinen auf den ersten Blick überraschend. Wie kann ein Interaktionseffekt innerhalb derselben Stichprobe und in einem einzigen Regressionsmodell unterschiedliche Werte annehmen? Dies ist, wie bereits besprochen wurde, erneut eine Folge von Nicht-Additivität und Nicht-Linearität im Logit-Modell, d. h. des s-förmigen Verlaufs der logistischen Regressionskurve auf Wahrscheinlichkeitsebene. Im vorliegenden Beispiel bedeutet dies, dass die Wechselwirkung „Bildungsjahre × Ostdeutschland" für bestimmte Fälle in der Stichprobe stärker und signifikant ist und für andere Fälle schwächer und nur noch tendenziell signifikant. Nähere Informationen hierzu liefern (hier nicht dargestellte) Grafiken, die im Rahmen des Befehls *inteff* automatisch erzeugt werden.

Insgesamt ergibt sich daraus die Empfehlung, Interaktionseffekte in logistischen Regressionsmodellen in Stata mit *inteff* vertiefend zu untersuchen und AME für Interaktionseffekte mit diesem Befehl zu berechnen.

## 8.6 Nachbemerkungen

Der Stellenwert der logistischen Regression in der sozialwissenschaftlichen Forschungsliteratur geht in letzter Zeit eher zurück. Der Grund dafür liegt sicher zum einen in den „Fallstricken" begründet, die in Abschn. 8.5 erläutert wurden. Zum anderen ähneln die Average Marginal Effects, die sich wachsender Beliebtheit erfreuen, stark den Ergebnissen des linearen Wahrscheinlichkeitsmodells. Vor diesem Hintergrund erscheint die Vorgehensweise, ein Logit-Modell zu rechnen und anschließend AME zu bestimmen, recht umständlich. Das lineare Wahrscheinlichkeitsmodell, das die AMEs gut approximiert, ist vergleichsweise einfacher und erlebt auch deshalb wieder eine Renaissance (Breen et al. 2018). Simulationen von Best und Wolf (2012) zeigen allerdings, dass das lineare Wahrscheinlichkeitsmodell bei stark schief verteilten X-Variablen zu verzerrten Ergebnissen führen kann. Außerdem gilt auch weiterhin das Argument, dass der nicht-lineare Verlauf der Logit-Funktion bei vielen Zusammenhängen inhaltlich angemessener ist. Vor diesem Hintergrund wird die logistische Regression – adäquat angewendet – ihren Platz im methodischen Werkzeugkasten behalten.

Abschließend noch einige Literaturhinweise: Kompakte Einführungen in die logistische Regression stammen von Pampel (2000), Menard (2001) und Borooah und Lewis-Beck (2001) im Rahmen der Sage-Studienskript-Reihe. Ebenfalls lesenswert ist die Darstellung von Best und Wolf (2010), die auch Zusatzinformationen zu neueren Entwicklungen, etwa im Bereich Interaktionseffekte oder AME, enthält. Praxisorientiert und gut verständlich ist die Darstellung logistischer Regressionsverfahren in Backhaus et al. (2018). Hier wird auch die Anwendung in SPSS ausführlich erläutert. Das Standardwerk für Regressionsmodelle mit kategorialen abhängigen Variablen in Stata stammt von Long und Freese (2014).

## Literatur

Ai, Chunrong, und Edward C. Norton. 2003. Interaction terms in logit and probit models. *Economics Letters* 80:123–129. https://doi.org/10.1016/s0165-1765(03)00032-6.

Backhaus, Klaus, Bernd Erichson, Wulff Plinke, und Rolf Weiber. 2018. *Multivariate Analysemethoden. Eine anwendungsorientierte Einführung.* Berlin: Springer Gabler. https://doi.org/10.1007/978-3-662-56655-8.

Best, Henning, und Christof Wolf. 2010. Logistische Regression. In *Handbuch der sozialwissenschaftlichen Datenanalyse*, Hrsg. Christof Wolf und Henning Best, 827–854. Wiesbaden: VS Verlag. https://doi.org/10.1007/978-3-531-92038-2_31.

Best, Henning, und Christof Wolf. 2012. Modellvergleich und Ergebnisinterpretation in Logit- und Probit-Regressionen. *Kölner Zeitschrift für Soziologie und Sozialpsychologie* 64:377–395. https://doi.org/10.1007/s11577-012-0167-4.

Borooah, Vani K., und Michael S. Lewis-Beck. 2001. *Logit and probit: Ordered and multinomial models. Quantitative applications in the social sciences 138.* Thousand Oaks: Sage. https://doi.org/10.4135/9781412984829.

Breen, Richard, Kristian Bernt Karlson, und Anders Holm. 2018. Interpreting and understanding logits, probits, and other nonlinear probability models. *Annual Review of Sociology* 44:39–54. https://doi.org/10.1146/annurev-soc-073117-041429.

Hanmer, Michael J., und Kerem Ozan Kalkan. 2013. Behind the curve: Clarifiying the best approach to calculating predicted probabilities and marginal effects from limited dependent variable models. *American Journal of Political Science* 57:263–277. https://doi.org/10.1111/j.1540-5907.2012.00602.x.

Hemmert, Giselmar A. J., Laura Marie Edinger-Schons, Jan Wieseke, und Heike Schimmelpfennig. 2018. Log-likelihood-based pseudo-r2 in logistic regression: Deriving sample-sensitive benchmarks. *Sociological Methods & Research* 47:507–531. https://doi.org/10.1177/0049124116638107.

Karlson, Kristian Bernt, Anders Holm, und Richard Breen. 2012. Comparing regression coefficients between same-sample nested models using logit and probit: A new method. *Sociological Methodology* 42:286–313. https://doi.org/10.1177/0081175012444861.

Koch, Achim. 1994. Teilnahmeverhalten beim ALLBUS 1994. Soziodemographische Determinanten von Erreichbarkeit, Befragungsfähigkeit und Kooperationsbereitschaft. *Kölner Zeitschrift für Soziologie und Sozialpsychologie* 49:89–122.

Kohler, Ulrich, und Frauke Kreuter. 2008. *Datenanalyse mit Stata: Allgemeine Konzepte der Datenanalyse und ihre praktische Anwendung*. München: Oldenbourg.

Konietzka, Dirk, und Michaela Kreyenfeld. 2005. Nichteheliche Mutterschaft und soziale Ungleichheit im familialistischen Wohlfahrtsstaat. *Kölner Zeitschrift für Soziologie und Sozialpsychologie* 57:32–61. https://doi.org/10.1007/s11577-005-0110-z.

Long, Scott, und Jeremy Freese. 2014. *Regression models for categorical dependent variables using Stata*. College Station: Stata Press.

Menard, Scott W. 2001. *Applied logistic regression analysis. Quantitative applications in the social sciences 106*. Thousand Oaks: Sage. https://doi.org/10.4135/9781412983433.

Mood, Carina. 2010. Logistic regression: Why we cannot do what we think we can do, and what we can do about it. *European Sociological Review* 26:67–82. https://doi.org/10.1093/esr/jcp006.

Norton, Edward C., Hua Wang, und Ai Chunrong. 2004. Computing interaction effects and standard errors in logit and probit models. *The Stata Journal* 4:154–167. https://doi.org/10.1177/1536867x0400400206.

Pampel, Fred C. 2000. *Logistic regression: A primer. Quantitative applications in the social sciences 132*. Thousand Oaks: Sage. https://doi.org/10.4135/9781412984805.

Szydlik, Marc, und Jürgen. Schupp. 2004. Wer erbt mehr? Erbschaften, Sozialstruktur und Alterssicherung. *Kölner Zeitschrift für Soziologie und Sozialpsychologie* 56:609–629. https://doi.org/10.1007/s11577-004-0106-0.

# Ein Ausblick auf fortgeschrittene statistische Analyseverfahren 9

Im Rahmen dieses Buches wurden mit der linearen und der logistischen Regression bereits zwei weit verbreitete statistische Auswertungsverfahren besprochen. Dies hat einen wesentlichen Grund: Wer die Funktionsweise dieser Verfahren verstanden hat, findet in der Regel auch schneller einen Zugang zu fortgeschrittenen Methoden im Bereich der sozialwissenschaftlichen Datenanalyse. Einige dieser komplexen Methoden werden im folgenden Kapitel kurz und überblicksartig vorgestellt. Die Notwendigkeit dieses Vorhabens wird schnell deutlich, wenn man einen Blick in führende soziologische Fachzeitschriften wirft, in denen elaborierte statistische Verfahren, wie zum Beispiel die Mehrebenenanalyse, mittlerweile sehr häufig anzutreffen sind. Wer die gegenwärtige Forschung also nachvollziehen und möglicherweise auch kritisieren will, ist auf entsprechende statistische Fachkenntnisse zunehmend angewiesen.

Im folgenden Kapitel werden zwei Ziele verfolgt: Erstens soll der Leserin und dem Leser nahegebracht werden, für welche Art von Forschungsfragestellung das jeweilige Verfahren benötigt wird beziehungsweise welche Auswertungsmöglichkeiten zweitens prinzipiell zur Verfügung stehen. Der Schwerpunkt liegt dabei auf konzeptuellen Aspekten der jeweiligen Methode, nicht jedoch auf den technischen Details. Diese beiden Aspekte lassen sich allerdings leider nicht immer vollständig voneinander trennen, wodurch sich ein gewisser Drahtseilakt zwischen zu viel und zu wenig Detailtiefe nicht vermeiden lässt. Zweitens wird der Leser auf einführende und weiterführende Lehrbücher zum jeweiligen Verfahren hingewiesen.

Aufgrund der Vielzahl statistischer Verfahren wurde eine Auswahl getroffen, die sich am Verbreitungsgrad der jeweiligen Methoden in der gegenwärtigen soziologischen Forschung orientiert. Behandelt werden – jeweils anhand von

Beispielfragestellungen – Verfahren zur 1) Ereignisdatenanalyse, 2) zur Mehrebenenanalyse mit Querschnittdaten, 3) zur Kausalanalyse mit Paneldaten, 4) Pfadmodelle sowie 5) Metaanalysen.

## 9.1 Ereignisdatenanalyse

Gegenstand der Ereignisdatenanalyse sind, wie der Name schon sagt, Ereignisse wie zum Beispiel Heirat, Scheidung oder Tod, die sich in der Zeit verorten lassen. Ein Ereignis ist dabei definiert als der Wechsel von einem diskreten Zustand, zum Beispiel verheiratet oder erwerbstätig, in einen anderen, geschieden oder arbeitslos. Zu unterscheiden ist zwischen einem absorbierenden Zielzustand, bei dem ein erneuter Zustandswechsel nicht möglich ist, wie beispielsweise dem Tod, und wiederkehrenden Ereignissen, die mehrmals im Lebenslauf auftreten können, wie zum Beispiel Arbeitslosigkeit. Ereignisdaten informieren über die exakten Zeitpunkte, zu denen Ereignisse auftreten. Das Zeitintervall zwischen zwei benachbarten diskreten Zuständen, zum Beispiel von verheiratet zu geschieden, wird dabei als Episode bezeichnet.

Ein weiterer wichtiger Begriff ist die Verweildauer. Sie gibt an, wie lange ein Individuum im Ausgangszustand, zum Beispiel verheiratet, verbleibt, bis ein Ereignis, die Scheidung, eintritt oder die Beobachtungszeit endet. Um ein Ereignis erleben zu können, müssen Personen allerdings in einem Ausgangszustand sein, der den Wechsel in den entsprechenden Zielzustand erlaubt. Zum Beispiel kann ein Single nicht Witwe werden oder eine nicht erwerbstätige Person arbeitslos. Die Gruppe der Personen, die zu einem bestimmten Zeitpunkt dem Risiko des Zustandswechsels ausgesetzt, das heißt „at risk" ist, nennt man das „Risk-Set".

Nachdem nun zentrale Begrifflichkeiten in der Ereignisdatenanalyse definiert wurden, können wir einige Beispiele heranziehen. Welche Fragestellungen lassen sich also mit Hilfe von Ereignisdatenanalysen untersuchen? Tab. 9.1 zeigt hierzu eine Übersicht. Im familiensoziologischen Bereich kann zum Beispiel der Übergang in die erste Ehe analysiert werden. Personen können dieses Ereignis erleben – sie sind „at risk" –, wenn sie das Mindestheiratsalter von 18 Jahren erreichen. Das „Risk-Set" besteht entsprechend aus im Ausgangszustand ledigen Personen ab 18. Die Zeit zwischen dem 18. Lebensjahr und dem Eintritt des Zielzustandes, der Heirat, beziehungsweise dem Ende der Beobachtungszeit, entspricht der Verweildauer. Je nach Messgenauigkeit der Daten kann diese Zeit in Jahren oder Monaten vorliegen. Heiratet eine Person zum Beispiel genau zum Abschluss ihres 30. Lebensjahres, beträgt die Verweildauer im Ausgangszustand „ledig" 12 Jahre beziehungsweise 144 Monate.

**Tab. 9.1** Beispielfragestellungen für Ereignisdatenanalysen. (Eigene Darstellung)

| Lebensbereich | Ereignis | „Risk-Set" | Prozessbeginn |
|---|---|---|---|
| Partnerschaft und Familie | Erste Heirat | Ledige Personen | Mindestheiratsalter |
| | Familiengründung | Kinderlose Personen | Etwa Alter 14 |
| | Scheidung | Verheiratete Personen | Heirat |
| Erwerbstätigkeit | Arbeitslosigkeit | Erwerbstätige Personen | Beschäftigungsbeginn |
| | Ende der Elternzeit | Frauen mit Geburt | Geburt des Kindes |
| Mortalität | Tod | Alle Menschen | Geburt |

Um die Frage beantworten zu können, welchen speziellen Vorteil die Ereignisdatenanalyse bietet, muss zunächst der Begriff der Zensierung eingeführt werden. Man unterscheidet zwischen Links- und Rechtszensierungen. Im Falle einer Linkszensierung ist der Zeitpunkt des Prozessbeginns unbekannt. Denken wir als Beispiel an eine Ereignisdatenanalyse zum Übergang eines Paares in die Kohabitation. Der Prozessbeginn könnte in diesem Fall durch den Beginn der Partnerschaft definiert sein. Ist dieses Datum aus irgendwelchen Gründen, zum Beispiel Antwortverweigerung oder Uneinigkeit der Partner, nicht ermittelbar, handelt es sich um eine Linkszensierung. Diese Form der Zensierung kommt in der Praxis zwar eher selten vor, bringt allerdings große methodische Probleme mit sich, da sie die Berechnung von Ereignisdatenanalysen wesentlich komplizierter macht.

Der Normalfall im Rahmen von Ereignisdatenanalysen ist dagegen die Rechtszensierung. Diese tritt immer dann ein, wenn eine Person zum Befragungszeitpunkt das interessierende Ereignis noch nicht erlebt hat, die entsprechende Episode also noch nicht abgeschlossen ist. Zum Beispiel sind bei der Analyse von Scheidungen die meisten Ehepaare zum Zeitpunkt der Erhebung der Daten noch intakt. Möglicherweise lassen sich einige dieser Paare in der Zukunft scheiden; dies ist jedoch zum Befragungszeitpunkt nicht bekannt. Die Verweildauer ist in diesem Fall rechtszensiert.

Mit Hilfe von Ereignisdatenanalysen ist es möglich, Rechtszensierungen statistisch adäquat zu handhaben. Dazu ein Beispiel: Nehmen wir an, wir hätten im Jahr 2021 eine Zufallsstichprobe von Personen im heiratsfähigen Alter gezogen. Untersucht werden soll der Übergang in die erste Ehe. Eine erste Idee wäre nun, nur diejenigen Personen zu analysieren, die zum Befragungszeitpunkt bereits verheiratet sind. Eine Möglichkeit könnte etwa darin bestehen, eine lineare Regression auf ihr Heiratsalter zu berechnen. Eine solche Vorgehensweise ist jedoch insofern problematisch, da die von uns ausgewählte Gruppe sehr wahrscheinlich selektiv ist. Es werden hier Personen überzufällig häufig vertreten sein, die Merkmale wie zum Beispiel eine Scheidung der Eltern aufweisen, welche eine frühe Eheschließung begünstigen. Die im Rahmen dieser Analyse erzielten Ergebnisse wären wahrscheinlich verzerrt und irreführend, da sie nicht auf die gesamte Gruppe der Personen im heiratsfähigen Alter verallgemeinerbar sind. Berechnen wir dagegen eine Ereignisdatenanalyse, werden neben den bereits Verheirateten auch die Personen berücksichtigt, die zum Befragungszeitpunkt noch ledig sind. Diese rechtszensierten Fälle sind jedoch keineswegs vergleichbar mit fehlenden Werten, den sogenannten „missing values". Die Tatsache, in einem bestimmten Alter noch nicht verheiratet zu sein, ist eine wichtige Information, auch wenn das eigentlich interessierende Ereignis in diesem Fall noch nicht eingetreten ist. Durch eine angemessene Handhabung von Rechtszensierungen ist es daher auch möglich, Personen aus jungen Geburtskohorten zu analysieren, die zwar einen relativ hohen Anteil rechtszensierter Fälle aufweisen, zur Abschätzung zukünftiger Trendentwicklungen jedoch besonders wichtig sind.

Die abhängige Variable besteht in Ereignisdatenanalysen immer aus zwei Teilinformationen: Erstens muss bekannt sein, ob das interessierende Ereignis bei der jeweiligen Person bereits eingetreten ist oder nicht. Zweitens ist wichtig, wie lange eine Person im Ausgangszustand verweilt, bis das Ereignis eingetreten ist oder die Beobachtungszeit durch eine Rechtszensierung endet. Die zweite Teilinformation macht den entscheidenden Unterschied zwischen einfachen Querschnitt- und Ereignisdaten aus.

Auf der Basis des Ereignisindikators und der Verweildauer werden in der Ereignisdatenanalyse verschiedene Funktionswerte berechnet. Die beiden wichtigsten, die Überlebensfunktion und die Übergangrate, die sogenannte hazard rate, werden nun konzeptuell anhand eines Beispiels vorgestellt.

In Abb. 9.1 sind sogenannte Übergangsraten dargestellt, die sich auf den Übergang zur Familiengründung beziehen. Die Stichprobe besteht aus 15–42 jährigen Personen, die im Ausgangszustand kinderlos sind. Die Linien entsprechen der bedingten Wahrscheinlichkeit, dass Personen im jeweiligen Alter den Übergang zum ersten Kind vollziehen. Die Bedingung lautet dabei, dass sie bis zu diesem Alter kinderlos sind. Eine Hazardrate von etwa 11 % bei Frauen in der Altersgruppe 31–34 Jahre bedeutet zum Beispiel, dass von 100 Frauen durchschnittlich 11 in der nächst folgenden Zeiteinheit (hier: zwischen dem 31. und 34. Lebensjahr) ein Kind zur Welt bringen.

## 9.1 Ereignisdatenanalyse

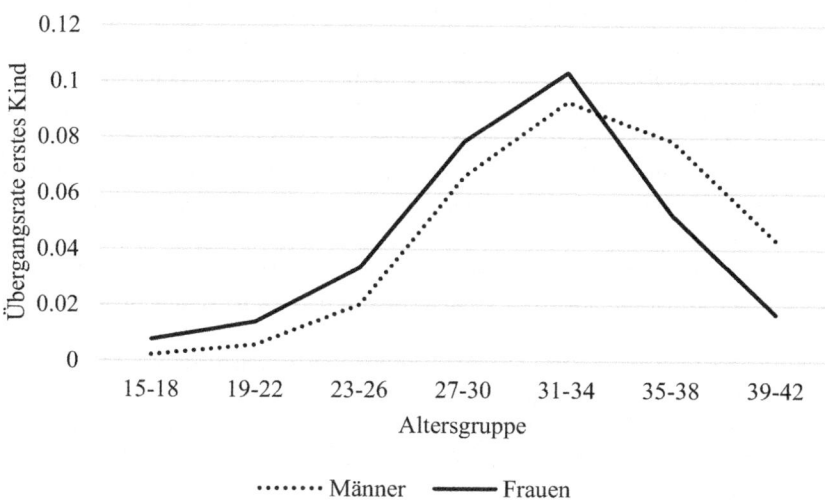

**Abb. 9.1** Übergangsraten zum ersten Kind bei Männern und Frauen. (Quelle: Beziehungs- und Familienpanel, Release 10.0)

Anhand von Abb. 9.1 lassen sich zwei wesentliche Fragestellungen veranschaulichen, die im Rahmen von Ereignisdatenanalysen im Mittelpunkt des Interesses stehen. Erstens geht es darum, welcher Zusammenhang zwischen der Verweildauer (hier: dem Alter) und der Wahrscheinlichkeit des Ereigniseintritts besteht. Der Linienverlauf deutet hier auf einen glockenförmigen Zusammenhang hin. Um das 30. Lebensjahr nimmt die Hazardfunktion die größten Werte an. Jüngere und ältere Personen weisen dagegen eine geringere bedingte Wahrscheinlichkeit auf, den Übergang zum ersten Kind zu vollziehen. Diese sogenannte Verweildauerabhängigkeit, das heißt das exakte Verlaufsmuster der Hazardrate, ist ein wichtiges Thema in der Ereignisdatenanalyse, da sich hieran auch die Wahl eines geeigneten ereignisanalytischen Modells orientiert.

Das in Abb. 9.1 zu beobachtende, glockenförmige Muster deutet darauf hin, dass die Voraussetzungen für die Familiengründung gegen Ende des dritten Lebensjahrzehnts günstig sind, während es in den Altersbereichen vor und nach diesem Zeitraum Faktoren zu geben scheint, die den Fertilitätsprozess hemmen. Beispielsweise verzögert sich die Familiengründung bei vielen jungen Menschen, weil die Berufsausbildung noch nicht abgeschlossen ist.

Welche Merkmale hier genau eine Rolle spielen, lässt sich jedoch allein anhand des Verlaufsmusters der Hazardrate nicht erkennen. Hier kommen wir zur zweiten zentralen Fragestellung in der Ereignisdatenanalyse: Gibt es individuelle Faktoren wie Wohnort, Geschlecht, Bildung, Erwerbsstatus, welche die Wahrscheinlichkeit einer Geburt positiv oder negativ beeinflussen? Diese Frage lässt sich mit Hilfe von ereignisanalytischen Regressionsmodellen beantworten, in denen die verschiedenen Kovariaten auf die Übergangsrate wirken.

Die beiden eingezeichneten Linien in Abb. 9.1 beziehen sich auf zwei Gruppen: männliche und weibliche Befragte. Der Effekt des Geschlechts kann sich nun in zweierlei Hinsicht auswirken. Zum einen ist denkbar, dass zum Beispiel Frauen altersübergreifend eine höhere Wahrscheinlichkeit aufweisen, eine Familie zu gründen, als Männer. Der Unterschied in den Linienverläufen würde sich in diesem Fall in einer Verschiebung auf der vertikalen (Y)-Achse äußern. Die ‚Glocke' der Frauen läge also altersübergreifend über derjenigen der Männer und man würde von einem „Niveaueffekt" sprechen. Zum anderen wäre denkbar, dass das Geschlecht lediglich das Timing der Familiengründung beeinflusst („Timingeffekt"). Dies könnte sich zum Beispiel darin äußern, dass die Übergangsrate bei Frauen früher, das heißt in niedrigeren Altersbereichen, ansteigt als bei Männern. Bei der Betrachtung der Verläufe in Abb. 9.1 wird deutlich, dass hier eindeutig ein Timingeffekt vorliegt. Die auf Frauen bezogene Glocke ist auf der X-Achse, verglichen mit Männern, nach links verschoben. Frauen haben folglich in niedrigeren Altersbereichen eine etwas größere Wahrscheinlichkeit, eine Familie zu gründen. Im Altersbereich über 30 werden die Frauen von den Männern dagegen überholt. Insgesamt lässt sich somit zusammenfassen, dass Männer vergleichsweise zu einer etwas späteren Familiengründung im Lebensverlauf tendieren als Frauen.

Inwieweit Niveau- beziehungsweise Timingeffekte vorliegen, lässt sich noch besser mit Hilfe von Abb. 9.2 beurteilen. Hier sind sogenannte Überlebensfunktionen dargestellt. Sie geben im vorliegenden Fall den Anteil von Personen an, die im jeweiligen Alter noch kinderlos sind, das zu untersuchende Ereignis also zum jeweiligen Zeitpunkt noch nicht erlebt haben. Zum Beispiel sind etwa 50 % der Frauen im 30. Lebensjahr noch kinderlos. Ein Vergleich der Überlebensfunktionen verdeutlicht nun, dass Frauen zunächst in niedrigeren Altersbereichen schneller den Übergang zur Familiengündung vollziehen und Männer später aufholen. Im 42. Lebensjahr liegen Männern und Frauen schließlich etwa gleichauf bei einem Anteil kinderloser Personen von etwa 28 %. Da es am Ende des Beobachtungsfensters keinen geschlechtsspezifischen Unterschied mehr gibt, handelt es sich insofern um einen reinen Timingeffekt.

Für den unerfahrenen Anwender wird der Einstieg in die Ereignisdatenanalyse zumeist dadurch erschwert, dass es eine Vielzahl von unterschiedlichen Modellklassen gibt. Nach der Einführung in einige wesentliche Begriffe folgt daher

## 9.1 Ereignisdatenanalyse

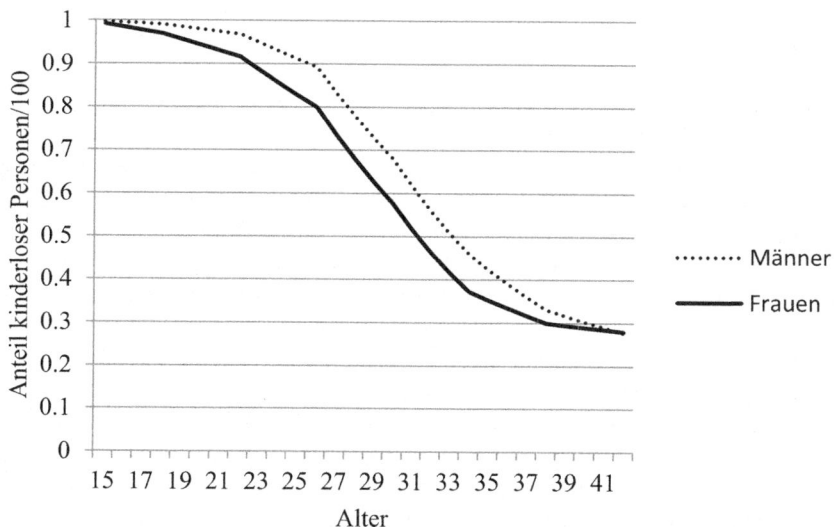

**Abb. 9.2** Überlebensfunktionen zur Familiengründung von Männern und Frauen. (Quelle: Beziehungs- und Familienpanel, Release 10.0)

nun ein kurzer Überblick über die verschiedenen Varianten. Eine grundsätzliche Unterscheidung betrifft zunächst Ereignisdatenanalysen für zeitkontinuierliche Verlaufsdaten und die sogenannte zeitdiskrete Ereignisdatenanalyse. Verfahren für zeitkontinuierliche Verlaufsdaten kommen bei einer möglichst exakten, zum Beispiel monatsgenauen[1], Messung der Verweildauer zum Einsatz. Da die Erhebung zeitkontinuierlicher Daten aufwendig sein kann und in einer konkreten Interviewsituation unter Umständen auf Widerstände stößt, wird die Verweildauer häufig unpräzise gemessen. Dies wäre zum Beispiel dann der Fall, wenn nur das Kalenderjahr einer Scheidung bekannt ist, nicht aber der Scheidungsmonat. Im Falle von derartigen gruppiert gemessenen Verweildauern wird die zeitdiskrete Ereignisdatenanalyse verwendet. Dieses Verfahren ist darüber hinaus die Standardmethode zur Auswertung von Paneldaten. In einem Panel werden Verweildauern häufig in diskreter beziehungsweise gruppierter Form gemessen,

---

[1] Was unter einer exakten Messung der Verweildauer zu verstehen ist, hängt stark von der Fragestellung ab. Wird zum Beispiel die Zeit zwischen dem Eintritt einer Krankheit und der Rückkehr zum Arbeitsplatz in Monaten angegeben, handelt es sich sicherlich um eine sehr ungenaue Messung. Die monatsgenaue Angabe der Ehedauer bis zur Scheidung erscheint dagegen hinreichend exakt.

da Personen in regelmäßigen Abständen, zum Beispiel einem Jahr, wiederholt befragt werden.[2]

Darüber hinaus ist zwischen nichtparametrischen und parametrischen Verfahren der Ereignisdatenanalyse zu unterscheiden. Bei einem parametrischen Verfahren unterstellt der Anwender durch die Auswahl einer speziellen mathematischen Funktion einen bestimmten Verlauf der Übergangsrate, zum Beispiel glockenförmig oder monoton steigend. Bei nichtparametrischen Verfahren, hierzu gehören zum Beispiel die Sterbetafeln oder Kaplan–Meier-Schätzer, ist dies nicht der Fall, da einfach der beobachtete Verlauf der Übergangsrate explorativ untersucht wird. Nicht-parametrische Verfahren stoßen allerdings schnell an ihre Grenzen, wenn der simultane Einfluss mehrerer Kovariaten auf die Übergangsrate untersucht werden soll. Für derartige, komplexere Regressionsmodelle muss auf parametrische Modelle zurückgegriffen werden. Hierbei ist zu überprüfen, inwiefern die jeweils durch das Modell unterstellte Verlaufsform der Übergangsrate zu den tatsächlich beobachteten Daten passt. Einige parametrische Verfahren wie das sogenannte generalisierte log-logistische Modell (Brüderl und Diekmann 1995) haben hierbei einen echten Mehrwert, da sie eine explizite Differenzierung zwischen Timing- und Niveaueffekten erlauben.

Abschließend wollen wir, ohne Anspruch auf Vollständigkeit, auf einschlägige Literatur zur Ereignisdatenanalyse eingehen. Kompakte, einführende Darstellungen zur Ereignisanalyse finden sich z. B. in Blossfeld et al. (2019) oder Arránz Becker und Lois (2015). Ausführlichere und detaillierte Werke stammen z. B. von Mills (2011) oder Winzio (2013). Das Standardwerk für zeitdiskrete Ereignisdatenanalysen ist Singer und Willett (2003, S. 357–463). Anwendungen in der Software Stata werden ausführlich von Blossfeld et al. (2019) sowie Cleves et al. (2010) beschrieben und für die Software R von Broström (2012).

## 9.2 Hierarchisch strukturierte Daten: Mehrebenenanalysen

In der Soziologie wird Wert darauf gelegt, dass soziales Handeln nicht nur von individuellen Merkmalen wie Geschlecht, Bildung oder Persönlichkeit abhängt,

---

[2] Ereignisdaten, die auf Panelbefragungen basieren, sind häufig linksgestutzt. Damit werden Konstellationen bezeichnet, bei denen Personen bereits vor Beginn der ersten Panelbefragung eine gewisse Zeit im Risikozustand waren. Zeitdiskrete Ereignisdatenanalysen führen auch bei dieser Datenstruktur zu einer unverzerrten Schätzung der Übergangsraten (siehe Guo 1993). Zeitdiskrete Ereignisdatenanalysen sind daher das Standardverfahren für Ereignisanalysen mit Paneldaten.

## 9.2 Hierarchisch strukturierte Daten: Mehrebenenanalysen

sondern auch vom sozialen Kontext, in den der Akteur eingebettet ist. Liegen Kontextinformationen in sozialwissenschaftlichen Datensätzen vor, handelt es sich um hierarchisch strukturierte Daten. Abb. 9.3 verdeutlicht dies anhand von drei Beispielen. Im Rahmen eines international vergleichenden Datensatzes gruppieren sich Personen (Ebene 1) in Länder (Ebene 2). Im zweiten Beispiel gruppieren sich Personen in Haushalte. In diesem Fall weist die zweite Ebene (Haushalte) ein niedrigeres Aggregatniveau auf. Auch eine Kombination der beiden gerade genannten Kontexteinheiten ist möglich, wenn sich Personen (Ebene 1) in Haushalte (Ebene 2) und Haushalte in Länder (Ebene 3) gruppieren. Längsschnittdaten weisen, wie das dritte Beispiel verdeutlicht, ebenfalls eine hierarchische Struktur auf, da sich verschiedene Messzeitpunkte (Ebene 1, zum Beispiel Panelwellen) einer Person (Ebene 2) zuordnen lassen.

Unter dem Oberbegriff der Mehrebenenanalyse werden Verfahren zusammengefasst, mit denen hierarchisch strukturierte Datensätze ausgewertet werden können. Zur Verdeutlichung der Funktionsweise dieser Verfahren greifen wir auf ein stark vereinfachtes Beispiel zurück: Befragungspersonen (Ebene 1) gruppieren

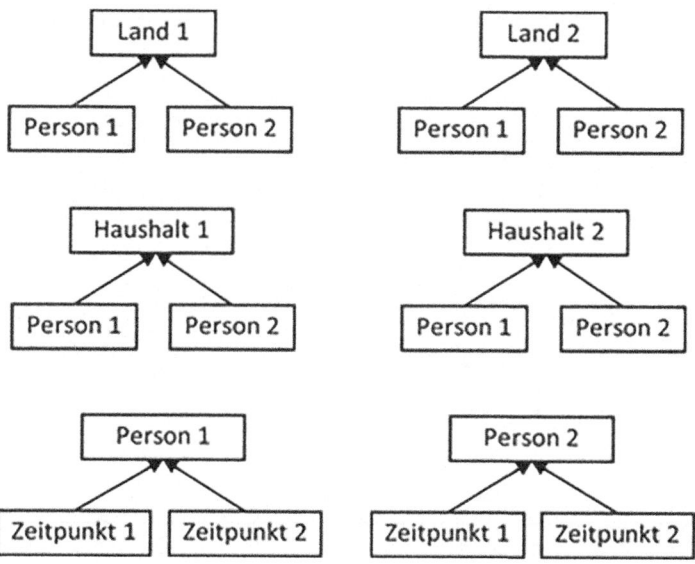

**Abb. 9.3** Beispiele für hierarchisch strukturierte Daten. (Eigene Darstellung)

sich in Länder (Ebene 2). Als abhängige Variable soll die Religiosität, gemessen auf einer Skala von 0–10 (10 = sehr religiös), analysiert werden.

Die Religiosität des Befragten kann hierbei von Einflüssen auf individueller Ebene, zum Beispiel Religiosität der Eltern, und auf Länderebene, zum Beispiel religiöse Kultur eines Landes, abhängen. Merkmale auf Länderebene sind dabei für alle Einwohner eines Landes gleich, können sich aber zwischen den Ländern unterscheiden. Untersucht wird nun der Zusammenhang zwischen der Religiosität der Eltern und der Religiosität des Befragten für einen fiktiven Datensatz mit 40 Personen aus zwei Ländern mit jeweils 20 Befragungspersonen. In Abb. 9.4 ist ein Streudiagramm für alle 40 Befragten dargestellt.

Die eingezeichnete Regressionslinie entspricht dem *länderübergreifenden* Zusammenhang zwischen der Religiosität der Eltern und individueller Religiosität. Hier wird die Tatsache, dass es sich um zwei verschiedene Kontexteinheiten (zwei Länder) handelt, ignoriert, da nur eine Regressionsanalyse für den Gesamtdatensatz berechnet wird. Pro Einheit, die die Skala „Religiosität der Eltern" ansteigt, erhöht sich hiernach die individuelle Religiosität um 0,35 Einheiten

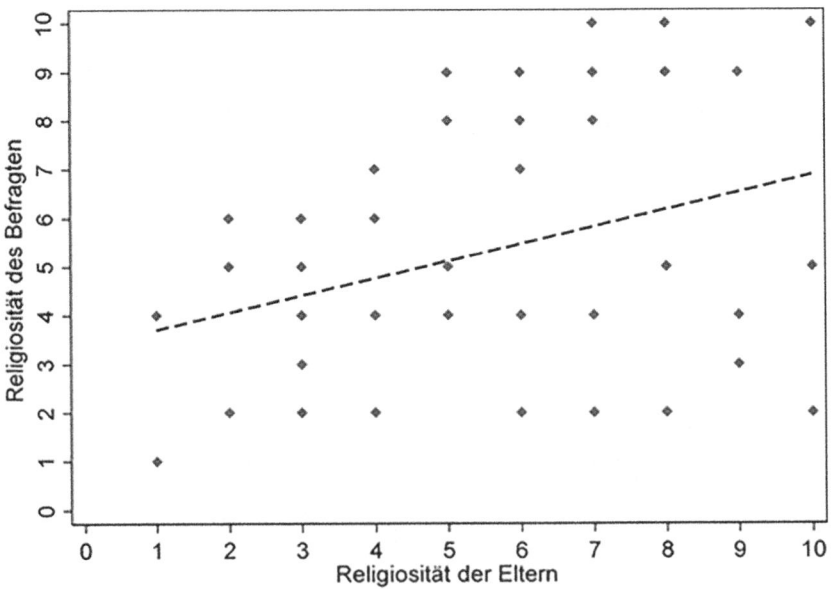

**Abb. 9.4** Streudiagramm zum Zusammenhang zwischen Religiosität der Eltern und Religiosität des Befragten. (Eigene Darstellung)

## 9.2 Hierarchisch strukturierte Daten: Mehrebenenanalysen

(Regressionsgewicht beziehungsweise slope). Nimmt die Skala zur Religiosität der Eltern den Wert null an, beträgt die mittlere Religiosität einer Befragungsperson 3,35 (Regressionskonstante beziehungsweise intercept).

Da die Regressionsanalyse in Abb. 9.4 die hierarchische Struktur der Daten, also die Schachtelung der 40 Personen in zwei Länder, vernachlässigt, lässt sie zwei Fragen unbeantwortet: Gibt es erstens möglicherweise Unterschiede in der mittleren Religiosität zwischen den Ländern? Ist zweitens die Richtung beziehungsweise Stärke des Zusammenhangs zwischen der Religiosität der Eltern und der individuellen Religiosität in dem einen Land anders ausgeprägt als in dem anderen?

Um diese Fragen zu beantworten, werden in einem nächsten Schritt zwei getrennte Regressionsanalysen, jeweils eine pro Land, durchgeführt. Die Ergebnisse, die in Abb. 9.5 dargestellt sind, offenbaren zwei deutliche Unterschiede zwischen den Ländern: Erstens ist zu erkennen, dass die mittlere Religiosität im ersten Land niedriger liegt als im zweiten. In der Regressionsgleichung kommt dies durch die unterschiedlichen Regressionskonstanten (2,18 versus 3,73) zum

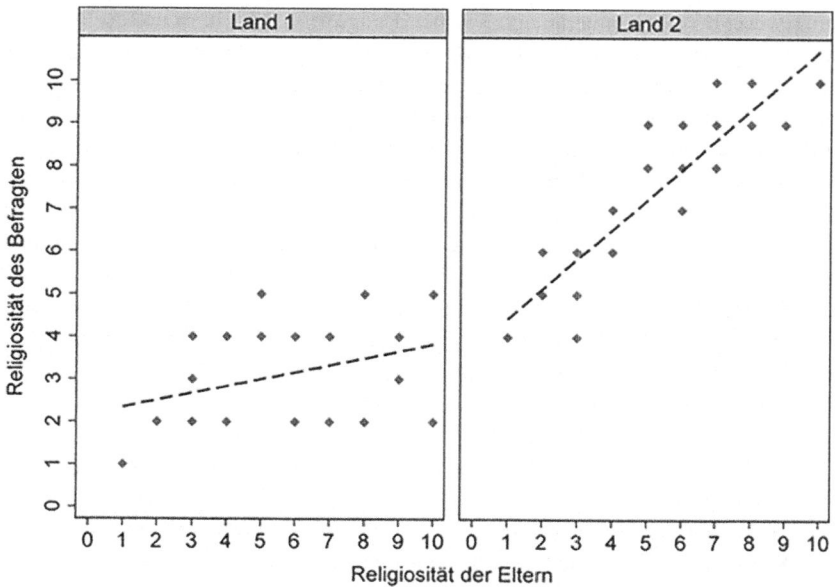

**Abb. 9.5** Streudiagramme und Regressionsgerade zum Zusammenhang zwischen der Religiosität der Eltern und individueller Religiosität in zwei Ländern. (Eigene Darstellung)

Ausdruck. Der zweite Unterschied besteht darin, dass der Zusammenhang zwischen der Religiosität der Eltern und der individuellen Religiosität im zweiten Land deutlich stärker ist als im ersten. Dies kann anhand der Regressionsgewichte (0,16 versus 0,70) abgelesen werden. Die entsprechenden Regressionsgleichungen lauten also $y = 2{,}18 \cdot 0{,}16 \times$ im Land 1 und $y = 3{,}73 \cdot 0{,}70 \times$ im Land 2.

Durch die Berechnung von zwei länderspezifischen Regressionsmodellen haben wir nun eine sehr einfache Form von Mehrebenenanalyse vorgenommen. Die Unterschiede zwischen den beiden Kontexteinheiten auf der zweiten Ebene, den beiden Ländern, können wir dabei anhand der unterschiedlichen Regressionskonstanten und Regressionsgewichte identifizieren. Wenn der Datensatz nun aus sehr vielen Kontexteinheiten besteht, zum Beispiel aus 30 Ländern, wird die dargestellte Vorgehensweise – Berechnung einer seperaten Regressionsanalyse für jede Kontexteinheit – unpraktikabel. Komplexere Verfahren zur Mehrebenenanalyse lösen dies technisch eleganter, folgen aber dem gleichen Prinzip. Auch hier werden Unterschiede zwischen den Kontexteinheiten anhand der variierenden Regressionskonstanten und Regressionsgewichte festgemacht.

Wenn also, um auf das Beispiel zurück zu kommen, Unterschiede zwischen den beiden Ländern in Bezug auf die mittlere Religiosität (intercept) beziehungsweise den Zusammenhang zwischen Religiosität der Eltern und Religiosität der Befragungsperson bestehen (slope), stellt sich die Frage nach möglichen Erklärungsfaktoren. Denkbar wäre, dass die länderspezifischen Unterschiede bei den Regressionskonstanten – mittleres Religiositätsniveau – auf individuelle Merkmale der Befragten, zum Beispiel ihr Bildungsniveau, zurückzuführen sind. Über derartige Erklärungsfaktoren auf der Individualebene hinaus können aber auch Ländermerkmale, etwa ein unterschiedlicher Modernisierungsgrad, für die Unterschiede zwischen den Ländern verantwortlich sein. Weiterhin könnte der Zusammenhang zwischen der Religiosität der Eltern und der individuellen Religiosität im zweiten Land deshalb stärker sein, da hier die Intergenerationenbeziehungen insofern enger sind, da sich Eltern und Kinder häufiger sehen beziehungsweise sich stärker emotional verbunden fühlen.

In Mehrebenenanalysen wird also überprüft, ob es, über den Effekt von individuellen Faktoren hinaus, Eigenschaften des sozialen Kontextes gibt, die in Bezug auf ein individuelles Merkmal, hier Religiosität, erklärungskräftig sind. Die abhängige Variable, die grundsätzlich auf individueller Ebene angesiedelt ist, wird dabei auf zwei Analyseebenen gleichzeitig, das heißt auf der Individual- und Kontextebene, untersucht. Dabei besteht ein besonderer Vorteil darin, die Individual- und Kontexteffekte miteinander in Beziehung zu setzen. Verändert sich also die Wirkungsweise eines individuellen Merkmals in Abhängigkeit von den Kontexteigenschaften?

Sogenannte Mehrebenenmodelle mit Zufallskoeffizienten, die mittlerweile die Forschung dominieren, lassen sich nun in verschiedene Varianten einteilen. Ein erstes Unterscheidungskriterium betrifft das Messniveau der abhängigen Variablen. So lassen sich Mehrebenenanalysen nicht nur für metrische sondern auch für dichotome abhängige Variablen (Guo und Zhao 2000) – und damit auch im Rahmen von Ereignisdatenanalysen – berechnen. Ein weiteres Unterscheidungskriterium betrifft die Frage, ob ausschließlich Niveauunterschiede zwischen den Kontexteinheiten untersucht werden, sogenannte „random intercept"-Modelle, oder zusätzlich Wechselwirkungen zwischen Individual- und Kontextmerkmalen und damit sogenannte „random slope"-Modelle.[3]

Einige Beispiele können klarer machen, welche Fragestellungen in der gegenwärtigen soziologischen Forschung mit Mehrebenenanalysen untersucht werden. Schulze et al. (2009) untersuchen u. a. die Wahrscheinlichkeit, dass Schüler eine Gymnasialempfehlung erhalten. Es handelt sich um eine Analyse auf drei Ebenen, da Schüler (Ebene 1) in Schulklassen (Ebene 2) gruppiert sind und Schulklassen in Schulen (Ebene 3). Die Wahrscheinlichkeit, eine Gymnasialempfehlung zu erhalten, hängt dabei zum einen von individuellen Merkmalen ab. Zum Beispiel erhalten Schüler mit guter Durchschnittsnote und Kinder von Eltern mit hohem sozialen Status häufiger eine Gymnasialempfehlung. Darüber hinaus sind Effekte des sozialen Kontextes, hier der jeweiligen Klasse und Schule, festzustellen. So steigt die Wahrscheinlichkeit einer Gymnasialempfehlung zusätzlich zu den Individualeffekten mit dem sozialen Statusniveau der Klassen und Schulen.

Hank et al. (2004) untersuchen den Einfluss regional verfügbarer Kinderbetreuungseinrichtungen auf das Geburtenverhalten west- und ostdeutscher Frauen. In dieser Analyse entspricht die erste Ebene Personen und die zweite Landkreisen. Niveauunterschiede in der Geburtswahrscheinlichkeit zwischen den Kreisen werden nun neben verschiedenen Individualmerkmalen wie Bildung oder Erwerbstatus darauf zurückgeführt, wie viele institutionalisierte Möglichkeiten der Kinderbetreuung (Krippen, Kindergärten, Horte) es im jeweiligen Landkreis gibt. Im Ergebnis zeigt sich, dass die Verfügbarkeit von Kinderbetreuung den Übergang zur ersten Geburt in Ostdeutschland fördert. Bei der genannten Studie handelt es sich somit um eine Kombination einer Ereignisdaten- mit einer Mehrebenenanalyse.

Eine kompakte und sehr verständliche Einführungen in die Mehrebenenanalyse stammt von Luke (2019). Als Auswahl weiterführender Lehrbücher zur

---

[3] Zusätzlich ist in Rechnung zu stellen, dass die inferenzstatistischen Signifikanztests verzerrt sind, wenn herkömmliche Analyseverfahren wie die lineare Regression auf hierarchisch strukturierte Daten angewendet werden. Auch dieses Problem wird im Rahmen von Mehrebenenanalysen mit Zufallskoeffizienten vermieden.

Thematik seien Snijders und Boskers (2011), Hox (2010) und Langer (2009) genannt. Das Standardwerk zur Umsetzung von Mehrebenenanalysen in Stata, auch mit Längsschnittdaten, stammt von Rabe-Hesketh und Skrondal (2022). Die praktische Anwendung in gleich fünf Software-Programmen (Stata, SPSS, SAS, R und HLM) erläutert Garson (2019).

## 9.3 Kausalanalysen mit Paneldaten

Bei Paneldaten, die ebenfalls eine hierarchische Struktur haben, handelt es sich um wiederholte Messungen einer oder mehrerer Variablen bei denselben Personen. Paneldaten weisen gegenüber Querschnittdaten mehrere Vorteile auf: Sie sind informativer, da sie die Analyse von individuellen Entwicklungen erlauben. Dies wird dadurch ermöglicht, dass neben den Unterschieden zwischen verschiedenen Personen auch Informationen zu Unterschieden innerhalb von Personen über die Zeit vorliegen. Dabei liegen Angaben zur zeitlichen – und damit möglicherweise auch kausalen – Abfolge von Zuständen und Ereignissen vor. Besonders vorteilhaft ist in diesem Zusammenhang, dass Paneldaten die Kontrolle unbeobachteter individueller Heterogenität erlauben, die ein wesentliches Problem bei der Identifizierung von Kausaleffekten mit Querschnittdaten darstellt.

Mit Hilfe des in Abb. 9.6 dargestellten Beispiels wird verdeutlicht, welche verschiedenen Effekttypen sich mit Paneldaten differenzieren lassen. Grundlage ist ein fiktiver Datensatz von fünf Personen mit Partner, die in der ersten Panelwelle ledig sind. Die abhängige Variable ist in diesem Beispiel die Kirchgangshäufigkeit, gemessen auf einer Skala zwischen 0 und 10 (10 = sehr häufig). Untersucht werden soll, ob eine Heirat die zeitlich darauffolgende Kirchgangshäufigkeit kausal beeinflusst.

Dargestellt ist nun die Entwicklung der Kirchgangshäufigkeit der fünf Personen über vier Panelwellen. Die gestrichelten Linien stehen für Personen, die jeweils zwischen Welle zwei und drei heiraten. Die durchgezogenen Linien repräsentieren Personen, die den Übergang in die Ehe innerhalb des Beobachtungszeitraums nicht vollziehen. Die Abbildung deutet darauf hin, dass drei Effekte vorliegen: Erstens gibt es einen schwachen Periodeneffekt, da die Häufigkeit von Kirchgängen über die Zeit hinweg bei allen Personen tendenziell abnimmt. Zweitens zeigt sich ein positiver (kausaler) Effekt der Heirat auf die religiöse Praxis. Diejenigen Personen, die zwischen der zweiten und dritten Welle heiraten, gehen im Anschluss an die Heirat deutlich häufiger in die Kirche. In der Kontrollgruppe ohne Heirat zeigt sich dieser Effekt dagegen nicht. Drittens gibt es Hinweise auf eine Selbstselektion. Diejenigen Personen, die heiraten, weisen

## 9.3 Kausalanalysen mit Paneldaten

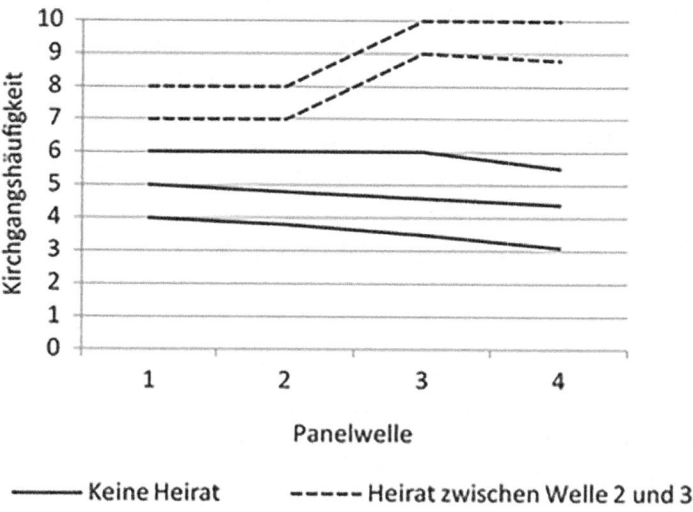

**Abb. 9.6** Veränderung der Kirchgangshäufigkeit von fünf fiktiven Personen über vier Panelwellen. (Eigene Darstellung)

im Durchschnitt schon vor der Heirat eine höhere Kirchgangshäufigkeit auf als die Personen, die nicht heiraten.

Wie können wir nun vorgehen, um den kausalen Effekt der Heirat zu bestimmen? Nehmen wir zunächst an, wir hätten nur Querschnittdaten, zum Beispiel aus der dritten Welle, zur Verfügung. Hier bestünde eine Möglichkeit darin, die mittlere Kirchgangshäufigkeit der beiden bereits verheirateten Personen mit dem Durchschnittswert der drei ledigen Personen zu vergleichen. Es ist offensichtlich, dass wir in diesem Fall den kausalen Effekt der Heirat überschätzen würden. Dies liegt an der Selbstselektion. Diejenigen Personen, die heiraten, gehen schon vor der Heirat häufiger in die Kirche. Die Vergleichbarkeit von „Experimental"- und Kontrollgruppe ist also nicht gegeben. Dabei handelt es sich um ein typisches Problem von Querschnittdaten.

Welchen Vorteil haben wir nun, wenn wir auf die Paneldaten, also Längsschnittinformationen, zurückgreifen? Hier besteht die Möglichkeit, diejenigen Personen, die heiraten, mit sich selbst zu vergleichen und damit eine sogenannte within-Schätzung durchzuführen. Wir betrachten dazu die mittlere Kirchgangshäufigkeit vor der Heirat in Relation zum Durchschnittswert nach der Heirat. Hierbei handelt es sich schon um eine wesentlich bessere Schätzung des kausalen

Heiratseffektes. Wir haben jedoch bereits festgestellt, dass die Kirchgangshäufigkeit bei allen Personen über die Zeit tendenziell abnimmt. Um den kausalen Einfluss der Heirat exakt zu bestimmen, müssen wir diesen Periodeneffekt in der Schätzung berücksichtigen.

Dies ist im Rahmen der sogenannten „difference in difference"-Methode möglich. Als Beispiel beziehen wir unsere Berechnung auf einen Vergleich der zweiten mit der dritten Panelwelle:

$$\frac{(10-8)+(9-7)}{2} - \frac{(4,6-4,8)+(3,5-3,8)+(6-6)}{3} = 2 - (-0,17) = 2,17$$

Der rechte Bruch in der dargestellten Formel bezieht sich auf die drei Personen, die nicht heiraten. Hier wird jeweils die Ausprägung der Kirchgangshäufigkeit in der zweiten Welle vom Wert in der dritten Welle abgezogen. Der linke Bruch bezieht sich entsprechend auf die beiden Personen, die zwischen der zweiten und dritten Welle heiraten. Hier wird die Differenz in der Kirchgangshäufigkeit zwischen dem Zeitpunkt vor der Heirat (zweite Welle) und nach der Heirat (dritte Welle) gebildet. Anschließend wird die Differenz der Differenz zwischen Kontroll- und „Experimentalgruppe" berechnet. Der kausale Heiratseffekt beträgt hiernach 2,17.[4]

Das kleine Beispiel verdeutlicht, dass der Hauptvorteil von Paneldaten in der Erzeugung von Varianz innerhalb von Personen besteht. Auf diese Weise können Quasi-Experimente durchgeführt werden. Wie verändert sich also die abhängige Variable bei Personen, die bestimmte Ereignisse zwischen den Panelwellen erleben („Experimentalgruppen") oder nicht (Vergleichsgruppe)? Im Gegensatz zu Querschnittdaten ist es also im Rahmen eines Panels möglich, den kausalen Effekt eines „treatments" (zum Beispiel eines Ereignisses) auf verschiedene abhängige Variablen zumindest näherungsweise zu bestimmen.

In der neueren Literatur zur Panelanalyse (eine Übersicht findet sich weiter unten) werden vor allem zwei (lineare) Regressionsverfahren für Paneldaten diskutiert: das Random-Effects-Modell (RE-Modell) und das Fixed-Effects-Modell (FE-Modell). Das RE-Modell[5] nutzt beide Varianz-Quellen, die im Rahmen von Paneldaten zur Verfügung stehen: die Varianz zwischen Personen und die

---

[4] Auch in der difference-in-difference-Schätzung ist nicht absolut sicher, ob der Effekt der Heirat tatsächlich kausal ist. So besteht die Möglichkeit, dass die beiden Personen, die heiraten, zwischen der zweiten und dritten Welle unbeobachtete Veränderungen erlebt haben, die gleichzeitig die Heiratswahrscheinlichkeit und die Kirchgangshäufigkeit beeinflussen. Ein Beispiel wäre die Geburt eines Kindes.

[5] Das RE-Modell gehört zur Gruppe der weiter oben erwähnten Mehrebenenmodelle mit Zufallseffekten.

## 9.3 Kausalanalysen mit Paneldaten

Varianz innerhalb von Personen. Dieses Verfahren weist jedoch den entscheidenden Nachteil auf, dass es anfällig gegenüber Selbstselektionseffekten ist, wodurch die Identifizierung von Kausaleffekten wesentlich erschwert wird (Allison 1994; Brüderl 2010; Halaby 2004). Empfehlenswert ist daher die Anwendung des FE-Modells. Dieses Verfahren funktioniert konzeptuell ähnlich wie die oben dargestellte difference-in-difference Schätzung, nutzt nur eine Varianzquelle (innerhalb von Personen) und ist robuster gegenüber Selbstselektionseffekten.

Die Anwendung des FE-Modells wird nun abschließend anhand eines kleinen Beispiels (Tab. 9.2) demonstriert (ausführliche Ergebnisse finden sich in Lois 2011). Zugrunde liegen Daten des Sozioökonomischen Panels für den Zeitraum

**Tab. 9.2** Veränderungen der jährlichen Kirchgangshäufigkeit im Zuge verschiedener biografischer Übergänge. (Fixed-Effects-Regressionsmodelle, $b$-Koeffizienten, $t$-Werte in Klammern). (Quelle: SOEP-Daten für Westdeutschland)

|  | Modell | | |
| --- | --- | --- | --- |
|  | 1 | 2 | 3 |
| Übergang in die erste Ehe | 0,75*** | | |
|  | (3,2) | | |
| Erste Scheidung |  | −0,82*** | |
|  |  | (−2,9) | |
| Verwitwung |  |  | 2,27*** |
|  |  |  | (3,5) |
| Alter | 0,01 | 0,08** | 0,06 |
|  | (0,3) | (2,0) | (1,2) |
| Zeitraum 1996–1998 (Ref.: 92–95) | −0,78*** | −0,32 | −0,58** |
|  | (−3,5) | (−1,7) | (−2,2) |
| Zeitraum 1999–2003 (Ref.: 92–95) | −1,62*** | −1,04*** | −1,08*** |
|  | (−4,7) | (−3,6) | (−2,6) |
| Zeitraum 2005–2007 (Ref.: 92–95) | −2,40*** | −1,35*** | −1,69*** |
|  | (−4,6) | (−3,1) | (−2,7) |
| n (Personen) | 7.447 | 13.258 | 8.284 |
| $r^2$ (overall) | 0,01 | 0,03 | 0,01 |

Modell 1: Im Ausgangszustand ledige Personen bis 40 Jahre;
Modell 2: Im Ausgangszustand in erster Ehe verheiratete Personen;
Modell 3: Im Ausgangszustand verheiratete Personen ab 45
*$p \leq 0,10$; **$p \leq 0,05$; ***$p \leq 0,01$

1992–2007. Für die Analyse werden Daten aus insgesamt 11 Panelwellen verwendet. Bei der abhängigen Variablen handelt es sich um die Häufigkeit von Kirchenbesuchen, die ursprünglich auf einer 4-fach abgestuften Skala gemessen und für den Zweck der Regressionsanalyse in den durchschnittlichen jährlichen Gottesdienstbesuch umgerechnet wurde, wobei 1 für 0 jährliche Besuche, 2 für 5, 3 für 12 und 4 für 52 jährliche Besuche steht. Untersucht wird, wie sich die Kirchgangshäufigkeit im Zuge von drei biografischen Übergängen (Heirat, Scheidung und Verwitwung) verändert.

Das Untersuchungsdesign hat dabei folgende Logik: Personen werden mindestens einmal im Ausgangszustand beobachtet, zum Beispiel im Zustand ledig. Im Falle eines Wechsels in den Zielzustand – hier: bei einer Heirat – werden Personen bis zu fünf Kalenderjahre in diesem Zielzustand beobachtet. Die in den Regressionsmodellen wiedergegebenen Effekte geben nun an, um welchen Betrag sich die Kirchgangshäufigkeit im Zeitraum nach dem Ereignis, verglichen mit der Zeit vor dem Ereignis, durchschnittlich verändert.

Laut Modell 1 hat der Übergang in die erste Ehe einen positiven Effekt auf die darauffolgende Häufigkeit des Gottesdienstbesuches ($b = 0{,}75$). Nach der Eheschließung liegt die Kirchgangshäufigkeit um durchschnittlich 0,75 jährliche Besuche höher als im Zeitraum davor. Auch eine Scheidung beziehungsweise Verwitwung beeinflussen die Häufigkeit des Kirchgangs. Im Zeitraum nach der Scheidung reduziert sich die Kirchgangshäufigkeit – verglichen mit dem Zeitraum vor der Scheidung – um durchschnittlich 0,82 Kirchgänge jährlich. Nach der Verwitwung liegt die Häufigkeit von Gottesdienstbesuchen deutlich, im Durchschnitt um 2,27 jährliche Kirchgänge, höher als davor.

Neben den Ereignisindikatoren, die vor dem Ereignis mit 0 und ab dem Jahr des Ereignisses mit 1 codiert sind, enthalten alle Modelle Kontrollvariablen zu Alters- und Periodeneffekten. Gegenüber dem Referenzzeitraum (1992–1995) reduziert sich hiernach die Kirchgangshäufigkeit altersübergreifend mit fortschreitender Kalenderzeit. Der signifikante Alterseffekt in Modell 2 bedeutet, dass sich die jährliche Kirchgangshäufigkeit einer Person pro Jahr, das sie altert, um 0,08 Einheiten erhöht.

Im Rahmen der dargestellten FE-Schätzung wird somit ausschließlich untersucht, wie sich die Kirchgangshäufigkeit bei Eintritt eines Ereignisses (Heirat, Scheidung, Verwitwung), beziehungsweise im Zuge des Anstiegs einer kontinuierlichen Variablen, zum Beispiel Alter, verändert (Varianz *innerhalb* von Personen). Zeitkonstante Merkmale wie zum Beispiel das Geschlecht können nicht in das FE-Regressionsmodell aufgenommen werden, da hier bereits alle beobachteten oder nicht beobachteten Unterschiede *zwischen* Personen, die sich nicht verändern, statistisch kontrolliert sind.

Abschließend sei der Leser auf ausgewählte weiterführende Literatur verwiesen. Eine sehr verständliche und konzeptuell orientierte Einführung in die Kausalanalyse mit Paneldaten stammt von Brüderl (2010); ebenfalls lesenswert sind in diesem Zusammenhang Allison (1994) und Halaby (2004). Ausführlichere Darstellungen zur Panelanalyse finden sich in Andreß et al. (2013) oder Wooldridge (2019). Eine fortgeschrittene Einführung stammt von Cameron und Trivedi (2005). Dieselben Autoren haben zudem ein Buch zur Umsetzung der Panelregression in Stata verfasst (Cameron und Trivedi 2010). Für einen kompakten und anwendungsorientierten Überblick zu Fixed-Effects-Regressionsverfahren siehe Allison (2009).

## 9.4 Kovarianzbasierte Pfad- und Strukturgleichungsmodelle

In gewöhnlichen Regressionsmodellen, wie zum Beispiel der linearen OLS-Regression, ist der Anwender daran gewöhnt, den Effekt von einer oder mehreren unabhängigen Variablen auf eine einzelne abhängige Variable zu bestimmen. Im Rahmen von kovarianzbasierten Pfadanalysen[6] werden dagegen mehrere Regressionsmodelle miteinander verbunden. Um dies direkt an einem Beispiel zu verdeutlichen, werfen wir einen Blick auf Abb. 9.7.

Das berechnete Pfadmodell enthält insgesamt drei abhängige Variablen, die in der Terminologie von Pfadmodellen auch als endogen bezeichnet werden. Dabei handelt es sich um die Religiosität (Skala aus Kirchgangshäufigkeit und religiöser Selbsteinstufung), eine dichotome Variable zur Vollzeiterwerbstätigkeit und eine aus fünf Items bestehende Variable zu einer traditionellen Geschlechtsrollenorientierung.[7] Das Modell enthält zudem mit dem Bildungsniveau in Jahren eine ausschließlich unabhängige (exogene) Variable.

---

[6] Anders als die hier vorgestellte kovarianzbasierte Pfadanalyse basiert der historische Vorläufer, die klassische Pfadanalyse, auf dem Prinzip der Zerlegung von Regressionskoeffizienten. Diese beiden Verfahrenstypen haben mathematisch völlig andere Grundlagen und sollten nicht miteinander verwechselt werden (Reinecke 2014).

[7] Beispiele sind die Items „Vorschulkinder leiden darunter, wenn die Mutter erwerbstätig ist" oder „Hausfrau sein ist erfüllender als eine Berufstätigkeit". Die Reliabilität der Skala ist mit einem Cronbachs $\alpha$ von 0,81 sehr gut. Die geringe Fallzahl von $n = 677$ Frauen erklärt sich dadurch, dass die Items zur Geschlechtsrollenorientierung nur bei einer Teilpopulation der ALLBUS-Erhebung des Jahres 2002 abgefragt wurden.

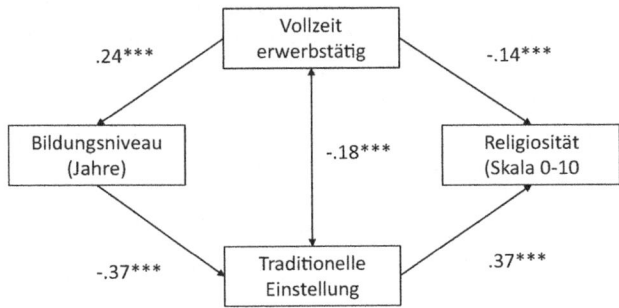

**Abb. 9.7** Kovarianzbasiertes Pfadmodell zu vermittelten Einflüssendes Bildungsniveaus der Frau auf ihre Religiosität. (Quelle: ALLBUS 2002; ***: $p < .001$, $n = 677$, Modellfit: $\chi^2 = 0.01$ (df $= 1$), $p = .093$; RMSEA: 0.00; CFI: 1.0; dargestellt sind standardisierte Effekte)

Die grafische Anordnung der Variablen wird nicht extern, zum Beispiel von einem Statistikprogramm, vorgegeben, sondern orientiert sich an den theoretischen Überlegungen des Anwenders. Dies verdeutlicht eine wichtige Eigenschaft von kovarianzbasierten Pfadmodellen: Der Ausgangspunkt bei der Überprüfung derartiger Modelle ist die Entwicklung einer Theorie und die Formulierung daraus abgeleiteter Hypothesen. Pfadanalysen zielen also auf das Testen und nicht auf das Entwickeln von Theorien ab, sie haben einen konfirmatorischen und keinen exploratorischen Charakter.

In Abb. 9.7 wird deutlich, dass zwei Variablen, das Bildungsniveau der Frau und ihre Religiosität, nicht durch einen Pfeil miteinander verbunden sind. Hier liegt die theoretische Annahme zugrunde, dass die Bildung sich nicht direkt sondern nur indirekt – über den Erwerbsstatus und die Geschlechtsrollenorientierung – auf die Religiosität auswirkt. Die fehlende Verbindung zwischen den Variablen Bildungsniveau und Religiosität lässt sich als Modellrestriktion auffassen die dazu führt, dass das dargestellte Pfadmodell nicht mehr gesättigt ist – alle Variablen werden miteinander in Beziehung gesetzt – sondern einen Freiheitsgrad aufweist. Inhaltlich ist die vorgenommene Restriktion gleichbedeutend mit der Annahme, dass der direkte Effekt der Bildung auf die Religiosität gleich null ist.

Wie man sich das Prinzip der statistischen Modellbildung konzeptuell vorstellen kann, geht aus Abb. 9.8 hervor. In seiner Theorie formuliert die Forscherin oder der Forscher Annahmen über die Realität, die er in einem Modell formalisieren kann. Zum Test des theoretischen Modells werden Daten erhoben.

## 9.4 Kovarianzbasierte Pfad- und Strukturgleichungsmodelle

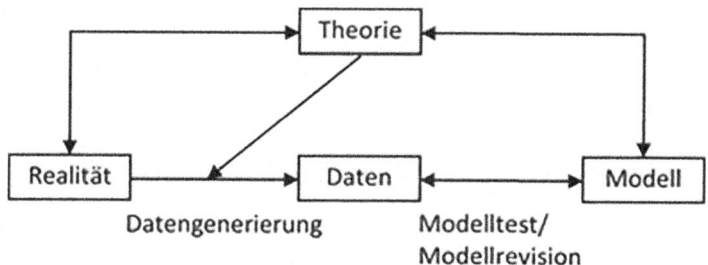

**Abb. 9.8** Das Prinzip statistischer Modellierung. (Eigene Darstellung)

Ob das Modell zu den beobachteten Daten passt, kann in kovarianzbasierten Pfadmodellen anhand verschiedener *Goodness-of-fit*-Maße und Teststatistiken beurteilt werden. Mit diesen Maßzahlen wird nicht nur – wie in gewöhnlichen Regressionsanalysen – geprüft, ob die theoretisch vermuteten Effekte, zum Beispiel der Zusammenhang zwischen Geschlechtsrollenorientierung und Religiosität, substantiell sind. In den Test der Modellanpassung fließt auch ein, ob die vorgenommenen Restriktionen – hier das Weglassen einer Verbindung zwischen Bildung und Religiosität – angemessen, das heißt mit den beobachteten Daten vereinbar sind. Werden keine bedeutsamen Diskrepanzen zwischen Modell und Daten gefunden, kann das gefundene Modell statistisch akzeptiert und inhaltlich interpretiert werden. Dies ist im vorliegenden Beispiel der Fall. Bildung ‚an sich' wirkt sich folglich in der Tat nicht direkt auf die religiöse Praxis auf, hat aber – im Sinne der in Kap. 7 besprochenen Mediation – einen vermittelten Einfluss über den Erwerbsstatus und die traditionellen Einstellungen.[8]

Grundsätzlich ist selbst bei einem passenden Modell zu beachten, dass auch andere, nicht getestete Modellvarianten eine ebenso gute oder bessere Modellpassung aufweisen können. Wird das Modell durch die beobachteten Daten ganz oder teilweise widerlegt, kann entweder das Modell revidiert oder die Widerlegung akzeptiert werden (vgl. Reinecke 2005, S. 9 ff.). Extensive Modellmodifikationen zur Verbesserung der Passung gefährden allerdings den konfirmatorischen Charakter der Pfadanalyse. Darüber hinaus lösen Pfadmodelle – wie manchmal

---

[8] In Kap. 7 wurde mit dem Sobel-Test bereits ein Verfahren besprochen, mit dem vermittelte (indirekte) Effekte getestet werden können. Das Analyseprogramm Mplus, mit dem das in Abb. 9.7 berechnete Pfadmodell berechnet wurde, ermöglicht auch den multivariaten Test von indirekten Effekten. Hiernach sind beide indirekten Effekte der Bildung (über die Vollzeiterwerbstätigkeit, $\beta = -0{,}034$ ($= 0{,}24 \cdot -0{,}14$) und über die traditionellen Einstellungen, $\beta = -0{,}14$) auf dem 1 %-Niveau signifikant.

suggeriert wird – keineswegs die fundamentalen Kausalitätsprobleme, die mit dem Forschungsdesign – Quer- oder Längsschnittdaten – verbunden sind. So kann beispielsweise aufgrund des Fehlens von Längsschnittdaten für das in Abb. 9.7 dargestellte Modell nicht ausgeschlossen werden, dass nicht der Erwerbsstatus auf die Religiosität wirkt, sondern genau die umgekehrte Kausalitätsrichtung vorliegt.

Eine Erweiterung kovarianzbasierter Pfadmodelle sind konfirmatorische Faktorenanalysen. Im Unterschied zu explorativen Faktorenanalysen liegt auch hier ein ausgereiftes theoretisches Messmodell zugrunde, in dem angenommen wird, dass bestimmte latente Personenmerkmale, zum Beispiel Persönlichkeitsmerkmale wie Neurotizismus, die Beantwortung von Items im Fragebogen determinieren. Im Messmodell werden dann die theoretisch postulierten Zusammenhänge zwischen den beobachteten und den latenten Variablen geschätzt. Ziel der konfirmatorischen Faktorenanalyse ist die Überprüfung der Passung zwischen den empirischen Daten und diesem theoretisch begründeten Messmodell.

Die Entwicklung im Bereich der Pfad- beziehungsweise Strukturgleichungsmodelle ist mittlerweile so weit fortgeschritten, dass dem Anwender und der Anwenderin ein breites Spektrum von Optionen zur Verfügung steht. So ist es nicht nur möglich, konfirmatorische Faktorenanalysen (Messmodelle) mit Pfadmodellen (Strukturmodelle) in einem Strukturgleichungsmodell mit latenten Variablen zu kombinieren. Ein Vorteil dieser komplexen Strukturgleichungsmodelle besteht darin, dass die Zusammenhänge zwischen den latenten Variablen messfehlerbereinigt geschätzt werden. Hierin besteht ein wichtiger Unterschied zu herkömmlichen Regressionsanalysen. Hier muss implizit angenommen werden, dass die unabhängigen Variablen messfehlerfrei sind beziehungsweise die dort verwendeten manifesten Variablen die häufig dahinter stehenden latenten Konstrukte adäquat abbilden.

Darüber hinaus ist es mittlerweile unproblematisch, Pfad- beziehungsweise Strukturgleichungsmodelle mit dichotomen oder kategorialen endogenen (abhängigen) Variablen zu schätzen. Auch Mehrebenen-, Ereignisdaten- oder Panelregressionsmodelle lassen sich mit modernen Softwareprogrammen als Pfadbeziehungsweise Strukturgleichungsmodelle spezifizieren (Muthén 2002). Ein besonderer Vorteil von Pfadanalysen besteht ferner auch, wie dargestellte wurde, im inferenzstatistischen Test indirekter Effekte im Rahmen einer Mediationsanalyse (Bollen 1987).

Als einführende Literatur im Bereich der Pfad- beziehungsweise Strukturgleichungsmodelle sind Reinecke (2014) und Backhaus et al. (2015) zu empfehlen. Allgemeine Vor- und Nachteile von Strukturgleichungsmodellen diskutieren Nachtigall et al. (2003). EDV-Anwendungen werden für das Programm Mplus von Geiser (2011) und für Stata von Acock (2013) erläutert.

## 9.5 Metaanalysen

In vielen Bereichen der Sozialwissenschaften haben sich in den letzten 3 Jahrzehnten sogenannte Metaanalysen als Verfahren der Forschungssynthese etabliert (vgl. für die folgenden Ausführungen Klein et al. 2013). Unter Metaanalysen versteht man dabei eine quantitative Zusammenfassung publizierter Forschungsergebnisse aus verschiedenen Studien zu derselben Fragestellung nach festgesetzten Regeln. Im Vergleich zu sogenannten qualitativen Reviews von Forschungsergebnissen, wie sie nahezu in jedem wissenschaftlichen Zeitschriftenbeitrag als eigenständigem Abschnitt zu finden sind, ist mit dieser Quantifizierung eine Standardisierung und Systematisierung des Forschungsstandes verbunden. Bei einer hinreichend großen Anzahl von Einzelstudien lassen sich mit der Metaanalyse u. U. auch die Unterschiedlichkeit von Forschungsergebnissen quantitativ aufklären und methodisch abgesicherte Schlussfolgerungen ziehen. Im Folgenden soll dieses Forschungsprinzip näher erläutert und hinsichtlich der Anwendungsmöglichkeiten in der Soziologie diskutiert werden.

Seit den 1970er Jahren hat sich die Metaanalyse als ein Verfahren etabliert, um vielfältige, aber oftmals uneinheitliche Ergebnisse empirischer Forschungen – vor allem in der medizinischen und pharmazeutischen Forschung, aber auch in der Psychologie und vereinzelt in der Pädagogik – gemeinsam zu betrachten und zu bewerten (vgl. Glass 1976; Mann 1990; Hunt 1997). Ausgangspunkt der entsprechenden Anwendungen der Metaanalyse in all diesen Forschungsfeldern ist die Unübersichtlichkeit einer Vielzahl empirischer Ergebnisse – nicht zuletzt dadurch bedingt, dass das Feld der wissenschaftlichen Untersuchungen, Forschungsergebnisse und Publikationen extrem rasch wächst. Mit der Metaanalyse steht jedoch ein Verfahren zur Verfügung, dass die Probleme bisheriger Forschungssynthese – und hierbei vor allem die Subjektivität der Auswahl und der Einschätzung der Studien – lösen kann und in der Lage ist, quantitativ statistisch abgesicherte Aussagen über den kumulierten Stand der Forschung und somit eine fundierte Aussage über den Stand des Wissens zu liefern.

Ausgangspunkt dieser Forschungstradition ist eine Arbeit von Glass, in der er – neben der Analyse von Primärdaten und der Sekundärdatenanalyse als Verfahren der Reanalyse bereits vorhandener Daten – die Metaanalyse als „analysis of analyses" (Glass 1976, S. 3) vorschlägt. Während in den Anfangsjahren der Metaanalyse die möglichst breite Suche nach entsprechender Literatur zu einem vorab klar definierten Forschungsproblem ein großes Problem darstellte, liegen heute zu vielen sozialwissenschaftlichen Forschungsfragen zahlreiche gut zugängliche Untersuchungen vor. Im Bereich der pharmazeutischen und medizinischen Forschung ist zumindest die Zugänglichkeit sicherlich anders zu bewerten. Das wichtigste Grundkonzept der Metaanalyse ist dabei die Effektgröße. Aufgrund unterschiedlicher Operationalisierungen und Messungen sind die Einzeleffekte unterschiedlicher Studien in der Regel nicht direkt miteinander vergleichbar. Zur Lösung dieser Problematik werden die einzelnen Effektstärken der interessierenden Größen jeweils standardisiert: „Most important was the effect size (…): the mean difference on the outcome variable between treated and untreated subjects divided by the within group standard deviation" (Glass 1976, S. 6). Auf diese Art und Weise ist es möglich, auch die Ergebnisse kleinerer Stichproben angemessen zu bewerten und in die Gesamtschau einfließen zu lassen. Die erste Metaanalyse beschäftigt sich dabei inhaltlich mit der Frage, inwieweit Psychotherapien einen Einfluss auf das Wohlbefinden haben, wobei sowohl unterschiedliche outcome-Variablen wie verschiedene Therapieformen Berücksichtigung finden. Seit 1976 hat die Zahl der Metaanalysen stetig zugenommen, insbesondere in der Medizin, der Pharmakologie, der Public-Health-Forschung, der empirischen Pädagogik sowie in der Psychologie, dort bezeichnet als das Verfahren „for the systematic review of randomized controlled trials" (Mosteller und Colditz 1996, S. 2).

Gegen die Metaanalyse werden beinahe schon routinemäßig einige Einwände vorgebracht, die sich unter drei Stichworten zusammenfassen lassen: i) garbage in – garbage out, ii) oranges and apples sowie iii) publication bias (Rosenthal und DiMatteo 2001, S. 66 ff.). Das erste Argument bezieht sich auf die Problematik, dass die methodische Qualität der in einer Metaanalyse berücksichtigten Studien sehr unterschiedlich sein kann. Wenn Studien sich in der Qualität der Messungen oder des Designs deutlich unterscheiden, sollten sie nicht gemeinsam berücksichtigt werden. Schon früh wurde deshalb vorgeschlagen (vgl. Rosenthal und DiMatteo 2001, S. 67), die Qualität der Studien zu erfassen und als Kontrollvariable in der Metaanalyse zu berücksichtigen. Das zweite Argument zielt auf die Unvergleichbarkeit der verwendeten Operationalisierungen und Messungen. Auch hier kann man diese Unterschiede als Moderatorvariablen in einer Metaanalyse berücksichtigen und zudem gilt: „It is a good thing to mix apples and oranges, particulary if one wants to generalize about fruits" (Rosenthal und DiMatteo 2001, S. 68). Ein dritter Kritikpunkt bezieht sich auf die Veröffentlichungsstrategien von Autoren, aber auch von Zeitschriften (Hunt 1997, S. 118 ff.). Statistisch signifikante Ergebnisse haben sowohl eine erhöhte Chance eingereicht als auch publiziert zu werden. Der Einfluss der betreffenden Faktoren wird überschätzt, wenn Studien, die kein signifikantes Ergebnis gebracht haben, seltener publiziert werden. Die Antwort auf dieses sogenannte ‚file-drawer-problem' liegt in der Berechnung der Anzahl von nichtsignifikanten Studien, die notwendig wären, um die Ergebnisse einer Metaanalyse inhaltlich zu ändern. In der Regel liegt diese Zahl in einem Bereich, die es unwahrscheinlich macht, dass die inhaltlichen Interpretationen geändert werden müssten.

Auch wenn mit den drei genannten Schwierigkeiten wichtige Probleme angesprochen werden, so liegen damit keine prinzipiellen Hindernisse gegen Metaanalysen als Verfahren der Forschungssynthese vor. Im Gegenteil: Eine Vielzahl von Analysen besonders in den sogenannten ‚life sciences' zeigen den enormen Vorteil von Metaanalysen gegenüber Verfahren wie beispielsweise qualitativer Forschungsreviews oder dem sogenannten vote-counting, dem reinen Auszählen und Abwägen positiver und negativer Forschungsbefunde. Metaanalysen bieten die Möglichkeit, quantitativ statistisch abgesicherte Aussagen über den Forschungsstand in den unterschiedlichsten Bereichen zu machen und somit wirkliche Beiträge zum Erkenntnisfortschritt zu liefern, der etwa in der Medizin Kosten sparen und Leben retten kann.

Nun sind die Konsequenzen soziologischer Forschung selten derart dramatisch, oder ihre Dramatik ist jedenfalls selten so unmittelbar sichtbar. Trotzdem kann man sich die Frage stellen, warum diese Verfahren in der Soziologie nur selten Anwendung finden? Eine der Ursachen für die weite Verbreitung von Metaanalysen in den oben genannten Wissenschaften ist die große Anzahl von eher kleinen Studien zu derselben Fragestellung. Die Untersuchung soziologischer Fragestellungen setzt hingegen oft große Fallzahlen voraus. Dem entsprechend konzentriert sich die betreffende Forschung auf wenige Großstudien, mit denen sich die Infrastruktur der empirischen Sozialforschung in den letzten Jahrzehnten zunehmend verbessert hat. Die geringe Verbreitung von Metaanalysen in der Soziologie erklärt sich jedoch nicht nur mit der eher kleinen Zahl von wenigen Großstudien in vielen Forschungsfeldern, sondern es gibt auch forschungslogische Gründe, die Zweifel an der Einsatzfähigkeit der Metaanalyse in der Soziologie nahelegen oder vielleicht sogar erzwingen. Diese betreffen die Verrechnung von Effektstärken, die auf ganz unterschiedliche Weise zustande kamen und nicht auf einem experimentellen Design beruhen, das sich durch die Konstanthaltung einer Vielzahl von Faktoren auszeichnet. Hintergrund des Problems ist, dass ein untersuchter Einflussfaktor oft eng mit anderen Faktoren (Drittvariablen) zusammenhängt und letztlich fast immer ein sogenanntes ex-post-facto-Design zu finden ist. Die interessierenden Analysen arbeiten dann in aller Regel mit Moderations- und Mediationsanalysen (vgl. Kap. 7).[9] Im Unterschied

---

[9] Dies ist ein grundlegendes Problem von Metaanalysen in der Soziologie, das auch in der entsprechenden Literatur zur Metaanalyse gesehen wird: „Coefficients from bivariate and multivariate methods differ according to their magnitude and standard errors. (…) meta-analysis misses adequate procedures of multivariate result integration" (Wagner und Weiß 2006, S. 488). „Multivariate relationships present special challenges to meta-analysis. (…)

zur Soziologie ist die empirische Forschung insbesondere in der Medizin und in der Psychologie stark von Experimenten geprägt, und eine zufällige Aufteilung der Versuchspersonen auf die Experimental- und die Kontrollgruppe (die sogenannte Randomisierung) sorgt dafür, dass Drittvariablen keinen systematischen Unterschied zwischen beiden Gruppen erzeugen, sodass Unterschiede der untersuchten Variable ausschließlich der Experimentalvariable zugeschrieben werden können. Die in randomisierten Experimenten gefundenen Ergebnisse lassen sich deshalb relativ problemlos in einer Metaanalyse verrechnen.[10]

Vor dem Hintergrund dieser Probleme, mit denen die Metaanalyse speziell in der Soziologie konfrontiert ist, muss man jedoch nicht die Versuche einstellen, zu einer Forschungssynthese zu gelangen. So ist es durchaus möglich, verschiedene Studien nicht auf der Basis publizierter Ergebnisse, sondern auf der Basis der Originaldaten zusammenzufassen und zu vergleichen. Diese Form der Metaanalyse bezieht sich auf die in den Originaldaten enthaltenen Untersuchungseinheiten statt auf Regressionskoeffizienten, in denen sich publizierte Ergebnisse oft kristallisieren. Der Begriff der Metaanalyse bezieht sich dabei nicht auf die Untersuchungseinheiten – Originaldaten versus Regressionskoeffizienten –, sondern auf die übergreifende Zusammenfassung und den übergreifenden Vergleich verschiedener Studien auf der Basis der originären Untersuchungseinheiten, wie sie den Primär- und Sekundäranalysen zugrunde liegen. Auch in der Literatur zur Metaanalyse wird in den letzten Jahren ein entsprechendes Verfahren diskutiert: „When the meta-analyst has access to all of the original data from each study, the meta-analysis may be referred to as an individual participant data (or individual patient data) meta-analysis" (Borestein et al. 2009, S. 316; vgl. auch Sutton et al. 2008; Berlin et al. 2002; Sutton und Higgens 2008). Klein et al. (2013) zeigen die Möglichkeiten einer derartigen Metaanalyse mit Originaldaten im Bereich der familiensoziologischen Scheidungsforschung.

---

the varying sets of independent variables across regression equations complicates their synthesis" (Lipsey und Wilson 2001, S. 67). „Insbesondere die Integration von Partialkoeffizienten ist ein Problem, das noch nicht befriedigend gelöst ist" (Wagner und Weiß 2003, S. 35).

[10] Selbstverständlich unterscheiden sich auch Experimente in ihrer Güte, beispielsweise hinsichtlich der Qualität der Verblindung der Untersuchung oder ähnlicher Faktoren. Hier besteht dann jedoch die Möglichkeit, diese Gütekriterien in eine Metaanalyse aufzunehmen und die Ergebnisse unter Kontrolle der methodischen Güte der Untersuchung zu interpretieren (vgl. Borestein et al. 2009).

## 9.6 Nachbemerkung

Am Ende dieses Kapitels sollten die Leserinnen und Leser eine erste Vorstellung davon entwickelt haben, für welche Arten von Fragestellungen das jeweilige Verfahren geeignet ist und welche Auswertungsmöglichkeiten es konzeptionell aufweist. Das Lernziel ist damit eher bescheiden formuliert: Es handelt sich um einen ersten Einstieg in das jeweilige Feld. Um das jeweilige Verfahren in der Praxis anwenden zu können, ist eine vertiefte Beschäftigung mit der jeweils angegebenen Spezialliteratur unumgänglich. Über die theoretische Lektüre hinaus ist es immer empfehlenswert, die jeweilige Methode in der Praxis, das heißt mit empirischen Daten und den einschlägigen Datenanalyseprogrammen, einzuüben.

## Literatur

Acock, Alan C. 2013. *Discovering structural equation modeling using Stata*. College Station: Stata Press.
Allison, Paul D. 1994. Using panel data to estimate the effects of events. *Sociological Methods & Research* 23:174–199. https://doi.org/10.1177/0049124194023002002.
Allison, Paul D. 2009. *Fixed effects regression models. Quantitative applications in the social sciences 160*. Thousand Oaks: Sage. https://doi.org/10.4135/9781412993869.
Andreß, Hans-Jürgen., Katrin Golsch, und Alexander W. Schmidt. 2013. *Applied panel data analysis for economic and social surveys*. Wiesbaden: Sringer. https://doi.org/10.1007/978-3-642-32914-2.
Arránz Becker, Oliver, und Daniel Lois 2015. Forschungsmethoden und Designs in der Familiensoziologie. In *Handbuch Familiensoziologie*, Hrsg. Paul B. Hill und Johannes Kopp, 239–320. Wiesbaden: Springer VS. https://doi.org/10.1007/978-3-658-02276-1_9.
Backhaus, Klaus, Bernd Erichson, und Rolf Weiber. 2015. *Fortgeschrittene Multivariate Analysemethoden. Eine anwendungsorientierte Einführung*. Wiesbaden: Springer Gabler. https://doi.org/10.1007/978-3-662-46087-0.
Berlin, Jesse A., Jill Santanna, Christopher H. Schmid, Lynda A. Szczech, und Harold I. Fledman. 2002. Individual patient- versus group-level data meta-regressions for the investigation of treatment effect modifiers: Ecological bias rears its ugly head. *Statistics in Medicine* 21:371–387. https://doi.org/10.1002/sim.1023.
Blossfeld, Hans P. 2010. Survival- und Ereignisanalyse. In *Handbuch der sozialwissenschaftlichen Datenanalyse*, Hrsg. Christof Wolf und Henning Best, 995–1016. Wiesbaden: VS Verlag. https://doi.org/10.1007/978-3-531-92038-2_37.
Blossfeld, Hans P., Götz. Rohwer, und Thorsten Schneider. 2019. *Event history analysis with Stata*. New York: Routledge.
Bollen, Kenneth A. 1987. Total, direct, and indirect effects in structural equation models. In *Sociological methodology*, Hrsg. Clifford C. Clogg, 37–69. Washington, D.C.: American Sociological Association. https://doi.org/10.2307/271028.
Borenstein, Michael, Larry V. Hedges, Julian P. T. Higgens, und Hannah R. Rothstein. 2009. *Introduction to meta-analysis*. Chicester: Wiley. https://doi.org/10.1002/9780470743386.

Broström, Göran. 2012. *Event history analysis with R.* Boca Raton: CRC Press. https://doi.org/10.1201/9781315373942.
Brüderl, Josef. 2010. Kausalanalyse mit Paneldaten. In *Handbuch der sozialwissenschaftlichen Datenanalyse*, Hrsg. Christof Wolf und Henning Best, 963–994. Wiesbaden: VS Verlag. https://doi.org/10.1007/978-3-531-92038-2_36.
Brüderl, Josef, und Andreas Diekmann. 1995. The log-logistic rate model: Two generalizations with an application to demographic data. *Sociological Methods and Research* 24:158–186. https://doi.org/10.1177/0049124195024002002.
Cameron, A. Colin., und Pravin K. Trivedi. 2005. *Microeconometrics: Methods and applications.* Cambridge: Cambridge Univerity Press. https://doi.org/10.1017/cbo9780511811241.
Cameron, A. Colin., und Pravin K. Trivedi. 2010. *Microeconometrics using stata.* College Station: Stata Press.
Cleves, Mario, Roberto G. Gutierrez, William Gould, und Yulia A. Marchenko. 2010. *An introduction to survival analysis using Stata.* College Station: Stata Press. https://doi.org/10.18637/jss.v012.b01.
Garson, David G. 2019. *Multilevel modeling. Applications in Stata, IBM SPSS, SAS, R und HLM.* Thousand Oaks: Sage.
Geiser, Christian. 2011. *Datenanalyse mit Mplus: Eine anwendungsorientierte Einführung.* Wiesbaden: VS Verlag. https://doi.org/10.1007/978-3-531-93192-0.
Glass, Gene V. 1976. Primary, secondary, and meta-analysis of research. *Educational Researcher* 5:3–8. https://doi.org/10.3102/0013189x005010003.
Guo, Guang. 1993. Event-history analysis for left-truncated data. *Sociological Methodology* 23:217–243. https://doi.org/10.2307/271011.
Guo, Guang, und Hongxin Zhao. 2000. Multilevel modeling for binary data. *Annual Review of Sociology* 26:441–462. https://doi.org/10.1146/annurev.soc.26.1.441.
Halaby, Charles N. 2004. Panel models in sociological research. *Annual Review of Sociology* 30:507–544. https://doi.org/10.1146/annurev.soc.30.012703.110629.
Hank, Karsten, Michaela Kreyenfeld, und Katharina Spieß. 2004. Kinderbetreuung und Fertilität in Deutschland. *Zeitschrift für Soziologie* 33:228–244. https://doi.org/10.1515/zfsoz-2004-0303.
Hox, Joop. 2010. *Techniques and applications.* New York: Routledge. https://doi.org/10.4324/9780203852279.
Hunt, Morton. 1997. How science takes stock. *The story of meta-analysis.* New York: Sage. https://doi.org/10.1136/bmj.317.7165.1088b.
Klein, Thomas, Johannes Kopp, und Ingmar Rapp. 2013. Metanalysen mit Originaldaten. Ein Vorschlag zur Forschungssynthese in der Soziologie. *Zeitschrift für Soziologie* 42:221–236. https://doi.org/10.1515/zfsoz-2013-0304.
Langer, Wolfgang. 2009. *Mehrebenenanalyse: Eine Einführung für Forschung und Praxis.* Wiesbaden: Springer VS.
Lipsey, Mark W., und David B. Wilson. 2001. *Practical meta-analysis.* Thousand Oaks: Sage.
Lois, Daniel. 2011. Wie verändert sich die Religiosität im Lebensverlauf? Eine Panelanalyse unter Berücksichtigung von Ost-West-Unterschieden. *Kölner Zeitschrift für Soziologie und Sozialpsychologie* 63: 83–110. https://doi.org/10.1007/s11577-010-0124-z.

Luke, Douglas A. 2019. *Multilevel modeling. Quantitative applications in the social sciences 143*. Thousand Oaks: Sage. https://doi.org/10.4135/9781412985147.

Mann, Charles M. 1990. Meta-analysis in the breech. *Science* 249:476–480. https://doi.org/10.1126/science.2382129.

Mills, Melinda. 2011. *Introducing survival and event history analysis*. Thousand Oaks: Sage. https://doi.org/10.1177/026850911427995.

Mosteller, Frederick, und Grahamn A. Colditz. 1996. Understanding research synthesis (meta-analysis). *Annual Review of Public Health* 17:1–23. https://doi.org/10.1146/annurev.pu.17.050196.000245.

Muthén, Bengt O. 2002. Beyond SEM: General latent variable modeling. *Behaviormetrika* 29:81–117. https://doi.org/10.2333/bhmk.29.81.

Nachtigall, Christof, Ulf Kroehne, Friedrich Funke, und Rolf Steyer. 2003. (Why) should we use SEM? Pros and cons of structural equation modeling. *Methods of Psychological Research Online* 8:1–22.

Rabe-Hesketh, Sophia, und Anders Skrondal. 2022. *Multilevel and longitudinal modeling using Stata. Vol. I: Continuous response*. College Station: Stata Press.

Reinecke, Jost. 2005. *Strukturgleichungsmodelle in den Sozialwissenschaften*. München: Oldenbourg.

Reinecke, Jost. 2014. *Strukturgleichungsmodelle in den Sozialwissenschaften*. München: De Gruyter Oldenbourg. https://doi.org/10.1524/9783486854008.

Rosenthal, Robert, und M. Robin DiMatteo. 2001. Meta-analysis: Recent developments in quantitative methods for literature reviews. *Annual Review of Psychology* 52:59–82. https://doi.org/10.1146/annurev.psych.52.1.59.

Schulze, Alexander, Felix Wolter, und Rainer Unger. 2009. Bildungschancen von Grundschülern: Die Bedeutung des Klassen- und Schulkontextes am Übergang auf die Sekundarstufe I. *Kölner Zeitschrift für Soziologie und Sozialpsychologie* 61:411–435. https://doi.org/10.1007/s11577-009-0072-7.

Singer, Judith D., und John B. Willett. 2003. *Applied longitudinal data analysis. Modeling change and event occurrence*. Oxford: University Press. https://doi.org/10.1093/acprof:oso/9780195152968.001.0001.

Snijders, Tom, und Roel Bosker. 2011. *Multilevel analysis. An introduction to basic and advanced multilevel modeling*. London: Sage.

Sutton, A.J., D. Kendrick, und C.A.C. Coupland. 2008. Meta-analysis of individual- and aggregate-level data. *Statistics in Medicine* 27:651–669. https://doi.org/10.1002/sim.2916.

Sutton, Alexander, und Julain P. T. Higgens. 2008. Recent developments in meta-analysis. *Statistics in Medicine* 27:625–650. https://doi.org/10.1002/sim.2934.

Wagner, Michael, und Bernd Weiß. 2003. Bilanz der Scheidungsforschung. Versuch einer Meta-Analyse. *Zeitschrift für Soziologie* 33:29–49. https://doi.org/10.1515/zfsoz-2003-0102.

Wagner, Michael, und Bernd Weiß. 2006. On the variation of divorce risk in Europe: Findings from a meta-analysis of European longitudinal studies. *European Sociological Review* 22:483–500. https://doi.org/10.1093/esr/jcl014.

Winzio, Michael. 2013. *Regressionsmodelle für Zustände und Ereignisse*. Wiesbaden: Springer VS. https://doi.org/10.1007/978-3-531-18852-2.

Wooldridge, Jeffrey M. 2019. *Introductory econometrics: A modern approach*. Nashville: Southwestern Publishing House.

The manufacturer's authorised representative in the EU is Springer Nature Customer Service Centre GmbH, Europaplatz 3, 69115 Heidelberg, Germany. If you have any concerns regarding our products, please contact ProductSafety@springernature.com

Printed and bound by CPI Group (UK) Ltd, Croydon, CR0 4YY

25/03/2026

02078231-0001